U0137824

Yves Coppens

[法] 伊夫·柯本斯　著

徐　普　蒋琬琪　译

人类起源与
一个人的起点

Origines de l'Homme
Origines d'un Homme
Mémoires

华东师范大学出版社
·上海·

图书在版编目（CIP）数据

人类起源与一个人的起点／（法）伊夫·柯本斯著；徐普，蒋琬琪译. —上海：华东师范大学出版社，2024
（三棱镜译丛）
ISBN 978-7-5760-4708-0

Ⅰ.①人… Ⅱ.①伊… ②徐… ③蒋… Ⅲ.①伊夫·柯本斯—回忆录 Ⅳ.①K835.656.15

中国国家版本馆 CIP 数据核字（2024）第 036579 号

ORIGINES DE L'HOMME, ORIGINES D'UN HOMME. *Mémoires*
By Yves COPPENS

上海市版权局著作权合同登记　图字：09-2019-404 号

人类起源与一个人的起点

著　　者　[法]伊夫·柯本斯
译　　者　徐普　蒋琬琪
策划编辑　王焰　朱华华
责任编辑　张婷婷
审读编辑　孙莺
责任校对　李诗婧　时东明
装帧设计　刘怡霖

出版发行　华东师范大学出版社
社　　址　上海市中山北路 3663 号　邮编 200062
网　　址　www.ecnupress.com.cn
电　　话　021-60821666　行政传真 021-62572105
客服电话　021-62865537　门市（邮购）电话 021-62869887
地　　址　上海市中山北路 3663 号华东师范大学校内先锋路口
网　　店　http://hdsdcbs.tmall.com

印　刷　者　浙江临安曙光印务有限公司
开　　本　890 毫米×1240 毫米　1/32
印　　张　13.375
字　　数　278 千字
版　　次　2024 年 3 月第 1 版
印　　次　2024 年 3 月第 1 次
书　　号　ISBN 978-7-5760-4708-0
定　　价　68.00 元

出 版 人　王焰

（如发现本版图书有印订质量问题，请寄回本社客服中心调换或电话 021-62865537 联系）

目 录

总　序

　　写回忆录？有意思！年轻人可不写这东西,这么说我已经上了年纪……

　　一旦打定主意写,就得搜肠刮肚,忆海钩沉,绞尽脑汁,让走过的人生旅程看上去脉络清晰。这事儿挺难的,可写起来却感觉很好。我要先做好整体上的取舍,然后大致勾勒出一个个"抽屉",它们有孔有洞,互通无碍。接下来,我要把这些"抽屉"填满,但又不能填得过满,不然就关不上了。我得有取有舍,忍痛割爱！再回首,人生悠悠八十载,一路走来,阅人无数,涉水跋山,敢为人先,有收获,有成功,有欣悦,小欢乐与小烦恼不断,也有过目眩的巅峰体验,我的经历实在是太丰富。写自传必须得给自己的人生画出清晰的坐标,既然是书,就得有章有节,章节要按时间、主题或别的什么方法排序,说到底,这个回忆录千万不能让人觉得啰啰嗦嗦。时间是考古的决定要素,对我而言,按时间轴叙述最方便。问题是,我不想有遗漏,想尽可能多写,能写三卷就不写一卷,能写十卷就不写三卷。最后,事与愿违！经验丰富、颇为务实的出版人告诉我,单卷回忆录是和读者分享人生的最优雅方式,我听人劝,来了个"一锅炖"。我的回忆录于是就成了现在这个样子,可我还是不死心,把书分成了上中下三个部分。

回首难,取舍更难,然而不管剪裁是否得当,都得用第一人称叙述。总是在自传里说"我"怎样、"我"如何,会让人觉得传主太自大了,所以我就尽力淡化个人色彩。尽管预料此举收效甚微,我还是做了各种努力,在书中加进我亲身经历的趣事。我不愿称之为轶事,因为那听上去太随意了,实际上那些事还是很重要的。结果,回忆录读起来还是不能尽如人意,我又在书中讲到我的朋友和同事,他们和我做同样的工作,有的偶尔为之,有的建树颇丰。回忆录自我色彩浓厚,这是此类文本的通病,讲讲别人的事也许能减弱一些自我色彩。

书的内容当然是回顾过去,但主要讲述的是个人爱好如何转变成一生职业的。我讲了我的专业技能、专业实践和专业经验,讲这些是想激发大家对考古研究的兴趣,尤其希望给其他方面的研究带来灵感,让更多的人喜欢上探索和研究。有些人我没提及,比如我的母亲,她英年早逝,钢琴弹得极好,曾获南特音乐学院比赛一等奖。她是位极为感性的母亲,我情感方面的主要特质肯定是受了她的影响,我欣赏艺术品时的"战栗感"(很多人都有过类似体验)也是遗传于她。我很少谈论我父亲的家庭,因为我大部分时间生活在"另一个"家庭中,我父亲的姓氏和我的姓氏都与这个家庭无关,本书的编辑倒是和这个家庭同姓,此姓透着浓浓的荷兰风!我没提及我的两个妹妹,一个和我同父同母,另一个和我同父异母,也就是说后者是我的"异母妹妹",我不喜欢非洲人的这类叫法。肯定有很多人我忘了在书中向他们致谢,和他们相遇亦是我人生中的大事。

大家明白了吧,我把自己给"献了出来",做了素材!前面说过,回忆录分为三个部分。

上篇:《花岗岩圆屋顶》,一九三四——一九五九。它也可以被题名为《布列塔尼》。

中篇:《沙与灰》,一九六〇——一九八四。它也可以被题名为《非洲》。

下篇:《城里的博学家》,一九八五—二〇一七。这部分比前两篇厚重了许多,我希望继续扩充内容!它也可以被题名为《巴黎》。

每篇有六个章节,每章有简短的参考文献,附在本书最后,文献当然以我自己的文章为主(有的文章很短,毕竟这书是讲我的事),还有其他作者(我有些文章的合作者)的文章,它们或综合性强,或出版时间近,或兼而有之。对一些文章我在括号里做了说明,它们对于我的人生和古生物学的发展意义非凡,这样的说明并不符合学术规范,没人这样做过。我添加了说明的那些文章,或是具有开创性,曾启发他人写出一大批文章,或是在宣布某项发现后,被随之而来的说明性、阐释性的文章遮蔽,我如果不把它们列在参考文献里,它们会继续被遗忘,研究者最常见的"罪过"就是"遗漏"!此外,每篇收尾前都有不长的结语和对该篇时间段里的三位人物的描述。

书的最后当然是全书的总结语。

上 篇
花岗岩圆屋顶

漫长回忆之上篇
（一九三四——一九五九）

的确，人只有实现儿时的梦想才会幸福。

——西格蒙德·弗洛伊德

　　我深情地将此书献给康坦和马蒂娜。本篇要讲的法国西部是康坦的生命之根,而在法国东部长大的马蒂娜则是康坦的另一个生命之根。

　　怀念我的父母,他们给了我自由,让我沉湎于大地,穿梭于时光。

感谢奥迪勒，她体贴而坚定地让我从回忆录中"解脱"出来。

感谢让-洛朗·莫尼耶、格雷戈尔·马尔尚、皮埃尔·古莱凯、克里斯蒂娜·布若、塞尔日·卡桑、若塞特·里瓦兰、玛丽-伊瓦娜·戴尔，我不依不饶，把他们弄得"精疲力竭"。怀念皮埃尔-罗兰·吉奥、皮埃尔·梅尔拉、雅克·布里亚尔、让·莱勒古阿克和扬妮克·罗兰多这些朋友，对他们我心怀感激。我对恺撒和他的养子奥古斯都同样心怀感激（做人要知恩）。

感谢萨莎·热普内，他将才华和时间奉献给了这本书，书中的大部分插图是他绘制的。

感谢玛丽-洛兰·科拉、让娜·佩鲁和多米尼克·勒努，她们以我所提供的材料为基础竭尽全力让这本书读起来令人愉悦。感谢玛丽·德奥利韦拉，我们常常忽略她的付出，因为她是在书稿付梓之后做出贡献的，她绞尽脑汁让读者喜欢上这本书。

当然我还要感谢莫妮克·泰尔西斯。

我们以科学和爱创造世界。

——阿纳托尔·法朗士,《友书》①

---

① 阿纳托尔·法朗士(1844—1924),法国诗人、小说家、文学评论家,出于对祖国的热
爱,他以"France"(法兰西)作为自己的笔名,1921 年获得诺贝尔文学奖。——译者

序

　　我人生的前 25 年可分为 4 个阶段，它们呈现出某种并非有意为之的节奏感：我出生后一直住在瓦讷，7 岁后才离开（我 7 岁时直接进入小学 2 年级学习），接下来的 3 年我是在克莱蒙特-德洛瓦兹和巴黎度过的（小学我只读了 2、3、4 年级，没读 5 年级），小学毕业后我继续在瓦讷住了 7 年（读完初、高中，完成中等教育）。我在布列塔尼的雷恩住了 4 年（在雷恩我开始接受高等教育），后来我在巴黎读博士并进入社会。这段生活截至 1959 年，也正是在那一年，我的非凡探险之旅开启。

　　那些年，我先是染上了"异域炎"①（原因不明），后又染上了"古物炎"②（同样原因不明）。我觉得先是异域和那里的人令我着迷，后来是古代和先民征服了我，但古代和先民并未让我失去对异域的热情。

　　从童年和少年的懵懂岁月中抽离出特别的事并不容易。有两件事倒是值得讲一讲。一件事源自其他人的记忆而非我自己的，实际上就是一句话，这句话表达笨拙，似乎透露出我说这话时年龄不大，也就三四岁

---

① 原文为 *l'archéologite*，是作者自己造的词。——译者
② 原文为 *l'exotite*，是作者自己造的词。——译者

的样子,家人说是我说的,这句话他们记得清清楚楚:"长大后,我要做个黑人大兵。"①另一件事是我对自己第一份收藏的印象,它们被珍藏在铺满棉花的火柴盒里:几枚路易十五时期的银币(我奶奶给我的)和几枚在巴黎盆地东部发现的、露出地面的中生代贝壳化石(是入伍的父亲在休假期间从埃纳河或阿登前线带回来的,这说明我当时也就六七岁吧)。

这些不起眼的佐证仅仅是用来追溯上述两种"炎症"的初始征候,后来炎症爆发,确诊无疑。我搜集了各类关于非洲和亚洲热带地区的资料(有关非洲的资料尤其多),和非洲有关的资料有两大本,题名为《黑人 I》和《黑人 II》。② 关于亚洲热带地区,我先是搜集了史前史、考古史、古代史和中世纪史的杂志和书籍,后又搜集了砖块、石片和石器。我的"异域炎"可能源自布列塔尼的特别氛围,水手会说起遥远而多彩的海滨,悦耳动听的名字从他们的口中飘出。"古物炎"也和布列塔尼的环境有关,那里巨石耸立,或排列整齐,或堆叠一处,在被树木围隔的草地上和田野中随处可见,旷野和树林使它们显得极为突出。但这两种"炎

---

① 声明"黑人"(*nègre*)这个词不含有任何令人厌恶的内涵是徒劳的。我那时恰恰被"他者"、被差异吸引,现在依旧如此。此外,可能是因为我的父母,我不经意间学会了尊敬"他者",无论童叟,无论性别,无论肤色,无论面容("*faciès*",有人会直截了当地使用"面容"这个不雅的词)。一直以来,尊重"他者"对我来说是个习以为常的事,现在依然如此,所以只是在别人提醒我注意"*nègre*"这个词的负面含义时,我才会意识到它有不好的内涵。实话实说,我用这个词,正是因为对我而言它是高贵的。我在此明确表明这是我小时候的原话(不是在 1937 年,就是在 1938 年说的),我不想掩饰。

② "黑人"之前对我而言就是不一样的人,他们的不同颇具亲和力,让我心醉,让我痴迷,今天依旧如此。我已经有 80 年没用过这个词了,我当时就是这么写的。

症"的产生也可能仅仅因为我是个特别喜欢幻想的孩子,想象对于地球上的小男孩和小女孩都重要,但其重要性对我的成长来说超乎想象。在我孩童时的脑海里,"黑人大兵"穿着所有孩子都羡慕的光鲜制服,皮肤黝黑,那皮肤和制服相映成辉,让人眼热。我生为白人,我想变成他!而那些过去的遗迹,常常是通过不起眼的痕迹揭露出广阔的梦幻海滩,在这个过程中,想象不仅不被禁止,而且是不可或缺的。

成年后,我依旧被这两种"炎症"困扰,它们成了我的痼疾。为了和"古物炎"和平共处,我用好多年时间做完应该做的事:去田野里找寻被铁犁翻出来的旧物,去海滨陡崖寻找被海水冲刷出来的古物。应对我的"异域炎",就没那么容易了,我得耐心等待机会,其实我的足迹已经从布列塔尼逐渐扩展至西欧。1984 年,我在伦敦领了初中毕业证。20 世纪 40 年代末和 50 年代初,我曾多次踏上西班牙和意大利的土地。20 世纪 50 年代,我还去过荷兰和比利时。1959 年,我来到巴塞尔完成了我的首次国外正式科考!这些还只是小打小闹,那时我还没真正开始治疗我的"异域炎"呢!

*

在遇见尼安德特人之前,我遇见的是尤利乌斯·恺撒,因此,我将遵循的时间顺序是我的成长轨迹而非人类演化的时间轴线,这和我的习惯截然相反。

开　篇

"购物"用的塞斯特尔小银币[①]
两千年前

> 人类所说的文明是(他们那里的)道德现状，
> 而他们所说的野蛮是指从前的(或别处的)状态。
>
> ──据阿纳托尔·法朗士所说的话[②]

　　在瓦讷上中学时,我夏天都是在滨海的拉特里尼泰度过的。我常去在卡尔纳克的史前史博物馆,馆名叫"詹姆斯·米尔恩-扎卡里·勒鲁齐克",建于 1882 年。莫里斯·雅克是馆长,他是扎卡里·勒鲁齐克的女婿,勒鲁齐克是当地史前史研究的先驱。那时,我是这家博物馆的常客,

---

[①]　我称之为塞斯特尔银币,但有些硬币可能是奥里斯(金)、奎那里乌斯(金或银)、迪纳厄斯(银)、都庞第亚斯、阿斯、赛密斯或夸特恩斯(青铜、铜、锡),或用银铜合金、山铜或黄铜(铜和锌)制成。

[②]　括号是我加的。

一般是步行去,要走上4公里。馆长先生注意到了我——他不可能注意不到——我们成了"忘年交"。我们常在馆内的一间小"办公室"里聊天,一聊就是好几个小时。博物馆(图1)是个单层建筑,有两个房间,其中一间非常大,又长又宽,里面摆放着在当地搜集的文物;另一间长而不宽,里面摆放着模具,用来复制那些新石器时代的漂亮石板(源自当地考古发现的石桌坟)。雅克是个好人,我从他那儿学了很多莫尔比昂史前史的基本知识。那段史前史相当丰富,上到中石器时代(距今7 000年至8 000年),下到古罗马时期(距今1 700年至2 000年)。雅克先生在讲述时总会用出土实物作为例证,这样的历史课听起来一点儿也不枯燥。

一天,莫里斯·雅克得到一个高卢-罗马时期的双耳尖底瓮,在那之后不久,我们就成了朋友。陶瓮里面装满了古币,那可是一大笔财宝,其主人可能是在3世纪中叶遭遇入侵时把它们给藏了起来。瓮里总共有1.2万枚硬币,大多是铜币、合金币①,只有几枚是银币,钱币上刻有头像,在3个世纪内,头像人物原型相继成为由共和国演变而成的大帝国的君主。在研究过那些钱币后,雅克认为留下作为馆藏的硬币后可以把大量剩余钱币卖掉,这样可以给博物馆创收。我按捺不住了!父母注意到我的情绪,他们觉得买些古币就能让我开开心心地过生日很划算,我的生日正好是在8月。于是,在连续好几年里,我最大的幸福就是收到

① 它们多次贬值。这种情况从来如此,到处如此,自从有了硬币就如此……

图1　詹姆斯·米尔恩–扎卡里·勒鲁齐克博物馆,我在这儿买到了古罗马钱币。后来,博物馆被拆掉,建起了一座小公园。

一两枚原先藏在那个有名的陶瓮里的铜币。有一年,我记不得为什么,我居然收到一枚刻有尼禄头像的银币。从那时起,这些罗马古币①就一直在我身边,直到今天。

先通过田野,后凭借文献,古罗马最终完全进入我的兴趣范围之内。我的拉丁文并不差,这门不再为人们所使用的语言,我在学校学了7年,幸好考古学给它增添了一点活泼色彩,但我并不喜欢拉丁文这门课。

虽然我熟知阿摩里克史和史前史,但我那时仍然把古罗马人视为入侵者,他们当时确实是入侵者——你们应当记得阿纳托尔·法朗士所说的"别处的"。我彼时有偏执的民族主义情绪,不能容忍威尼托人海战的失利。他们的两百艘帆船(据斯特拉波②的说法)与古罗马人的桨划船交战,那天风平浪静,交战地点在莫尔比昂湾和临近的海域(公元前56年9月)。我居然鼓起勇气抄录了恺撒的《高卢战记》,打算将其重译,这让我了解到我所敬畏的这位古罗马将军的不真实、爱夸口的一面!我找到了当年抄录用的笔记本,那是在1949年7月完成的,我复印了两页(图2)。我觉得自己是威尼托人的后裔,天知道我到底是不是,他们如此强悍,怎么就落败了呢? 他们难道是因为所熟悉的天气突然变脸才

① 硬币刻有尼禄(54—69)、图拉真、哈德良、戈尔迪安、瓦莱丽安、伽俐埃努斯、波斯杜穆斯、泰特里库斯、马克西米安(286—305)的头像,这难道不是很棒的收藏吗? 至于那个双耳尖底的陶瓮,它来自米西亚克的拜尔玛古埃(莫尔比昂)。

② 斯特拉波(前60—20),古希腊历史学家、地理学家。——译者

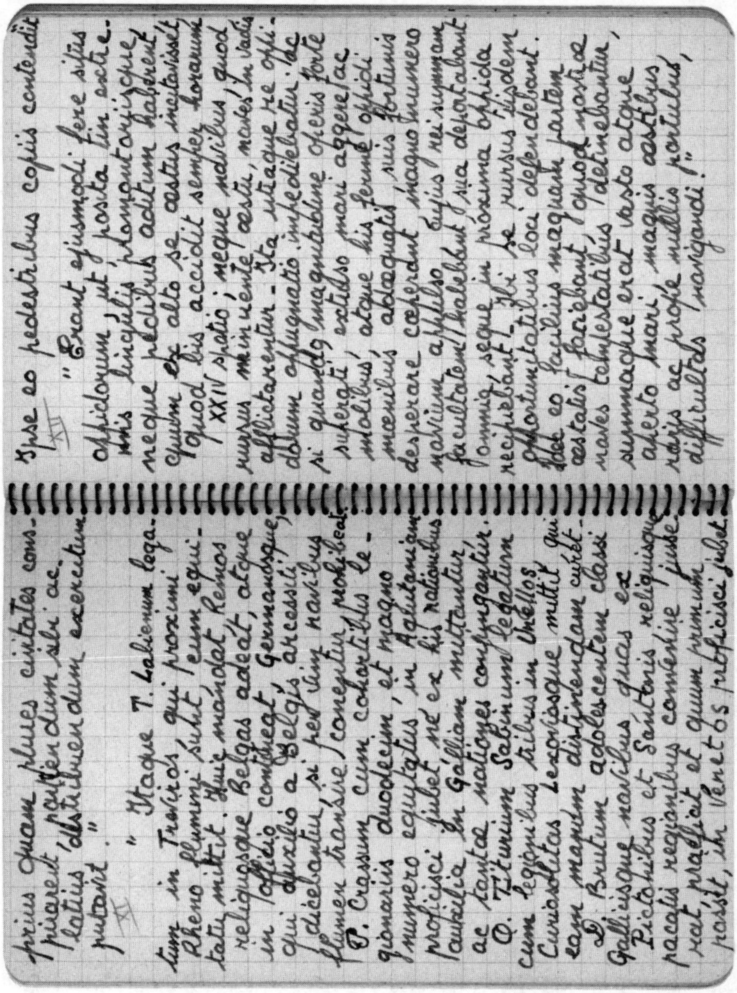

图2　我在1949年抄写的《高卢战记》。我当时是想重译的，这是其中两页，本子上写有日期！

被"拿下"的吗？我百思不得其解，但奇怪的是，这并没影响到我对古罗马和高卢-罗马文明进行实地研究的兴趣。

我到处去看高卢-罗马时期的遗址，走过一条条"罗马大道"——它们通常是在高卢人的道路基础上修建的——寻访军事要塞，去那些被称为"豪宅"①的遗址进行发掘。我往往是通过研究地名找到它们的，并最终搜集到足够建一间古罗马风格房子的砖（*tegulae*）和瓦（*imbrices*），可我一无建房的勇气，二无造屋的才华。我迷上了古罗马时期的瓦讷（当时被称为"达利奥利图姆"），好多年都在找寻从前的瓦讷，我还真的发现了它的遗迹（我查看过它的每一条古罗马公共水道）和古罗马兵营（*castrum*）的遗迹。

大约出现在公元 3 世纪中叶的入侵威胁——就是那个埋在地下装有硬币的陶瓮的历史背景——促使高卢-罗马时期的南特、雷恩、布雷斯特、阿莱特（圣马洛）和瓦讷等地的居民，在这些重要城市周围筑起了防御墙。瓦讷古城墙遗址后来广为人知，《瓦讷的城墙》在城市遗产部门的提议下于 2008 年出版，该书页数不多，但内容精彩，描绘了这座古罗马城墙，说它周长 980 米，占地 5 公顷，出于战略考虑，被建在勒默内岩石岬角上（后来在此处建了圣彼得大教堂）。但这本书却忽略了瓦讷城

---

① 这些豪华住宅往往风格出众，根据考古学家的说法，它们可以和地中海沿岸、意大利海滨那些最漂亮的住宅媲美，它们很像第勒尼安海海滨的建筑，可以和那不勒斯海湾的著名建筑相提并论。这就提出了一个"经济学"问题：为什么当时生活在南阿摩里克海岸的高卢-罗马人如此富有？有人认为可能是海盐给他们带来了财富，后面我们再说说这事。

本身。这座高卢-罗马古城建于帝国前期(于公元前 1 世纪末建城),城的主体部分建在布瓦斯莫罗丘陵上(圣帕特恩区、火车站区、公爵池塘区和公墓区)。岬角上的城墙是瓦讷的第一座城墙,现存 4 段,其中两段我常去:最重要的那一段位于梯也尔街,在一个花园的深处,花园是梅斯根家族的私产,那时他们家开着药店,允许我进去参观、欣赏、测量、拍摄、触摸。这段城墙由当地的小块花岗岩、片麻岩和云母片岩整整齐齐地砌成,中间有两三层是砖块。另一段古城墙遗址在消防队的车库内,靠近省府,我可以靠近,可以观察,不受限制。其他两处遗址我不了解。

自公元前 5 世纪起,有个凯尔特人的村庄出现在马尔勒河河岸、3 座丘陵的交汇处(勒默内、拉加雷纳和布瓦斯莫罗),那里就是后来的达利奥利图姆(在凯尔特语中,这个词的意思是"浅滩")。自 4 世纪起,这座名叫达利奥利图姆的罗马古城就被称为威尼托姆,瓦讷这个名字就脱胎于此,当地人被叫作威尼托人,威尼托姆是当时的地方首府。

我饱览过勒芒(万都奴姆)在古罗马时期建的城墙,这段长长的城墙保存完好,留有几个城楼和城门。我从 1956 年起在巴黎定居,常在吕特斯城①各处游逛。我常去它的南北向主轴线(cardo),也就是现在的圣雅克街。索邦大学位于这条街的西"坡"(talus),我当年是这所大学的

---

① 巴黎在古罗马时期的名字。

助教,25 年后我成为法兰西公学院的教授,回到了这条街的东"坡"。吕特斯城的东西向主轴线(*decumanus*),也就是今天的学府街和圣日尔曼大街,我也常去。我还常去克吕尼、盖伊-吕萨克、法兰西公学院的古罗马公共浴室和这个城市的古罗马竞技场。当然了,一旦在巴黎老城有房屋地基工程和煤气管道维修工程,我肯定会固执地下到坑沟里去查看,这时候施工负责人和工人总是和蔼地看着我,目光里常含笑意。在巴黎,我的收获或者说我的记录内容丰富多了,从拉辛街的剧院到苏夫洛街的古罗马广场遗址,从西岱岛的围墙到塞纳河上最古老的桥(小桥和圣母桥),从圣热讷维耶沃山北侧最早修建的街道、沿河的房屋、古城的高地(洛蒙街、德福赛-圣-雅克街、盖伊-吕萨克街)到长达 25 公里的引水渠(当年它为城里的 1 万名居民引入来自伦吉斯的水)。

　　对我来说,"我的"高卢-罗马考古研究仅仅涉及拉坦诺文化时期的"高卢人",就是恺撒赢得那场不道德的胜利之后的时期。除了在拉丁文课上隐约听到的少许有关古罗马的信息外①,我对作为征服者的古罗马在公元前 7 世纪末的那段历史真的一无所知。然而,这段历史是一段奇妙之旅,它当然是混乱的,把罗马从一个由伊特鲁里亚人创立的君主制国家(塔奎尼乌斯王朝)引向了大家所说的共和国体制,当时的罗马

---

① 从前,我只知道罗慕路斯和雷穆斯于公元前 734 年建于 7 座山丘之上的罗马,这对有名的双生子是由母狼喂养大的,然而,我并不知道罗马城的荣耀身世。这座永恒之城应该和一位天神有关,这对双生子实际上是埃涅阿斯的后代,而埃涅阿斯是维纳斯的儿子,这就对了!从那以后,我对罗马的了解可能和对巴黎的了解一样多!罗马的人口现在有 300 万,而在 2 000 年前,这座城市的人口可能有 100 万!

已经成为城邦联盟（拉丁同盟）之首。之后，由于取得了布匿战争的胜利，罗马先后占领了地中海的西部和东部。恺撒是位有远见的政治家，也是遭人嫉妒的独裁者，他在那之后不久就遇袭身亡。他的养子屋大维·奥古斯都①（公元前31—公元14）开启了长达3个世纪的伟业，他缔造的庞大帝国取代了那个动荡的共和国，那是奥古斯都统治下的太平时期，帝国环抱著名的"我们的海"②（多好听的名字）。后来，来自北方的汪达尔人、西哥特人、法兰克人、东哥特人和哥特人终结了这个庞大而生命力顽强的帝国。罗马帝国相继有多位皇帝登上大位，有的在位时间长，有的在位时间短，"我的"那些罗马古币让我对他们有了些许了解。

　　"我的高卢-罗马考古研究"一开始过于关注高卢，后来慢慢地、轻松地向古罗马靠拢，我的考古研究跨度最后是从公元前56年到罗穆路斯·奥古斯图卢斯统治下的帝国末期，帝国因分裂和君士坦丁堡的崛起而衰落。肯定有人做过之后的罗马帝国研究，只不过没那么引人注目。后来出现了第一个王朝——墨洛温王朝，国王有克洛迪翁（428—448年在位）、墨洛维（448—458年在位）、希尔德里克一世（458—481年在位）、克洛维一世（481—511年在位）。克洛维一世是法兰克国王，他成功地重新统一了高卢，此人"手段高明"，把自己装扮成高卢-罗马人的代表和历代皇帝的继承者！我没怎么接触过加洛林王朝和卡佩王朝，只

---

① 他后来只保留了奥古斯都这个姓氏。
② 原文为拉丁文"*Mare nostrum*"，意为"我们的海"，是古罗马人对地中海的叫法。——译者

是像"合格"的考古学者那样通过这两个王朝的陶瓷制品对其有个大概了解，这些陶瓷由一种被称为"绢云母"的特殊黏土烧制而成，我那时有毛头小子特有的自负、专断，就把这种黏土定义为"丝滑"，其实就是想让自己显得与众不同而已。

第一章

盐 斗

两千五百年前

几撮盐……纯净如融化的白银。

盐啊,盐,我只需一个圆面包就可以吃下整碗的盐。

——阿布穆塔哈尔·阿齐迪,巴格达,10 世纪

我在巴黎大区住了好几年(克莱蒙-德洛瓦兹和巴黎),之后就离开了那里在瓦讷的初中注册上学,我的儿子小康坦说我是"巴黎大区人"①。我是在瓦讷初中和朱尔-西蒙高中完成我的 7 年中学学业的②,这个我前面提到过。考古虽然早就吸引了我,但我对它的热爱到那时才

① 原文为" *régionparisien* ",是小孩自己发明的词,巴黎大区包括巴黎和周边的几个省。——译者
② 法国中学学制是初中 4 年,高中 3 年。——译者

确定并显露出来。① 我对考古的热情打动了外公的朋友约瑟夫·布伊，他很快——我想不起来具体是什么时候了——就建议外公想办法让我加入一个叫"博学社"的"学术"团体，学会一直用"博学社"这个漂亮的名字。外公明确告诉我，不能给我报名，因为我年龄太小，但他可以让我进入这个社团的图书馆和博物馆，等我长大后再正式加入社团——这事发生在 1944 年，那年我 10 岁！②

这个博学社在一座建于 15 世纪，名叫加亚尔的小城堡里。城堡位于瓦讷始建于中世纪的老街的中心，它起初是布列塔尼公爵的总管官邸，在 17 世纪成为布列塔尼最高法院的所在地。我们私下里把这个社团称为"拉波利莫"（成立于 1826 年），它聚集了历史学、考古学、博物学等方面的爱好者，他们为社团提供他们在地质、考古、古生物、动植物、史前史等领域的发现。19 世纪那个时候成立的学术团体都是这样。

博学社在莫尔比昂有家博物馆，以收藏当地遗存为主，馆藏物品的价值高低不一，出土文物居多，有新石器时代的，有青铜时代的，有铁器时代的，有高卢时期的，也有高卢-罗马时期的。这些文物是笔巨大的财富，反

---

① 我的初中同学叫我"老古董""砖老头"！
② 1952 年 10 月 9 日，我正式在博学社亮相（我成为它的非正式会员已经快 8 年了），同年 11 月 13 日，我成为其正式会员。我的父母是我的入会推荐人，但实际上我是先于他们入会的，并且是我推荐他们入会的，只不过那时我还不是正式会员，这些事让我颇感恼火。我的第一次学术报告是在 1951 年 10 月 11 日做的（当时我 18 岁），后来报告刊登在"通信"专栏，开头是这样写的："同事柯本斯先生的年轻公子利用假期勘探了沿海地带，寻找窑炉和盐斗。他找到 8 个盐斗……"，那确确实实是我的劳动成果，我父亲却以"通信"这个傲慢的方式把它给呈现出来，真叫我难堪！

映出该地区当年的人口数量以及他们的灿烂文化,还体现出一个多世纪的以搜寻珍奇器物为目的的传统考古的发掘成果。

博物馆里的珍奇物件数不胜数,它们照亮了我的青葱岁月。我花了大量时间观察它们,每当我想进博物馆时,就有人为我开门,但不会有人为我打开陈列柜。我记得馆内有长长的誓愿斧,它们表面非常光滑,常常是绿如深海。馆里还有陶罐,有的工艺粗糙,但不失优雅,有的做工精细,却风格张扬。罐子因烧制时的"气氛"不同而颜色各异,有的呈鲜红色,有的呈棕色,有的呈灰色,还有的呈亮黑色。博物馆还藏有针、刀、剑和形状各异的铜"斧"。馆内能看到白色裸体维纳斯的站姿小雕像和母神的坐姿小雕像,有时还能看到复制这些雕像的模具,尽管被使用过很多次,但看上去依旧迷人。

博物馆的一层和二层陈列的是对公众开放的藏品,一层展出的是自然界的东西(贝壳、岩石、动物标本),二层展出的大多是令人惊叹的史前出土文物。要进入博物馆的图书馆,就必须上到博物馆的顶层。走过巨大的螺旋式石梯来到博物馆的三层,石梯凉爽,潮湿,有股猫尿味儿,继续向上走,进入楼梯塔,爬过小小的螺旋梯就来到了顶层。一天,我发现了楼梯塔的暗门,它被画上去的壁橱掩藏了,实际上,通过那个大螺旋石梯也可以到达图书馆,但那个入口被堵死了。

博物馆的三层有两个大房间和一个小房间,两个大房间相连,做会议室用,四壁皆被书籍遮盖,另外那个小房间被称为"沙漠修士室"①,四壁皆

---

① 沙漠修士是指3世纪和4世纪在埃及、巴勒斯坦和叙利亚的沙漠中苦修的隐士,他们远离人群为的是聆听寂静,独自面对上帝。——译者

装有木门壁橱,木门上是 17 世纪画上去的隐士的生活场景。我想多了解这家博物馆,结果,发现一扇暗门就在壁橱木门的后面,暗门后有隐秘的楼梯通向楼道,楼道里有书、杂志、报纸和有待归类的收藏品。一个酷爱阅读、喜爱历史和史前史的小男孩能够独自沉浸在一座满是回忆和珍宝的城堡中,该有多幸福啊!

66 年过去了,现在回想起来,感觉我那时总是待在那座博物馆里。实际情况当然不是这样,因为我还要上学,上完初中,上高中,课业还是多多少少消耗了我的时光!

那段时间是充实的,"充实"意味着"拉波利莫"在那些年里让我得到极大的精神安宁和满满的内心幸福,就是在那段时间里,我受到了"现场冲击"[①]。领我走进"博学社"那个梦幻世界的是约瑟夫·布伊。1948年的一天,他邀请我去看位于莫尔比昂湾东海岸的考古遗址,那是勒·蓬图瓦博士(他当然是"博学社"的人)不久前发现的。于是我和老友去了名为勒·佩希的半岛(也叫色纳日),半岛位于海湾的南面,地势起伏不平。我们很快就来到一片小海滩上,那是真正的沙滩,没有淤泥。海边有座小小的泥土悬崖,露出的截面上满是精美的暗红色陶片。我永远无法描述那个景象对我产生的震撼。那是我第一次面对真正年代久远

---

① 近似司汤达病征。("司汤达病征",是指艺术爱好者在短时间内欣赏了大量艺术品之后出现的身心不适症状,比如,眩晕、心跳加快、意识不清。《红与黑》的作者自述在佛罗伦萨参观后出现这些症状,因发病者多出现在佛罗伦萨,故这种病症又被称为"佛罗伦萨综合征"。——译者)

的器物,它们从时光深处来到我面前,我不仅可以近观(我很长时间以来都在做这件事),竟然还可以触摸、研究,把它们给搜集起来。当时,我真是神魂颠倒,激动不已,但我尽量克制自己的情绪。多年来,我为出土文物痴狂,但只是在书中、展柜中见过它们,我从未敢奢望它们能从泥土中现身与我相见。现在它们就在那里,是当年被制造者或所有者遗弃时的样子。不敢奢望的事情竟然在我眼前发生了,在我的思绪里展开,在我的掌心中呈现。对我而言,那次相遇肯定不是"皈依",但的的确确是"神启"。布伊见我愣在那里,哈哈大笑起来,他强调说:"这是古罗马人用来烧制陶土槽的窑炉。"

那天晚上,我回家后兴奋得失眠了。第二天,我当然又去了一趟色纳日的海滩,是独自一人去的。我带了笔记本和测量尺,要记下所有和"古代对话者"交流的内容。那个本子并不是真正的工作记事本,只是本初中生用的练习簿,尺也不是那种20厘米的金属硬折尺,而是一把针线包里的卷尺,针线包是我外祖母的,那时我住在她家里。就这样,我在那个"被施了魔法"的海岸上度过了难忘的时光。

色纳日海滩上的窑炉遗址是我当时唯一了解的海边古罗马窑炉遗址。在那之后,凭借我对这类窑炉遗址地质状况的所见、所学和搜集到的相关文物,我开始沿海岸寻找古窑。我在莫尔比昂的各个海滩寻找,先去海湾,再沿着海岸线找。我做的是系统性勘探,有时乘车,有时坐老汽船(这种小船会沿途停靠在内海的主要乡镇和岛屿)。我发现了各种各样的遗址,有的像色纳日海滩上的那种,但也有许多不同地貌、不同时期的海滩遗址。我每次都先确定好遗址的位置,之后骑自行车再去一趟,随身带上工具和好多小包,搜集珍贵的"战利品"。

咱们别分心,我还是主要讲讲那些埋藏有小盐斗的遗址。1951 年,在《莫尔比昂博学社月报》上,我描述了新发现的 8 个小盐斗(自 1948 年以来就不断有新的陶罐被发现),1952 年描述了 9 个,1953 年描述了 2 个,1954 年描述了 11 个,1956 年描述了 10 个,也就是说,在近 6 年的勘探中,我总共发现了 40 个小盐斗!

1953 年和 1954 年,我在《布列塔尼年鉴——阿摩里克考古简报》上发表了与这个主题相关的两篇综论性文章。在第一篇文章中,我总结了我比前辈多观察到的事物①,在第二篇文章中,我把每个盐斗的具体情况罗列出来并描述了其地理分布情况。

那么,那些年我到底搜集到了什么呢?我搜集到的东西有:成千上万枚陶土盐斗的碎片(这种陶器截面呈长方形,四个侧面呈倒梯形,被称为斗或槽,见图 3 和图 4),同样用精细陶土烧制而成但器壁稍厚的锥形陶器,用黏土烧制的小巧的曲状陶器、球状陶器、T 形陶器,截面是长方形、梯形、圆形的陶土小砖,红色、棕色和黑色陶罐的碎片(这些陶罐的用途不同于上面提到过的盐斗)。被剥开的大地真实地呈现了那些斗槽被遗弃时的状态(图 4),它们常常是一个套着一个,叠在一起,由大到小,最底下的最大。我见过曲形陶制品的遗址,但机会不多。我也目睹过坑

---

① 发现者及发现时间分别为:乔治·德·克洛斯马德,1880 年;保罗·杜·沙泰利耶,1886 年;亨利·基尔加尔斯,1902 年;欧内斯特·里亚兰,1924 年。

图 3 盐斗,透视图和实物。

图 4 盐斗被发现时的样子

壁是用陶土就地焙烧而成的窑坑。

那么,这些窑炉究竟是怎么回事呢?这些槽子又是干什么用的呢?实际上,它们是用来提取和出售海盐的。不用多想就能从遗址的现场情况推断出:盐业手工业者当年用眼前这些原材料制盐,使用用黏土烧制的容器盛海水,(用斗)贮存盐,(用斗和炉)包装和提取盐,最后把盐卖出去。

可以想象,有位手工业者要找个地方安家落户,那么他得先找个有咸水的地方,或临近大海,或靠近潟湖,并有黏土可用。找到心仪之处后,他就开始挖坑,一些坑用来贮存咸水或浓缩盐水(用咸水洗藻类植物或海边的沙子后,再烧煮浓缩而成),另一些坑用来存放黏土和咸水浸泡之物,他把生黏土铺在坑底,糊在坑穴的内壁上以减少渗漏。随后,他建窑烧制盐斗和土砖。再后来,他建第二批炉子,炉膛上方有砖砌烤架,烤架下面是由木头和黏土做成的拱面,烤架上放置着一个个盛满海水的盐斗,海水在那些神秘的小红槽里慢慢蒸发,里面令人期待的珍贵海盐慢慢多了起来。皮埃尔·古莱凯描写过用来烧制盐斗的炉子,但他不相信先民知道通过蒸发可以得到海盐,而宁愿相信盐是先民通过刮取海滩表面附着物再将其放到盐斗里烘干得到的。显然,表层被剥开的大地呈现出所有能想象的元素,信息丰富,风貌相异,不拘一格,各有千秋。

比如,贮存池的内壁一般都糊有生黏土,但有时黏土层会附着于露出地面的岩石、结晶岩(花岗岩)或变质岩(片麻岩、云母片岩)的板层岩石的侧面上;有的贮存池的内壁干脆就是用卵石垒起的矮墙,然后再糊上生黏土。池底也是由黏土铺成,先民偶尔会用扁平石块加固池底。在莫尔比昂的洛克米凯尔海滩上,我研究过 30 厘米厚的黏土壁,它里面是加工过的石板,外面是生黏土。玛丽-伊万娜·戴尔曾下功夫研究贮存池,细心发掘,在莫尔比昂的伊吕尔海滩上,她勘探到两个池子,一个是2.3 米×1.8 米,另一个 2.6 米×2.2 米,两个池子深 60 厘米。在约克小岛,她也发现了两个池子,也都是 60 厘米深,直径分别为 1.2 米和 1.25 米,她估计其容积约为 450 升。她发现过容积约为 300 升至 700 升的池子(比如在伊勒和维莱讷省的奥比涅尔)。在阿摩尔海滨的朗德尔莱克,她发现了四五个小池子排在一起的遗址——有单坑五池的,有 4 个独立池子相邻的。

窑炉大多是挖出来的坑,炉子基本上是矩形的,有火炭进口,和贮存池一样,坑底和内壁都有层黏土。在阿摩尔海滨的埃比昂群岛上发现的炉子有 2.5 米长,在伊吕尔海滩上发现的炉子长 2.05 米,宽 1.7米,这两处遗址都是戴尔发现的。火炭的进口或在炉子的长边那侧,或在炉子的短边那侧,炉子旁边有个用来准备火炭的小坑。有的遗址有好几个炉子,有的可能是用来烧制土砖和盐斗的,剩下的则是用来蒸发、浓缩、烘干咸水的。也有一炉两用的情况:先用来焙烧窑炉本身的炉壁和烧制砖块,后用于小工厂的安装和运转,后面这个用途是长期的。

不管是蒸发式的,还是非蒸发式的,"炉厂"都是木质结构,从下到上用拱扶垛支撑起来,黏土小拱顶横跨炉膛,遮护火炭,让热量充分发挥作用,同时也支撑起放置盐斗的炉条。由小砖块或黏土条制成的炉条相互交错,在拱顶起到了横梁的作用。几个数值可以验证上面的推测,尽管它们不是固定的。戴尔在伊吕尔海滩上发现的古窑遗址的小拱顶45厘米高,5厘米厚;我在洛克米凯尔海滩上发现的古窑遗址的小砖块30厘米长,三四厘米宽,5厘米厚。

现在让我们来研究一下这些奇奇怪怪的陶土小斗。它们是批量生产的,用来盛海水和装海盐,出炉后很可能和里面的盐一起保存起来,然后再打包出售,这样陶斗就成了盐饼的包装,和盐一并卖掉。也就是说,2 500年前就有了一次性包装!陶土盐斗的形状有地区差异,但至少在布列塔尼南部它们是棱柱台形,开口和底部为长方形,侧面为梯形(图3和图4),尺寸大致如下:我在色纳日发现的高约8~8.5厘米,开口长10~11.5厘米,宽6.5~7厘米,中部长6.5~7厘米,宽2.8厘米,底部长6.5~7厘米,宽3厘米,这样大小的盐斗容积约为0.3升,可以蒸发出0.5公斤的盐饼。盐斗的器壁非常薄,厚度为1.2毫米,其成分不含黏土瘦化剂,内壁光滑,外壁凹凸不平,肯定是高温烧制而成。皮埃尔·古莱凯在1970年撰写的博士论文就是研究这种陶器的,他通过试验弄清了制造方法和量产原因。盐斗可能不是用模具制成的,也不是烧制的,而是叠在一起,在同一个模子中晾晒而成。有棱角的陶斗实际上非常少见!制陶人兼盐工先备好一片片大小基本相同的黏土片,用手指抹平朝上的一面,这抹平的一面就是小陶土槽的内壁,放入模具中的黏土片要折5次,最后是焙烧或风干。制陶人也偶尔做锥形陶斗,他们先把黏土片卷起来,再把两边粘在一起。为了估算这些古代盐厂的产量,专家尝试过不同的方法,根据戴尔的计算,伊吕尔海滩盐厂的 9 个小拱顶可以搭 8~10 个横梁,上面可放置 144 个盐斗,每次可产盐 72 公斤,她估计炉温为 850℃。

曲形陶器是这些海滩盐厂特有的,也是黏土制品,是用来避免盐斗或土砖粘连,但不同于制陶人临时起意随便抓一把黏土做成的大小不一的棍状或球形陶器,这些曲形陶器的尺寸相差无几,说明它们是事先设计好的产品。这类陶器为 S 形柱体,长 4~6 厘米,直径 4~8 毫米(伊夫·柯本斯),两端薄、扁、宽,明显是用来把待焙烧的陶器隔开的。

我们常会在生产设施(池、窑、炉、灶、库)附近发现单个或多个建筑物,不是石屋就是木屋,这不难理解,它们既是住所又是作坊,有时候岁月只留下干垒石墙的遗迹和柱洞。窑炉近处也会发现柱洞和矮墙,说明这些窑炉不是露天的,它们有遮风挡雨的简陋棚子。另外,烧砖的窑炉有时会出现在被我们称为作坊的建筑里。

这是高卢手工业发展的有趣证据,我们先人的工艺独特且有效率,对它的探索让我在愉快中度过了考古勘探的前 10 年。幸运的是,对“制盐人”来说,莫尔比昂湾的低海岸是理想的建厂地点,恰巧后来那里的海平面轻微上升,使遗址受到海水的冲刷,让我看到那些地质剖面。不同的遗址因地点不同,暴露的程度和走向不同。我没有许可,所以没有发掘。那 40 个暴露的二维地质剖面让我想象出美丽的三维图景,我一直在想方设法描绘它们、理解它们!

第四个维度是年代,确定了盐厂遗址的年代,让我欣喜,是有点情不自禁的那种欣喜!我曾勉强自己去读恺撒在《高卢战记》中讲述的他与威尼托人作战并取得胜利的篇章,他的吹嘘令我反感。我反对入侵者(大家还记得阿纳托尔·法朗士吗?),而且我对原住民高卢人的支持鲜少客观,这点我必须说明,另外我与土著多少有那么点关系。在盐窑里发现的文物让我确定了此类遗址的时间维度,那是些带有圆形纹饰(同心圆纹饰和点描花饰)并涂有石墨的黑色陶器,它们提供了年代线索,属于后铁器时代,为公元前 500 年至前 56 年之间的产品,也就是上文提到过的那场战役所处的时代。发现它们真是令我欣喜若狂。

前辈对我这个 18 岁的小伙子很和善,但还是有那么一点点傲慢,他们告诉我说,那些炉灶是高卢-罗马时期独有的,"可怜的"高卢人掌握不了那么先进的工艺,还有人把这样的观点写进文章(弗罗莫尔斯·德·拉科夫斯基在 1953 年写的文章)!我坚持自己的观点并且得到了父亲的帮助,在由他创立的南锡理学院放射地质研究中心测定上述工艺的年代,他凭借我在古窑里发现的木炭里的碳-14 得出误差非常小的测定结果:古窑的年代为公元前 377 年。这个结论可把我给高兴坏了!我的祖先(也许不是)威尼托人并不像别人说的那样愚钝,他们开创了新产业,学会了批量生产,发明了一次性包装,创造了新的生活方式。威尼托人的这种生产活动在高卢-罗马时代初期仍在继续(大约又运转了百年），即便是这样，高卢人的制盐厂仍是原住民的创造，是入侵者占领期间传统手工业的延续！

1995 年皮埃尔-罗兰·吉奥在关于阿摩里克原始史时期的综述性论文集中写道："阿摩里克海岸应该是……座大盐厂。"

第二章

钱包里的古斧

三千年前

您可别对自己的钱太苛刻,给它们机会,花掉它们!

——切斯特·海姆斯①

　　在童年和青少年时,我完全是在无意识间"发现"了古币。我曾在莫尔比昂博学社考古博物馆的展柜前流连忘返,就在那座著名的加亚尔城堡的第二层,一排漂亮的铜斧引起了我的注意。古斧都有个环,还有个"套筒",套筒很深,筒壁薄,凸缘处为开口(图5),它们属于青铜器时代末期和铁器时代初期(2 700年至2 800年前)的文物,我当时对它们一无所知。铜斧放在带抽屉的家具上,罩着玻璃罩,一个挨一个,从左到右按照年代顺序排列。

---

① 切斯特·海姆斯(1909—1984),美国著名黑人侦探小说家。——译者

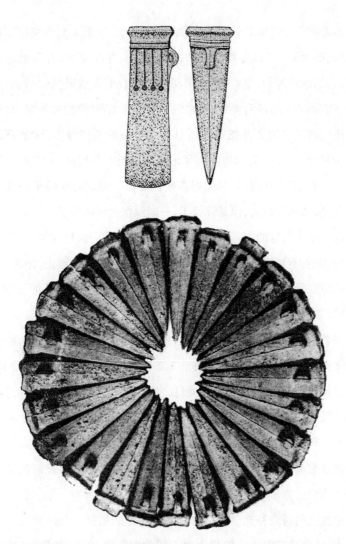

图 5　套筒古斧的正面、侧面及被发现时的样子(莫尔比昂克莱盖雷克遗址)。

古斧有两个地方让我困惑,我因而一次又一次地来到博物馆。左边的、年代最久远(?)的古斧看起来结实、坚硬、保存完好,有几把还带有装饰,它们色彩鲜明,呈青铜色;中间那几把看上去也很坚硬结实,但我觉得它们不如左边的有光泽;右边的不仅色泽黑灰,隐约可见绿色斑点,而且还失去了左边那几把古斧所具有的独特的漂亮外形,像是萨尔瓦多·达利画布上的"流动物体",风采全无! 当时我就是仔细地看了看,有了个印象,未求甚解,只是觉得那些古斧似乎随着时间的推移逐渐褪去绿色,色泽越来越灰,像是坏掉了,一副没保存好的样子。

那些年代久远的古斧给我的第二个印象是它们的尺寸大小不一,有几把特别小,不知能用来做什么。我对古币的探索浅尝辄止,并未深入。

从那以后,我就满怀热情地关注雅克·布里亚尔和若塞特·里瓦兰的研究,布里亚尔是我上大学时的"哥们儿",后来我们成了同事,他是世界闻名的研究青铜器时代的专家;里瓦兰是我的朋友,更年轻,她的博士论文就是写青铜器的。工程师让·布里受雇于布里亚尔的实验室,他用质谱仪、X光散射技术、中子衍射技术对铜斧进行了各种各样的检测。实验结果表明那些让我迷惑的古斧的金属成分没有一致性,这个结果并不出人意料:早期的斧子含锡、铜和少量的铅,随着时间的推移,铜和锡的含量越来越少,最后完全是铅,而斧子的表面可能略带青铜色以便看上去和以前的斧子一样! 这就是我们所说的贬值!

里瓦兰的研究补充、验证、细化了上述检测结果。套筒斧的尺寸差别很大,这可能是因为它们代表着不同的"货币"单位,和倍数、约数有关,重量在 79 克至 396 克之间,还有 36 克的,但她认为这种现象也可能仅仅是因为它们来自不同的作坊。

在单纯的以物易物体系中,每件物品都代表一定的价值,此类交换一直都有。后来交易从以物易物过渡到买卖,形式多样,多通过各种质量好、形状相同、尺寸一致或不一致的物品完成。考古专家发现过藏有燧片的遗址,堆积着"宝石"石斧的遗址,规模很大的石斧制造场,而制作石斧的石料较为常见,这类石斧既是工具也是交换物。在阿摩尔海滨省的普吕西利安,考古专家发现了 600 万个约 4 000 年前由粒玄岩制成的石斧,这个制斧场大约运行了两个世纪。

我讲述的是青铜器时代末期才出现的古钱币。为什么这么说呢? 因为似乎是第一次出现了真正的本位货币,古斧的不同尺寸、不同重量分别代表不同的、几乎固定的价值,这样就有可能储备购买力,作为本位货币的斧子至少在一定时间内是保值的。斧币并无实用功能,即使原型是工具,它们的存量相当多,或是为保值,或是被藏了起来。在伊勒和维莱讷省的布列塔尼地区莫尔,考古专家发现藏有 4 000 把套筒斧的存放地,这是前所未有的发现。在阿摩尔海滨省,发现 80 个存放地,共计 6 500 枚斧币;在菲尼斯泰尔,发现 90 个存放地,共计 9 000 枚斧币;在伊勒和维莱讷省,发现 25 个存放地,共计 6 000 枚斧币;在大西洋岸卢瓦尔发现 5 个存放地,共计 200 枚斧币;在莫尔比昂发现 30 个存放地,共计 3 000 枚斧币。当然,未来还会发现新的斧币存放地。[①]

① 2016 年 6 月,在莫尔比昂靠近朗戈奈的普尔德罗发现藏有 300 枚斧币的存放地。(若塞特·里瓦兰,《博学社简报》,莫尔比昂,2017 年 3 月)。

自 1995 年起，共发现 2.5 万把阿摩里克套筒斧，估计当初总共生产了 7.5 万把，总重 15 吨，用铜 7～8 吨，铅 6 吨，锡 2 吨，所用金属部分来自和西班牙海岸以及不列颠群岛海岸同样出名的布列塔尼海岸（比如位于维莱讷河河口的佩内斯坦），那里有优质的金属矿床——老普林尼①和西西里的狄奥多罗斯②把这些地区称为卡西特里德群岛（锡岛）。

套筒斧的筒壁很薄，似乎经不起碰撞，窄刃不能反复打磨，而斧的形状和结构不允许装斧柄，制作加工粗糙，浇铸失误，留有气孔，脱模时两部分没有对齐，因而，它们似乎不具备任何实用功能，里瓦兰认为它们只有流通功能。它们是用来价值储备的，确实是流通货币。

我对年代和贬值的推测似乎没有得到证实，这种古币实际上是突然集中出现的，可能仅仅流通了两个世纪，因为从铁器时代后期起（拉坦诺文化），斧币很快被金属硬币③取代。扁平的圆形硬币两面刻有人物头像，来自近东，很可能是财富的代名词克罗伊索斯国王④或他的近臣发明的！

---

① 盖乌斯·普林尼·塞孔杜斯（前 23—79），常被称为老普林尼或大普林尼，古罗马作家、博物学者、军人、政治家，以《自然史》一书留名后世。——译者
② 西西里的狄奥多罗斯，公元前 1 世纪的古希腊历史学家，著有 40 卷《历史丛书》。——译者
③ 和我们今天使用的是同一类型。
④ 克罗伊索斯（前 595—前 546），吕底亚王国（现在的土耳其境内）的最后君主。其名字是富有的象征，外语中用"像克罗伊索斯一样富有"来表明一个人非常有钱，他被认为是第一个发行纯金和纯银货币，将其标准化并用于普遍流通的人。——译者

第三章

巨石冢

七千年前

七千多年前,农耕人定居河口右岸,他们

弃犁垒石,让亡灵之山直指苍穹。

——雅克·布里亚尔①,《巴尔内奈,海边古墓》

我的家很"布列塔尼",家里十来口人围着外公外婆转,他们的生活很有规律,10月份至6月份住在瓦讷,7月份至9月份待在滨海的拉特里尼泰。这样一来,我孩童和青少年的夏日时光就都是在滨海拉特里尼泰度过的,因而,我的考古启蒙于卡尔纳克博物馆。我多是步行,有时搭便车,后来偶尔骑自行车,还骑过小摩托,当然也坐过船。我常去海滩,漫步钓鱼,没人能抵抗大海的诱惑,我走遍了那里的乡间、田地、道路、树林、荒野,随

① 雅克·布里亚尔(1933—2002),法国史前考古学家。——译者

处可见的巨石令我流连忘返。我觉得可能正是那些无处不在、萦绕我心的大家伙培养了我的想象力,让我爱上远古文化或开始为它着迷起来。

说心里话,我想不出哪儿的环境能比这个地方更为神奇。埃泰勒河、半岛、基伯龙湾、莫尔比昂湾环绕于广义上的卡尔纳克地区,我凭借简陋的交通工具正好可以到达那里。在公元前 7000 年和公元前 4000 年之间,新石器时代最早的农耕者在此地竖起上万个巨大石柱,建成千座石墓。梅内克巨石阵、克尔马里奥巨石阵、克尔莱斯肯巨石阵、小梅内克巨石阵是大家耳熟能详的四大巨石阵,它们构成宏伟的圣殿,从西到东长达 5 公里,现今仍留有近 2 500 块石头(图 6)。在卡尔纳克,仅一市就拥有 500 余座古墓。

年代最为久远的古墓由土和石块堆积而成,十分庞大,石头下面是墓室和小坟墓,这就是所谓的卡尔纳克石冢。卡尔纳克的圣米歇尔岩冢高 12 米,长 125 米,宽 60 米;洛克马里亚凯的马内-埃尔-罗埃克石冢,高 10 米,长 100 米,宽 60 米。巨冢内藏有华丽的随葬品,在圣米歇尔岩冢的主墓穴中,考古专家发现 40 余把由翡翠或硅线石制成的斧子和数百个绿松石耳坠,在马内-埃尔-罗埃克的墓穴中发现 92 把硅线石制成的斧子、13 把翡翠斧、1 个翡翠扁圆环、9 个绿松石耳坠、44 颗绿松石珠子,巨冢实际上和那类数量最多的石桌坟是同一时期的。我之所以不厌其烦地描写石墓的外观,列出随葬品的统计数字,是想表明这些远古遗存是如此令人惊叹,是想告诉大家这个巨石王国真的超乎想象,而它几乎就是我的童年世界。

图 6 卡尔纳克的梅内克巨石阵

我于 1951 年 10 月来到雷恩理学院求学①，那时候，我满脑子想的都是巨石。我刚完成"物理、化学及自然科学"专业和"物理、化学及生物"专业的注册，就立刻跑到史前遗址管理办公室和历史遗址管理办公室，请求做志愿者，前者在地质研究院，院长是皮埃尔-罗兰·吉奥，后者在文学院，院长是皮埃尔·梅尔拉。如我所愿，从 1952 年到 1956 年，我的大学假期都是在考古现场度过的。

我所说的考古现场是圣吕伊斯特的拉格鲁瓦-圣皮埃尔古墓（伊勒和维莱讷省）、克莱登-卡普-西宗的特鲁盖尔的高卢-罗马遗址（菲尼斯泰尔省）、普卢达尔梅佐的卡尔讷岛古墓（菲尼斯泰尔省）、普卢埃佐克的巴尔内奈石冢（菲尼斯泰尔省）和基利奥的洛雷特圣母古墓（阿摩尔海滨省），等等。勘探这些遗址②的目的只有一个：找出布列塔尼巨石建筑的发端。

1953 年 8 月，吉奥和我们几个学生来到位于菲尼斯泰尔省北部的卡尔讷岛，岛不大，但它的名字对史前史学者来说极具挑战意味。③ 21 世纪初就有考古专家描述过岛上的一座人造小丘，说它高 8 米，直径 40 米，里面可能藏有文物。有段石冢高约 4 米，宽 30 米，部分毁于二战时德国人修建的堡垒，它引起了我们的注意。我们决定第二年再来看看。

---

① 布列塔尼大学，自 1414 年开始规划，于 1460 年由布列塔尼弗朗索瓦二世公爵在南特建立，教授艺术、神学、法学、医学等科目。亨利四世于 1591 年计划将这所大学迁至雷恩，1735 年计划得以实施。

② 除了那个在高卢-罗马时期建的小城堡。

③ 2017 年 8 月我故地重游。

Vous n'ignorez sans doute pas que dès la fin de vos examens, vous aurez très probablement à vous mettre en route, avec armes et bagages, pour le chantier d'urgence qui sera ouvert à partir du 17 ou 18 juin au grand tumulus de Plouézoc'h (Finistère, environs de Morlaix), jusque vers le 26 juin.

Probablement une deuxième tranche de travaux y auront lieu au début de septembre.

Avis;

UNIVERSITÉ DE RENNES
FACULTÉ DES SCIENCES

Rue du Thabor, Rennes (Ille-et-Vilaine) · Téléphone : 51-29
Musée Préhistorique J. Miln · Z. La Rouric, Carnac (Morbihan)
Musée Préhistorique, Saint-Guénolé-Penmarch (Finistère)

**LABORATOIRE D'ANTHROPOLOGIE
ET MUSÉES PRÉHISTORIQUES**

Sr Guénolé 16·6·15.

au cas où vous n'auriez pas encore conçu:
vous rendre avec votre scooter à Plouézoc'h (près Morlaix),
aller jusqu'au hameau Kernelehen, mon P.C. est "Chez Victorine"
auberge (Maison Colleter, téléphone 26 Plouézoc'h). Prendre votre
tente et votre couchage, mais inutile de prendre votre matériel cuisine, car
on mangera au bien sur dit.— Arriver le 19 si possible.—

P.R.G

UNIVERSITÉ DE RENNES
FACULTÉ DES SCIENCES

ANTHROPOLOGIE GÉNÉRALE

Chantier de Barnenez en PLOUEZOC'H

Rendez-vous "Chez Victorine" dans l'après-midi du lundi 17 octobre.
Prendre sac de couchage et matelas pneumatique en cas de besoin de se serrer.
Etre bien muni en imperméables, ou parapluie...

un maillot de bain n'est peut-être pas négligeable!

Bons Baisers. A Bientôt.

D'out forget your umbrella!

Sincerly yours

line

Don't forget......

图7 三封"吉奥体""召集函",生硬的语气掩饰了生性的腼腆,大学同窗和考古现场的同事有时也会在这样的信上写几句叮嘱,那是在 1955 年。

我们于 1954 年 8 月又来到卡尔讷岛。我在岛上度过了我的 20 岁生日！我们一行 5 人,其他人是皮埃尔-罗兰·吉奥、雅克·布里亚尔、让·莱勒古阿克和亨利·洛斯蒂斯。我们在陆地上扎起帐篷,每天小岛变半岛时,我们便离陆登岛,落潮时,陆地和小岛会重新相连。我们先用测角仪仔细测绘出小丘的平面图,随后我们花了很长时间来琢磨"该从哪儿下手",最后我们一致同意从东南方向开始,巨石冢的入口通常朝向东南。我们的决定是正确的,因为我们很快就挖到了建筑结构,我们将其清理干净后发现它像四边形的盒子,长 1.2 米,宽 70 厘米,高 1 米,墙由石头垒成,顶部是 4 块大石板。

然而,我们只找到 1 枚没什么价值的燧石残片和 3 枚陶器碎片,太令人失望了。于是,我们就想探查一下墙壁,3 面墙均为石土墙,西北方向的矮墙有些蹊跷,其作用似乎是把我们发现的这个假"盒子"和别的什么东西隔开。因为这堵墙顶着一块石板,而且石板已经开裂,所以完全拆掉这堵墙肯定会有坍塌的危险,于是,我们决定只拿掉几个石块,在墙上开个小洞,能让人钻过去就行,按照吉奥的说法,这个人要"瘦且灵活"。

那时的我符合要求！我看上去是 5 人当中最瘦的,就被选中打头阵。我头先钻进去,然后扭扭身子,整个人就进去了,没怎么费劲。没过几分钟,眼睛就适应了里面昏暗的环境,天哪！难以置信,我竟然在完好的墓室里,四周是石头墙,脚下是石板,头上是悬挑圆盖,那是个花岗岩圆屋顶！墓室为圆形,墙壁垂直部分从地面往上大概有 1 米高,再往上的墙是向圆屋顶倾斜的,从地面到屋顶的高度是 3.5 米。我高兴极了,大声叫了出来,吉奥先生他们几个闻声进洞与我会合。莱勒古阿克用布列塔尼双簧管即兴演奏起来,我们晚餐多吃了盒罐头改善伙食,这是人之常情,在那样的年龄,在那样的夜晚,谁的心思会在美味佳肴上呢?

我们发现的是有墓道的石冢,而先前被我们误认为是墓室的地方肯定是墓道。情况应该是这样的,修墓人最后一次进墓后,就在墓道和墓室之间垒了堵矮墙,然后在墓道的入口也垒了堵墙。这类古代集体坟墓在"运行"期间入口应该是开通的,使用这个坟墓的族群在埋葬了某位死者后决定关闭墓穴,墓穴入口就会被"封死",我们发现的这个墓穴就是被墙封闭的,墙上堆有土和石块,它应该是先民崇拜之地。岁月流逝,入口湮没,而石墓本身通常是被有意建在显眼处,先民抬头见冢,追远思源。

我们从一开始就很走运,大家在东南方向动手发掘,很快就找到了遗址,然后顺利进入。我们是从入口进入的,但我们当时并未立刻意识到那就是入口!令我们感到幸运的是,遗迹自封闭以来,既没发生过塌陷,也没遭遇过偷盗,保存完好。第三个惊喜是年代,碳元素表明它建于公元前 4700 年左右,有近 7 000 年的历史,也就是说,眼前这座石坟是世界上最早的陵墓建筑。[①] 建陵者可能是从海上来到这里,他们技艺精

---

① 这个头衔在 1994 年被土耳其的那座"神庙"给"盗走"了。它就是哥贝克力石阵,有 1.2 万年的历史,石阵是由好几个 T 形巨石柱组成的圆圈,每根石柱高 3 米,重 5 吨。

湛,但物资匮乏,因为除了墓室石板下的 1 枚燧石和 35 片朴素的黑陶,我们再没找到其他遗存。在这样的地方,经历了这样的事情,又赶上过生日,世上还有更美妙的事吗? 1954 年 8 月 9 日,我留在发掘现场,父母赶过来为我庆祝 20 岁生日,我清楚地记得,那天,海是绿色的,陵墓古老的莱昂灰色花岗岩闪烁着光芒。

几年后,考古专家再次来到卡尔讷岛,在同一个"土罩"下发现了另外两座石冢,我那时已经在巴黎了。岛上那座巨大的圆顶其实覆盖了 3 处古迹:一处是我们在 1954 年发现的那个有墓道、有墓室、保存完好的圆顶小石冢;另一处是有墓道的圆顶石冢;还有一处有两个墓室,可能和其他两个石冢属于同一个年代,而大约在 4 500 年前,也就是说在建成启用后的 2 000 年,有人再次进入其中。

在这座复合式古墓中,考古专家共发现 8 枚燧石片、1 片石刃、6 颗板岩珠,陶片居然有 180 枚之多。制陶工艺连我们都觉得新颖、特别,它们值得被冠以这座岛的名字。有件公元前 5000 年的"布列塔尼夏塞文化"陶器,以"卡尔讷岛陶器"的名字出现在所有涉及史前史的叙述中,这要归功于满怀热情的我们在 20 世纪 50 年代完成的初步发掘。其颜色从深米色过渡到深褐色,质地均匀,造型完美,打磨抛光后,泛出皮革般的光泽。那些古陶罐都是圆底、短颈,罐口略卷,罐腹下部有精美的须状纹饰。

1955 年的一天,来自莫尔莱的方斯·古尔维突然造访我们在雷恩的史前人类学实验室,他是名记者,自愿为吉奥搜集信息。出于个人

图 8　普卢埃佐克附近的巴尔内奈"花岗岩圆顶"石冢,这个切面是不知情的建筑商鲁莽开采的结果(拍摄于 1955 年)。

图9　1955年,在普卢埃佐克附近的巴尔内奈石冢,我身后是石墓的入口。石冢共有石墓12座,我的任务是清理被泥土和坍塌的石块填满的长达13米的墓道,使其"亮堂"如初。

兴趣,也是为他供职的《每日电讯报》写稿,他一直都在关注吉奥的考古发掘。事情是这样的,承包商修路的推土机和挖土机挖开了巨大的石冢,它离普卢埃佐克不远,在莫尔莱河河岸,没人进去过。吉奥立即赶到现场并请警方介入,但这显然还不足以控制事态,于是他又请求有关部门将该处遗迹列为"情况紧急类",这样就有效地阻止了灾难的发生。被挖开的石冢是个山丘,长约百米,由西向东横卧在凯尔内莱恩半岛上,对修路公司而言,它是绝佳的采石场,因为石头都是现成的!这座古墓和卡尔讷岛上的那座是同一类型,泥土、植被通常遮盖其上。

承包商是从西北方向采石的,通常位于南北向的墓室因而先被"开膛",4个墓室均遭到破坏,1个墓室的顶为巨石顶,其他3个墓室的顶是拱顶。恶的结果只能是坏的,"破坏者"无意中3次大肆开采了墓室顶部突出的部分,大概没有史前史专家敢这么做!多亏了司法介入,吉奥才得以利落地阻止了这种粗暴"开采",墓顶犹在,破坏尚未深入,再晚一点,后果不堪设想。

1955年6月,吉奥领着我们几个热爱考古的学生来到现场,除了我,还有雅克·布里亚尔、让·莱勒古阿克和亨利·费雷克。同年10月,我们这几个人再次和吉奥来到现场。初期发掘完成后,其他事项陆续跟进,勘探、发掘、加固、修复相继完成,各项工程质量堪称典范,前前后后花去的时间超过12年。这座古迹是世界早期建筑的又一伟大见证,卡尔讷岛上的古墓被发现一年后,和其他有着同样文化内涵的古墓在学界和大众面前掀开了面纱。

那几年我还是在雷恩上大学的学生，但我一直心系这片区域，自愿加入考古工作，把自己的作用发挥到极致！我的两个伙伴布里亚尔和莱勒古阿克后来留在布列塔尼工作，他们告诉我，在接下来的50年里，尽管惊喜不断，但考古专家再也没有在那儿发现像巴尔内奈石冢那样雄伟的古迹。

那么，著名的巴尔内奈石冢究竟是什么样子呢？实际上，石冢里有两个先后建好的冢，它们被套在一起。这两个坟冢建于公元前5000年，有7 000年的历史。整座石冢高5米，长约85~90米，宽约30~35米，颇为壮观！竟然有11座石墓(实际上有12座)建在里面，这个数量令人叹为观止。石墓的墓道都很长，东边那座冢是先建好的，里面有5座石墓，西边的里面有6座石墓。冢上的石块并非随意堆叠，而是有序排列，那些被琢过边的石块逐层叠加，呈阶梯状，东边的古冢垒有两三个台阶，西边的古冢台阶多，有四五个的样子。因为有陡坡，地势起伏，堆叠的石头略显凌乱，用垂直的石板和墙垛支撑着。有面高墙把石冢横隔为二。除去石冢上的泥土和植被后，数据有了变化：长72米，宽7~18米，最高点距地面5.8米。吉奥认为这座石冢本来就是光秃秃的，我可不这么想。

这11座石墓(实际上建了12座)面南背北，几近平行排列，霸道的挖土机因此并没有触及石墓的墓道。我们初到现场时，4个墓室已在野蛮开采中显露出来，几经努力，我们从完好的侧面找到了这几个墓室的入口。吉奥让我们4个年轻人每人负责勘查、清理1座墓室的入口和墓道,我、布里亚尔、费雷克、莱勒古阿克由西向东拉开战线。我率先打通墓道,匍匐前行13米后见到了光亮,那是野蛮"开采"挖开的口子,大家聚拢过来见证我的壮举,那一幕我记忆犹新!

我们首次发掘就找到了4条墓道,完成了勘探,确实没费什么周折。随后我们找到了东边的第5条墓道,它没有在北侧遭到破坏,我们是凭借其入口发现它的。接下来,我们发现了一个又一个墓道入口,总共有6个,名叫吕克·拉波特的年轻同事最近还发现了一个墓道入口。我们通过入口进到石墓里面,除了在墓道里有若干塌方外,其他都保存完好,没有发现人为破坏。

这些石墓均属已知的"廊式石棚墓"类型,每座墓都有一条7~13米长的墓道和1间墓室,墓室通常不大,多为圆形或多边形,直径2~3.5米。这些古墓虽然风格相同,但具体形态相异。有些墓道两侧有柱子支撑,有些墓道既有支柱又用了干砌石,还有些墓道只用了石块。有的墓道盖有石板,有的没盖石板,上面的石板有的是拼接的,有的是整块的。发现过有前厅的墓室,有的墓室被石板覆盖,有的墓室有漂亮的"蜂窝状"圆顶,有的墓室高达4米。有时在石墓的入口处,或在墓室的入口处,会发现侧立的石块,它们既无支撑作用,也和墙体无关,很可能是用来"许愿"的。有些石墓里的石板上还刻有符号,在布列塔尼,尤其是在神圣、广阔的莫尔比昂,考古专家在巨石遗迹中都发现过此类符号。这些刻在石头上的符号并非随处可见,它们只出现在3座石桌坟中:大石冢东西两端各一座,第三座是先期建成的那 5 座石桌坟中的 1 座,位于正中。U 形符号可能代表牛角或牛轭,尖头朝上的三角代表犁或斧头,十字形表示带柄的斧子,波浪线的两端向内弯曲和一条直线相交形成弓形图案,两道刻痕把我们熟悉的椭圆四边形分成上小下大的两部分,四边形内刻有两大束发散且对称的曲线,这些曲线被认为象征"死亡女神"。此外,最西边那座石桌坟的墓室入口处有个直径约为 12 厘米的呈四边形的洞。

考古界一直认为石桌坟是集体坟墓,它们所在地的土壤和本身的建筑材料的 pH 值呈碱性,许多骨骸因此得以保存下来。学界还认为,这些坟墓既是存放遗体的地方,也是祭祀场所,每有遗体移入,便有人聚集凭吊,但也有可能除葬礼外,先民也来此地举行其他仪式,平时也可能有人来悼念,考古专家在墓里发现了随葬品。当墓室里没有了空位或处于"空闲期",墓的入口就会被封闭。我们在卡尔讷岛上发现的第一座石坟有两处被封,一处位于墓道的入口,另一处在墓道和墓室之间。此处几个墓道都填有碎石,似乎是用来封闭坟墓的。我们都知道,布列塔尼的土壤呈酸性,和别处一样,土壤消解了先民托付给大地的遗体,然而,我们在两个墓道里发现了人类遗骨,它们似乎是在证明这些巨石建筑是陵墓。那些被称为文物的东西当然珍贵,因为它们能确定年代,但和陵墓本身的宏伟相比,文物却少得可怜,有些坟墓里竟空无一物!我们搜集到几个漂亮的罐子,但它们是碎的,碎片四下散落,这可能和某种仪式有关,因为,如果它们当初被放入陵墓时是完好的,那么它们就没有理由碎掉。尽管那几个罐子的形状、陶泥、焙烧、纹饰各有不同，但都产自当地，年代不同，类型有三。第一类和在卡尔讷岛上发现的陶罐属于同一类型，圆底，壁薄，胎体或黑或红，口沿或简单朴素，或呈拉长的 S 形，为夏塞陶罐，夏塞文化属于新石器文化，这样我们就确定了陵墓的修建和启用年代；第二类陶罐为平底罐，或呈钟形，或为杯状，胎体惊艳，颜色或为鲜红，或为棕色，纹饰为带状斜虚线，这类陶罐因外观得名，人称其为杯形罐或钟形罐，这一外形特征帮助我们确定了石墓中的这类陶罐的文化归属和生产年代；第三类陶罐，壁厚，底平，形似花盆，工艺马虎，胎体粗糙，颜色或红或灰，此为"SOM"陶罐，这三个字母表明此类陶罐的产地或灵感来源——塞纳河（Seine）、瓦兹河（Oise）、马恩河（Marne），石墓中的这类陶罐说明该陵墓在晚期还被使用过。

在燧石片和燧石石镞（即横刃箭）旁边的是年代最为久远的陶器；在由炫目的金黄色燧石制成的双翼石镞和铜质小匕首旁边的是钟形陶罐的碎片；和那些大花盆在一起的是漂亮光滑的燧石斧。

和卡尔讷岛上的遗迹一样，碳-14 的年代确定结果令人惊讶，让我们狂喜，"越老越好"这个观念真是根深蒂固！最早建好的那 5 座石墓有 6 700 年的历史，另外 6 座有 6 400 年的历史。

难以置信：最神奇的巨石遗迹、最早的宏伟建筑竟然由粗心的建筑商剖开后呈现给我们。我们曾谦虚地认为我们的圣殿是域外影响的产物，现在它说出了自己的年龄，告诉我们创造它的是在此地生根成长的阿摩里克文化，成就这种文化的是放牛的牧人、挥斧的农夫、驾小舟的航海者、操弓搭箭的猎手,这种文化内部协调,社会组织能力强大,具有同一性,其宗教中心应该是卡尔纳克。两岸的人当然是同宗,受教于同一个"女神",为同样的建筑天赋所驱动。①

巨石林立非常壮观,考古专家到那里寻找阿摩里克巨石建筑最古老的遗迹,他们很自然地发现了年代差异现象,原因只能是先民两次使用了某些石料。在卡尔纳克的马内-于巨石建筑距今有 7 600 年的历史,是年代最为久远的巨石建筑,考古专家在那里发现了 1 件陶器和 1 件石质陪葬品,它们是在巨石建筑中发现的年代最久的遗存,有 7 600 年的历史,专家在洛克马里亚凯的巨石阵中发现了同样的文物,在马内-尔-罗埃克的卡尔纳克式豪华陵墓的墓穴中也发现了同样的陶器和石器(硅线石斧)。然而马内尔-罗埃克的墓穴被断裂的石板封住,石板上刻有图案,而且是从别处运来的,石板上的图案和几个大小石柱上的图案以及石桌坟(二次使用了石柱材料)里的图案属于同一风格,来自同一灵感。

弄清巨石建筑的起源成了我们的执念,于是我们发掘了两座外形特别的长条形堆石墓丘,一座在伊勒和维莱讷省,从拉格鲁瓦-圣皮埃尔延伸到圣吕伊斯特,另一座在阿摩尔滨海,从洛雷特圣母延伸至基利奥,它们呈四边形,长 20 米,宽 5~7 米,由东西向排列的石柱组成,石柱围起来

①　在法语中,英国可被称为"la Grande-Bretagne"(直译为"大布列塔尼"),以区别于法国这边的"la Bretagne"(布列塔尼地区),后者曾被称为"la petite Bretagne"(小布列塔尼)。——译者

的是土石丘，其中出土的文物极少。这两座石墓丘虽然很古老，已完全具备巨石建筑的风格，但没有证据表明它们的建造年代确实早于卡尔讷岛上的短墓道石墓，或巴尔内奈那批最早的长墓道石墓。

我们继续执着地寻找伟大的阿摩里克巨石文明的起源，这让我们注意到它之前的中石器时代的泰维埃克文化，该文化起源于靠近基伯龙半岛西岸、圣皮埃尔-基伯龙市的泰维埃克岛，距今 8 600 年至 6 500 年。后面我还会讲到这个中石器时代，我先简单地说一下：在莫尔比昂，中石器时代的先民在海岸定居，早期农耕者和其建筑似乎尚未出现在那里，那些先民基本以鱼、贝类果腹，偶尔猎鹿，但其残留的食物中有家养的羊和小牛的肉，这似乎是和考古专家开了个大"玩笑"，因为他们坚持认为中石器时代的先民只捕鱼打猎，不赶牛放羊。

在洛克马里亚凯找到的泥炭证明此地 7 800 年前就已经开垦了（因为橡树大量减少），已有农作物种植（小麦和大麦），问题解决了，我的朋友和同行放心了，猜猜他们的结论：中石器时代的人（肯定是农耕者）从新石器时代的人（也肯定是农耕者）那里偷了家畜。那些人是最早的农耕者，他们来得比我们猜想的要早而且很快就定居下来。

难道真是异邦人带着新知识征服了我们的"远西"①吗？为什么不可能是土生土长的"克鲁马农人"呢？他们属于中石器时代，很早就定居在那里，他们用瓷器换海鲜，慢慢完成经济转型，进入新石器时代，为

---

① 原文为英文"Far West"。——译者

什么不会是这样呢？

不可否认的事实是，自距今 7 000 年起，也可能距今 8 000 年起，就在布列塔尼这片土地的周围，宏伟的巨石建筑拔地而起，先民不是就地取材，他们得寻找、开采、搬运所需石料，然后把巨石竖起来，不管他们的灵感来自何方，他们所完成的是技术上的壮举，天赋的爆发，堪比鬼斧神工，值得大书特书。要完成这一壮举，除人力外，还需要木料，因为要有木板、滚木、滑槽、撬棍、支撑柱、起重架这些工具；要有植物原料，比如树皮、树根之类；要有纤维植物做绳索；要有执行力强、有宗教信仰、勇于创造、等级分明、能够并善于动员大量人力的国家机器来完成这样宏伟的工程。

洛克马里亚凯的那个巨石柱的材质是正片麻岩，在欧赖附近可以找到这种岩石，石柱本身长 20 米，外露约 17 米，4 米厚，估计重达 300 吨，运输可能需要 50 人，要先把它抬上通向滑槽的斜坡，然后把它翻倒在斜坡上。研究过这处遗址的让·莱勒古阿克证明这根巨石柱只是巨石阵的一部分，但是核心部分。这个巨石阵至少有 19 根石柱，在东北偏北方向上的 55 米内，石柱的大小递减，离主石柱最近的两个石柱，一个高 14 米，重 100 吨，另一个高 11 米，重 75 吨，石阵周围搜集到的陶片至少有 6 000 年的历史。在布列塔尼共有百余座巨石阵，有的简单，有的复杂，此类古迹在别处并不多见。

我要讲一讲夏尔-坦吉·勒鲁的惊人发现，借此回到那个石料再利用的话题。勒鲁喜欢加夫里尼斯岛上那令人赞叹不已的古迹和有雕刻图案的石冢,那石冢或有墓道,或有廊道,雕刻图案精美,数量多。他首次清理墓顶就发现了盖在墓室上面的石板。他惊讶地发现石板上竟刻有图案,那些图案通常是见不到天日的,因为石板上堆有泥土和石块。更令他惊讶的是,有些图案并不完整,他困惑不已,便深入调查,弄清了原委:在洛克马里亚凯的马尔尚石墓的盖板上,他发现了加夫里尼斯岛上墓顶残缺图案的接续部分!第三块刻有剩余图案的石板有可能盖在埃尔·万格莱封闭的墓穴上,这个墓穴在埃尔·格拉石冢里,也在洛克马里亚凯。那个石柱可能是洛克马里亚凯巨石阵中的第二大石柱,它就这样一分为三:上面那节在埃尔·万格莱;17吨重的中间部分在加夫里尼斯岛,抵达那里自然少不了陆运和海运;重40吨的石柱根部在马尔尚石墓,离洛克马里亚凯巨石阵没多远。

巨石乃膜拜之物,先民把它竖起来,再打断,场面壮观。他们还要把断石运到别处用起来,路途遥远、艰辛难行是免不了的,他们这么做肯定不是为了找乐子。在那个时代,石柱有缺,但神圣无损。

著名的卡尔纳克巨石阵就是个巨型露天圣殿,它有6 500～6 000年的历史。石阵看上去由两部分组成,一部分是西边的一个个椭圆形圆圈,它们略微游离于石柱列,另一部分是一排排由上百个石柱组成的石柱列,在克尔马里奥①有10列石柱,在凯尔莱斯康有13列(在梅内克现

---

① 命运开的玩笑,我母亲她们家曾是克尔马里奥石阵这片地的地主,后来成了石阵的所有者,我找到了把土地和古迹卖给国家的卖契,上面注明的时间是1882年11月,卡尔纳克的公证人里奥签署。

存 1 099 根石柱,克尔马里奥 982 根,小梅内克 101 根),石柱根部常常因力度很大的切削而变细,石柱的大小和重量由西向东递减。皮埃尔-罗兰·吉奥饶有兴致地计算了一番,那些大石块,小的有一两吨重,大的有50~100 吨重,总共大概有 6 万吨花岗岩,搬运每吨石头需 15~20 人,那么搬运 1 根石柱需 200 人,甚至 500 人。

50 余年后,有个国际专家委员会让我担任主席,委员会要使"卡尔纳克、基伯龙湾、莫尔比昂湾"的巨石建筑进入世界文化遗产名录。在几次尝试无果后,目前的"三驾马车"——国际专家委员会,南莫尔比昂巨石风景协会,指导委员会——运转良好,达成目标可期。几十年来,知识日新月异,令我深感震撼,我一直都在关注科研及其成果,之前的论述幸好有"史实"价值,否则,我会感到惭愧。

新近的研究表明,从埃泰勒河到吕伊斯半岛存有世界上密度最大的巨石建筑群,对此我感到非常欣喜。该地区因此与众不同,堪称圣地,我一直都是这么想的,这种想法和主观感受、民族自大情结有很大关系,近乎于期望,缺乏实在的依据。

让我同样感到高兴的是,之前估算的巨石建筑的数量(吉奥认为有1 万个)和重量(吉奥说有 6 万吨)都远远低于实际数据(根据克里斯蒂娜·布若的调查研究)。

在"我领导的"委员会里工作的专家还让我了解到,许多种类不同的巨石建筑可能已按功能被归类,但目前很难把相同年代、组合在一起的巨石和年代不同、差别明显的巨石分开。巨石密集,工作难度大,于是，我们决定"整体"描绘巨石建筑群，放弃分类描绘。

我的国外同行，特别是英国、爱尔兰、丹麦、葡萄牙和西班牙的同行告诉我说，这种被称为"阵"的巨石建筑是阿摩里克地区特有的，因为石柱巨大，且数量惊人。

我得知，我们这个地方得天独厚，没有哪个地方有如此之多且密集的刻有图案的石板。

我还得知，那些丰富、精美、产地遥远（西班牙，阿尔卑斯山）的随葬品证明埋葬在卡尔纳克大地里的某些人身份不凡，也证明当时的社会力量强大，等级森严。

"可能那是块非常大的墓地"，塞尔日·卡桑说。德尔菲的巨石建筑倒是和墓地沾点儿边，我在那里参观的时候，脑海里曾闪过和卡桑同样的念头。

我从专家委员会的同行那里得知，许多以前不为人知的巨石建筑近些年才得以重见天日。肯定会有人说，它们那么显眼，怎么会没人知道？其实，有些石柱或破碎，或埋于土，或碎后埋于土，因耕地深度不够而没有被发现，贝尔兹的巨石阵就是这种情况；在滨海拉特里尼泰，圣皮埃尔-基伯龙的巨石阵就淹没在水里，连沿岸的居民都不知道；因为被茂盛的植被掩盖或是被部分毁坏，一些巨石阵是"断断续续的"，埃尔德旺的巨石阵就是这样的，当然还有其他情况。

这些辉煌遗迹的年代数据：卡尔纳克和巴尔内奈的断代结果令人惊讶，最早的巨石陵墓足足有7000年的历史，它们在距今6000年时，数量剧增，风格多样，在距今5 500年时，出现新型陵墓，比如肘形①、侧入口式、过道式，等等，在距今4 500年时，在巨石墓里出现金制和铜制随葬品，之后，仅仅过了500年，里面出现青铜(铜和锡)随葬品！

目前的趋势是，原先的术语要被更精确、更贴切的名称替换掉，但不要忘记"立石"(menhir)②和"石桌"(dolmen)③源于卡尔纳克方言，它们当初被全世界采用，来指称竖起的石头和用巨大石头建成的陵墓(巨石建筑)，正是由于洛克马里亚凯的"马尔尚桌"④最早被更名为"多尔门"(石桌)。

---

① 墓道垂直于墓室。——译者
② "menhir"一词源于布列塔尼语，"maen"意为"石头"，"hir"意为"长"。——译者
③ "dolmen"一词有可能源于布列塔尼语，"t(d)aol"意为桌子，"maen"意为"石头"，在日本和朝鲜半岛被称为"支石墓"。——译者
④ 法国考古学界对这个名称多有讨论，认为是对布列塔尼语的误译，应该是"马道桌"，"马尔尚桌"这个说法在被"历史古迹总督察"普罗斯佩·梅里美(1803—1870)使用后广为流传。——译者

第四章

亡灵路上的华丽鹿角
八千年前

> 一日之美见于傍晚。
>
> ——14 世纪手稿,牛津

　　泰维埃克岛上的豪华墓地受到我的偏爱,在那里出土的文物在卡尔纳克博物馆展出。南锡的佩卡尔夫妇痴迷于考古,他们在这座小岛上发现了遗存非常丰富的中石器时代遗址。小岛就在那儿,离西沙滩约千米远,好像在向我炫耀,西沙滩所在的地方被形象地称为"两海之间"。这座狭窄的小岛属于基伯龙岛,连岛沙嘴使后者成了半岛。小岛那边"蛮荒",险峻,多岩石。我在瓦讷上中学时,有两个熟人在那里溺水身亡,一个是我的同学塔蒂博埃,另一个是我的老师加亚尔,前者去游泳,后者去钓鱼。那小岛就像神奇的箱子,似真似魔,我不知多少次凝望它,在细雨里,在薄雾中,可见的只有它的轮廓。

我常去波尔蒂维小港,半岛在这边只有这一个港口,我常在那儿碰见渔民,多次向他们表达我迫切的愿望,终于有一天,一位渔民同意了。他像往常一样要去捕鱼,答应先"顺便"把我放到小岛上,晚上再来接我。难以置信!梦想成真,一切顺利!黎明时分,浪低风平,小个子渔民用他的"舢板"①把我送到神秘的泰维埃克岛上,夜幕降临前,他驾船来接我离岛。真是令人难忘的一天!其实,除了成堆的贝壳,我并未在岛上看到有价值的东西。我上了岛,沉浸其中,随心探索,不留空白。距今9 000~7 000年,最后一批克鲁马农人生活在那里,他们捕猎,享用海鲜,可能已经开始饲养家畜,他们死在那里,葬在那里(发现23个人的遗骨,已经够多了)。

说到中石器时代的居民,不管是布列塔尼的,还是莫尔比昂的,我其实都没什么资格谈论,我只是有了个登上泰维埃克岛的"壮举"而已。算了,我就不顾忌那么多了!20世纪30年代的发现意义非凡,内容丰富,从那以后,考古界就用"泰维埃克"来指称中石器时代的文化,所以我没理由把它省略掉!

佩卡尔夫妇不仅在泰维埃克岛上有所发现,他们在新港的奥埃迪克岛也发掘出中石器时代的民居。格雷戈尔·马尔尚运用更为先进的方法和更为精准的知识再次对基伯龙的贝格-尔-维尔民居进行了发掘。皮埃尔·古莱凯研究了菲尼斯泰尔的沿海和内陆遗址,他也考察了离泰

---

① 载在大船上的,能够从深水区的锚地驶向岸边的平底小船。

维埃克不远的在埃尔德旺的科里利奥中石器时代遗址。另外在沿海,还有马尔旺和格鲁瓦的遗址,它们代表了南布列塔尼的中石器时代文化。

这是怎么回事呢？实际上,那些人是旧石器时代克鲁马农人的后代。新的生存环境更舒适,气候更宜人,食物更易吸收,他们的骨骼因而变得纤细。

他们猎鹿,打狍子,杀野猪,捕食鸬鹚、海鸥、海雀、鸭子等海鸟；他们捡拾淡菜、牡蛎、帽贝、滨螺,他们会养上几只山羊、几只绵羊和几头小牛,养几条狗也不是没有可能。

他们的工具是用石头和骨头制成的,燧石刮刀、凿子和钻头非常多,常用的成套尖头工具也不少,有断面的,梯形的,等边三角形的和不规则三角形的。用动物的角、骨头和牙齿制作的工具有针、锥子和手柄。特别引人注目的是那些华丽的首饰,用贝壳和牙齿串成的项链带有用贝壳或石头制成的吊坠。显然,成堆的贝壳改变了土壤的 pH 值,遗骨得以保存下来,我前面说过,这在布列塔尼很少见,考古专家因而意外地发现了浅埋墓穴。墓地也可能是举行仪式的地方,在那里面发现了男性遗骨(平均身高 1.59 米)、女性遗骨(1.52 米)和小孩的遗骨,遗骸戴有饰品,涂有赭石颜料并配有工具。有两副泰维埃克人的遗骨,被鹿角围了起来,非常显眼,这表明森严的等级已存在于当时的社会中。人的境遇各不相同,尤其是在死亡这件事上。

第五章

桌面里的软体动物

十万年前

泰梅尔半岛是个巨大的冷库,制冷效果极佳,它甚至冻住了时间。

——泰梅尔保护区主任　尤里·戈尔巴诺夫

西伯利亚,哈坦加,1999 年 7 月

……也冻住了猛犸象!

　　一切始于索邦。那是在 1954 年,刚满 20 岁的我求见索邦的古生物学教授让·皮孚陀先生①,想向他请教博士论文的选题并请他做我的导

---

① 让·皮孚陀(1899—1991),法国古生物学家和古人类学家,一种生活在侏罗纪中期的巨型恐龙以他的名字命名"*Piveteausaurus*"(皮尔逊龙)。1930 年他与德日进神父合作出版了关于在中国河北阳原县泥河湾村发现的哺乳动物化石的论著——《泥河湾哺乳动物化石》,对该书贡献很大的法国地质学家、古生物学家桑志华神父(Emile Licent)因非学术原因而署名被拒。——译者

师。"您从圣雅克街那个入口进，54 号，和今年的年份数字一样"，他在电话里说得很详细，这不是啰嗦，因为这座拥有豪华建筑的学府被好几个街缠绕，有学府街、圣雅克街、屈雅斯街、维克托·库赞街和索邦街，可以从二十多个入口进入。我从教授指点的入口进入索邦，向他的办公室走去，一路上都能感受到启迪心智的气息。我记得，进了楼梯口，右侧有扇大门，需按门铃进入，进门后是几级台阶，上去后会看见几个宽敞的房间，窗外是圣雅克街，有个宽大却没有采光的书廊横在台阶尽头，那里是可以借书的，要特别注意那扇小门，门后那个楼梯窄小，隐秘，呈螺旋状，通向一扇"大"门，通向一座圣殿，我拾级而上，激动不已，其实，来到门前的访客无不心跳加快。

那天，我告诉皮孚陀教授自己很早就痴迷于史前史和人类古生物学，希望在他的指导下完成古人类学方向的博士论文。这位大家先是同意指导我，这让我欣喜若狂，之后极其客气地耐心说服我改变研究方向。"研究古人类学，必须得有人类的化石才行！"他跟我解释道。我觉得他讲的没错。他接着说道："但人类化石稀有，那些手里有人类化石的人一般不愿意把化石借给别人，尤其是不愿意借给年轻人做研究。"就这样，他坚决而不失礼貌地关上了那扇门。后来，他劝我不要灰心，建议我去研究牙齿，也就是动物的牙齿化石，他说，如果我以后愿意的话，尤其是我有一天自己发现了人类化石，我还是可以去钻研古人类学。他立刻让我在啮齿动物和长鼻目动物之间做出选择，这两类动物在地层学研究上都很重要。我告诉他我更喜欢体型庞大的动物。我走出教授的办公室，很开心"搞定"了论文导师和研究方向,脑海里影影绰绰的全是乳齿象和猛犸象,它们这么快就成了"我的"研究对象。痴迷居然让人有了占有感,不可思议!

于是,我就开始往各类图书馆跑,到处研究国家搜集的或私人收藏的古生物化石。我跑到各处去做田野考察:河沟、采沙场、采石场、裸露黄土的地方、河流沉积的地方和发生过泥石流的地方。一碰到像象骨化石、象牙化石之类的大型动物的化石,我就立刻把它们给收集起来,凡是从地里出来的有研究价值的东西,我都不放过,最后弄了一大堆。在布列塔尼没找到多少,很多是在洛林、皮卡第、诺曼底和巴黎大区搜集到的。我发现了大量埋在浅土层里和深土层里的动物骨骸,有马的、熊的、象的、驯鹿的、犀牛的、野牛的和原牛的,它们埋在那里已经近万年了,有的甚至近几十万年了。我们根本想象不出脚下的大地究竟藏有什么,但我们只要稍加用心,去有可能找到它们的地方搜寻,就能发现岁月的痕迹。那些时光留下的证据,只要我们去找寻,就会和它们相遇。因而,我一下子就找到那么多动物化石,是很正常的事。

我又去索邦见了皮孚陀教授。那天,我心情激动,手上的公文包里塞满了化石,主要是猛犸象的臼齿化石。在教授的办公室里,我向他讲述了我的欣喜、我的发现,来之前,我用图表整理了我发现的猛犸象臼齿的特点,把图表拿给教授看,但我的努力没什么效果,显然,他对这些一点都不感兴趣。

教授见我对考古如此痴迷倒是很高兴,我在布列塔尼发表的和考古、史前史有关的小文章大概也起了作用,让他相信我是真的喜欢考古研究。在教授的推荐下,我自 1956 年 10 月 1 日起就成为了法国科学研究中心(CNRS)的一员并被分配到他的实验室。因此,我有段时间是在索邦大学①的地下室里度过的,在那里抬头就能看到圣雅克街的人行道。不久我离开了索邦,因为参与皮孚陀项目领导工作的让-皮埃尔·莱曼很快就被聘为国家自然历史博物馆的古生物学教授,在同皮孚陀商量后,莱曼把包括我在内的几位年轻研究员从圣雅克街带到布丰街,也就是说,我们这几个年轻人要离开巴黎大学科学院的古人类及古脊椎动物实验室。两位教授都认为应当减少索邦的研究人员,让有些冷清的国家自然历史博物馆②忙碌起来。

我在博物馆住的还是地下室,这回是在植物园边上,抬头就能看见绿色的植物。我刚安顿好,莱曼就过来找我。他刚刚在博物馆里转了转,发现几个大箱子,他觉得里面好像有猛犸象的骸骨,便叫我去仔细看看。我立刻前去,在箱子里"发现"了骸骨,差不多是一头猛犸象的全部骸骨。我很快就在二楼图书馆里的藏品目录中查明了这头猛犸象的来

① 罗伯特·德·索邦于 1253 年创立了索邦大学,他出生于阿登的乡村,我去过他的出生地,他是圣路易时代的神甫,索邦大学最初是为贫困的神学师生建立的"穷困教师学堂"(le Collegium pauperum magistrarum)。

② 国家自然历史博物馆的前身是皇家药草园,它是由路易十三在"御"(ordinaire)医居伊·德拉布罗斯的建议下于 1633 年建立的,目的是要为医生和药剂师提供良好的教育。

历。它是一位名叫戈罗霍夫的商人于 1906 年在埃捷里坎卡小海湾的阿特里卡诺娃河的河边发现的,那里是新西伯利亚群岛中最大的岛——大利亚霍夫岛。这头猛犸象于 1908 年又被俄罗斯博物学学者康斯坦丁·阿达莫维奇·沃洛索维奇发现。1908 年至 1910 年间,干劲十足的探险家经过多次发掘才把这头象的骸骨从永久冻土中分离出来,并用狗拉雪橇把它们从海岛运到陆地上,他用船把它们运过勒拿河,最后用火车运到圣彼得堡。这样一趟下来,沃洛索维奇负债累累,俄罗斯科学院又不想支付他的花销,他只得向朋友斯滕博克·弗莫尔伯爵求助,伯爵买下猛犸象的骸骨并将其赠给法国国家自然史博物馆。有人恶意满满,居然说这位慷慨的伯爵希望以此换取荣誉勋位及勋章,这样在其葬礼上将会演奏军乐!克里斯蒂安·德马利亚夫最近的研究表明,亚历山德罗维奇·弗拉基米尔·斯滕博克·弗莫尔并未获得此项殊荣,我们的捐赠者很可能是在寂静中入土。

阿特里卡诺娃猛犸象(图 10)于 1912 年抵达巴黎,其皮毛碎片、象脚包囊、象头包囊和雄性生殖器[①]在 1914 年和公众见面,临展结束,它们就被博物馆的人忘到脑后。那些骨骼,上有油脂,闪光发亮,可能就没离开过箱子,也可能是被重新放了进去。我还了解到,这头西伯利亚猛犸象是俄罗斯境外唯一的一头,自它被运抵法国后,沙皇就颁布了法令,禁止猛犸象、冷冻猛犸象的尸骸离开俄罗斯。

———————————

① 后来离奇地没了踪迹。

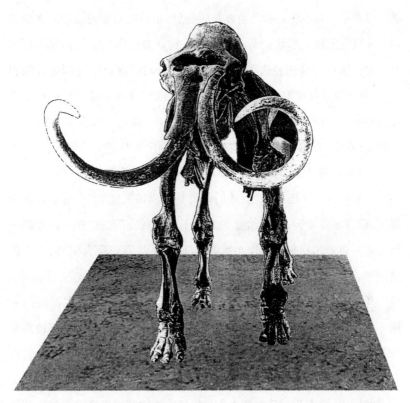

图 10 1957 年,阿特里卡诺娃猛犸象在国家自然历史博物馆古生物研究所装架后的样子。

　　莱曼是内行,他叫我立刻启动抢救工作,复原这组珍贵的化石。我先做了清点,发现缺了根象牙(1906年被戈罗霍夫拿走了)、两根肱骨(可能丢了只箱子)、几根肋骨和几块椎骨(包括尾椎骨),也就是说没缺多少东西。一旦确定缺了哪块肋骨、哪块椎骨,我就去请实验室的修复主任雅克·里希尔用石膏把缺失的骨头复制出来(我们放弃了复制尾骨的想法)。我还要求他雕刻出一根逼真的象牙(他完成得非常好),用模子造出两根亚洲象的肱骨来充当猛犸象的肱骨(二者几乎没有差别),后来我建议他把所有的腕骨和跗骨都用模子复制出来并替换掉原来的,因为我担心那些"热情的"参观者会轻而易举地"顺走"它们。最后,伊夫·加尼耶和皮埃尔·巴拉登场,他们俩可是博物馆的能工巧匠,前者负责展馆,后者负责维护,他们给猛犸象做了个金属支架。巴拉—柯本斯—加尼耶—里希尔猛犸象工作小组就这样诞生了,我们配合默契,工作进展顺利,大家心情愉悦,阿特里卡诺娃西伯利亚猛犸象很快就站了起来。

　　几年前,在西伯利亚,俄罗斯科学院"猛犸象委员会"主席阿列克谢·吉洪诺夫告诉我说,我们完成的装架半个多世纪以来一直都被那些在猛犸象装架过程中碰到类似问题的俄罗斯同行当作范例,他这么说肯定令人高兴,即使是优雅的客套话!吉洪诺夫此后成了我的朋友和交流甚多的同事,后来我邀请他加入由我担任主席的摩纳哥史前人类学博物馆的国际专家委员会,他从未告诉过我他关于猛犸象装架的那番话是否是客套话!

　　来自西伯利亚的猛犸象竟一时间成了我的名片。加尼耶向我透露说,博物馆的同事称我为"猛犸象先生",这优雅的动物的确丰富了我的人生。

莱曼刚接手博物馆的工作,他想通过一场展览来开启自己的领导工作,我想他是想通过这种方式向支持他担当此任的人展示自己,他想借此表明他知道博物馆要向公众传播知识,他也想借此告知公众,国家自然历史博物馆的古生物学部换了负责人。博物馆的教授大会决定,展览将在植物学楼的那个空闲的大展廊里举办,那栋楼在布丰街上,毗邻植物园,与古生物学楼在同一个轴线上,只不过更靠南。

博物馆古生物学实验室的工作人员和刚从索邦过来的几个新人满怀热情地投入到展览的筹备工作中,他们要向公众展示那些法国古生物学界从未展出过的重要发掘成果和研究成果。"我的"那头猛犸象,躯体庞大,身姿挺拔,一对长牙桀骜不驯,令人观后难以忘怀,不经意间竟成了"明星"。一时之间,它风头无两,记者眼里只有它,特别是在为展览报道配图片时,很多参观者告诉保安说,他们是来看猛犸象的。应当承认,它那庞大的身躯让它轻而易举地抢了风头,其实别的主题也得到了很好的展示,甚至在技术上更有创新。

展览开幕几天后,莱曼接待了两位电影制片人——阿纳托尔·多曼和菲利普·利夫席茨。他们是来看看能否在博物馆内拍电影,他们"麾下"有位大导演,名叫阿兰·雷奈①,他们说报刊上的猛犸象的照片引起

---

① 阿兰·雷奈(1922—2014),法国电影导演,新浪潮代表,作品有《广岛之恋》和《去年在马里安巴》等。——译者

了大导演的注意,后者有意拍摄讲生物进化的短片。"猛犸象"是他们几个谈话的主题,莱曼觉得"猛犸象"等同于柯本斯,就把我叫到办公室,让我接待两位电影人并负责相关事宜。我极力让他们俩相信猛犸象是难得的电影题材,我讲了它的基本特征,也讲了它不为人知的地方,说这家伙帅气,派头十足,让人目瞪口呆,画面感极强。我很快就被邀请到他们位于华盛顿街的阿戈斯电影公司,进一步商讨拍摄计划。

在电影公司,我恰好坐在硬石灰石桌旁,桌面里嵌满了无脊椎动物的化石,我正好利用它给电影公司的人上上课,趁机阐明我的想法(他们先发表了意见,我就不复述了)。他们每天都把手按在有亿万年历史的奇妙海底世界上,那里有数百个形状各异、颜色不同的美丽贝壳,但他们对这些却熟视无睹。这次会面让我拿到意向合同,是担任生物史短片的专业顾问,最后是由利夫席茨完成了该片的拍摄,雷奈去拍了另一部科普片。从电影公司出来,我来到香榭丽舍大街的"圆形广场"咖啡店,找了个露天座位,叫了大杯奶油咖啡来犒劳自己,那家咖啡馆不久后就关了,改成了杂货店。

在之后的几个月里,我和利夫席茨经常会面,我们讨论剧本,确定拍摄对象,研究拍摄方式,提前想好后期剪辑。1957年夏天,多曼和利夫席茨建议我通过了解他们的拍摄方法、拍摄技巧和拍摄要求,在拍摄现场学一些电影知识,他们请我到蓝色海岸与他们会合,说阿涅丝·瓦尔达[1]也在

---

① 阿涅丝·瓦尔达(1928—2019),法国摄影师及导演,出生于比利时,为法国新浪潮电影的代表人物。——译者

那儿。同年 7 月的一天，我按响了罗克布吕纳-卡普-马丁豪华住宅区里的门铃，那是我们约好的见面地点。是瓦尔达开的门，她当时说的话现在依然会在我耳畔响起："哟，这不是大象专家吗？久仰大名。请进！欢迎！欢迎！"在蓝色海岸和我在一起的有阿涅丝·瓦尔达和她的妹妹，阿纳托尔·多曼，菲利普·利夫席茨和他的妻子安妮克，已经是大小伙子的阿尔比科科和米歇尔·米特拉尼等人。对于研究骨头和石头的我来说，那个月既让我兴奋又令我疲惫，有很多惊讶，有很多热情，我当然学了很多。讲我最初的拍摄体验恐怕会跑题，大象会被丢在一边，但我还是要说一下。在蓝色海岸学习后，我成了助理导演，正式进入电影圈。我参与过两部短片的拍摄，一部是《在海岸那一边》，另一部是《蓝色轻佻女人》，我把我电影职业的起步归功于我心爱的猛犸象！按计划，我于同年 9 月参与了《过去世界的图像》的拍摄工作，包括剪辑、录音、撰写旁白、旁白画面音乐混成和影片的公映。没过多久，这部影片就获得了法国电影资料馆奖，整个团队都很高兴。利夫席茨是这部电影的导演，是莫里斯·巴里完成的剪辑，米歇尔·布凯负责旁白，乔治·德勒吕创作了音乐，我是科学顾问兼助理导演。

　　我全身心投入对长鼻目的研究中，人不是在博物馆的古生物学实验室，就是在博物馆的比较解剖学实验室，这两个实验室都在布丰街 55 号，我在解剖学实验室学习解剖非洲象和亚洲象，后来便熟悉了解剖实验室的工作。一天，在走廊转弯处，我鼓起勇气开玩笑似地对解剖实验室主任雅克·米约说，如果他有头大象要解剖，我乐于效劳。1957 年 4

月,我回到瓦讷准备在我母亲那儿过复活节,我刚到就收到了米约教授的电报"一象毙,速归",电文晦涩蹊跷。我一接到电报就坐火车赶回巴黎,下了火车,直奔比较解剖学实验室。教授在等我,就在门口的台阶上(我清晰地记得),他想趁复活节抓紧时间休息。教授三言两语介绍了情况:亚洲象,雌性,重3吨。他把大房间的钥匙交给我,断了气的亚洲象就躺在那个房间里。①

那个宽敞的房间就是个大仓库,是为解剖动物专门建的,里面配有专用设备:6个解剖槽,靠墙排开,一边3个,每个容积为2 000升,顶棚装有轨道板车,车上的链条拴有巨大的钩子。那头来自万森动物园的漂亮母象名叫米歇琳娜,死于败血病,其右腹有个巨大的脓肿。我穿上从家里带来的长靴,套上我在古生物实验室里穿的工作服,在解剖实验室里找了把大小合适的刀就忙活起来。我先把象的头、躯干、四肢分开,然后用链条和板车把它们转移至6个解剖槽,将它们浸泡在加有福尔马林的水里,福尔马林含量低于10%,可能是为了省钱吧。我先解剖了象头,随后解剖了躯干,最后解剖了一只前脚和一只后脚。

我最感兴趣的是象的肌肉与骨骼之间的关系。长鼻目动物的骸骨化石和现在大象的骨骼形态并不完全相同,肌肉组织是造成骨骼形态不同的原因之一,我希望通过亚洲象身上肌肉与骨骼之间的关系逐步反向

---

① 为了"确认",我前不久查阅了实验室的登记目录,相关记载如下:"母象,死于动物园,1957年4月22日实验室接收,编号1957-60,由柯本斯先生解剖"。

了解猛犸象、乳齿象、剑齿象和恐象等长鼻目动物化石的骨骼与肌肉之间的关系，并复原这些动物消失了的肌肉组织、它们的体型、它们的运动状态、它们的行为特征以及它们的生存环境这些信息。

解剖这活儿让人欲罢不能，我一口气干了 3 个月，直到夏天才收工。动物肌体展现出的力学妙不可言，它使肌体诸元素和谐，协调肌肉群的大小和形态，协调它们之间的联系、它们之间的附着点，把肌肉运动的幅度控制在一定范围内。在看过伟大的乔治·居维叶所绘制的精美解剖图和印度兽医所写的重要文献后，我描绘出亚洲象的整个肌肉组织。在解剖中，很多发现令我惊讶，尤其令我惊叹的是这头亚洲象的重心，它的位置肯定和非洲象及许多灭绝的大象相同。爱德华·布德尔常来看我解剖大象，这位从迈松阿尔福一所有名的兽医学校退休的老教授博学，热情，优雅，是他提醒我注意重心问题。

大象实际上是种奇怪的动物，它体型庞大，四肢如短柱，脖颈粗大厚实，硕大的象头上长出长鼻和一对长牙。这种体型的动物的中间部位就是重心。优势：站立时，非常平稳；移动时，能量消耗极低。缺陷：动作一旦稍微超出支撑它的多边形，它就会失去平衡并且很难恢复原状。倒地的大象往往很难再站起来，许多猛犸象似乎就是因为这个弱点而遭遇不测，它们在光秃的河岸上滑倒，下面干枯的小河就成了陷阱。

我凭借刚刚学到的知识复原猛犸象的肌肉组织，自娱自乐。几万年前，克鲁马农人中的少年和尼安德特人中的少年肯定对猛犸象的身影印象深刻,就像小时候的康坦对《大象巴巴》《蔚蓝》①、波姆、弗洛尔、亚历山大那样念念不忘。

1969 年是职业志向基金会、后来的马塞尔-布洛伊施泰因-布朗谢基金会成立 10 周年,这个独特、慷慨的机构一直运转良好,基金会的主席兼创始人是位组织庆典的高手,他显然想要利用这个机会来彰显基金会的成功。他通知我们这些获奖者(我于 1963 年获奖),他要在法国广播大厦为有"创造性"的获奖者举办展览。对此我很是气恼,认为这是在设限,可为什么要有这种限制?我拿起电话,打给了马塞尔·布洛伊施泰因-布朗谢②。他当然是事务缠身,但还是接听了电话,他一直都愿意倾听基金会获奖者的意见,基金会是他的骄傲,他对其呵护有加。我先跟他说我失望之极,接着"一鼓作气"请求参加此次活动。他是广告界的高人,听完抱怨,理解了我的要求,我想其中也有他的善意。他问我有什么可展出的,"猛犸象",我马上回答说。随后,我又向他讲了一些细节。"过会儿我打给您",他听完说道。几分钟后,他的电话如约打来,"我接受您的建议,我会通知活动的组织者"。他说法语时把卷舌音都发成平舌音,他那个调调还很难模仿。

接下来我还要说服古生物学研究所的负责人,因为把猛犸象送去参展,可不是件容易的事,需要两次拆卸、两次装架,还要租车、运输、做担

① 一款电游。——译者
② 马塞尔·布洛伊施泰因-布朗谢(1906—1996),阳狮集团(Publicis Groupe)的创始人。——译者

保。莱曼通知我去见他,他和往常一样平静有礼。这次是馆外展,来参观的不仅是那些来植物园博物馆的古生物爱好者,他可能迅速察觉到这是个难得的推广机会。三言两语之后,他便同意了我的奇妙构想。我说服了上司,但这还只是第一步。

巴拉和加尼耶又一次成为主力,这次是要让西伯利亚猛犸象横穿巴黎,他们俩乐于助人,和和气气,聪明绝顶,如果没有他们,如果他们不乐意,没有好脾气,没有才华,我是很难完成这一系列操作的。猛犸象顺利抵达广播大楼二层。甫一拆箱,这堆棕红色的硕大骨头就惊呆了布展的工作人员和来参展的获奖者。作曲家勒内·克林,来了灵感,说要写部名为《破碎的猛犸象》的作品。我的漂亮宝贝被重新装好,它正对圆形大厅的巨大玻璃窗。那些走过肯尼迪码头的行人只要一抬头,就会猛地瞥见猛犸象那对桀骜不驯的"牙须",来自大利亚霍夫岛的小猛犸象就站在那里,注视着静静流淌的塞纳河,这个效果让我喜不自禁。展览开幕,大获成功,猛犸象又一次雄赳赳地出现在报刊上,站在象的两只前足间"摆拍"的是基金会的三个最有名的赞助人——马塞尔·阿沙尔①、阿尔芒·萨拉克鲁②和卡门·泰西耶③。

1969 年 12 月 1 日,《法兰西晚报》的《街谈巷议》出刊,署名是雅克

① 马塞尔·阿沙尔(1899—1974),法国作家、编剧、剧作家,于 1959 年当选为法兰西学术院院士。——译者
② 阿尔芒·萨拉克鲁(1899—1989),法国剧作家。——译者
③ 卡门·泰西耶(1911—1980),法国记者、专栏作家。——译者

利娜·塔努吉,标题不同寻常,为《职业志向基金会十周年纪念展上的明星:猛犸象》。她写道:"法国广电大厦的展览大厅里从未出现过这样一件奇特之物,由伊夫·柯本斯复原的猛犸象,……这头庞然大物被多处修补,参观者好像在细看路易十五时期的家具……有个美国人直接问道:这个是什么价?"同日,《费加罗报》发了配有说明的照片——"周年展上的猛犸象"。《丁丁周刊》上的标题是"广电大厦的猛犸象"。

展览结束前评奖,我这个博物学家居然凭借我的"雕塑作品"获得一等奖,虽然我似乎是和别人并列获奖,但这种做法确实是"离经叛道"!展览结束后,猛犸象被拆解装车,原路返回古生物研究所,它被安放在靠近瓦吕贝尔广场的走廊上,在那儿一直待到1999年,之后就定居在专为古生物设立的展厅,和其他长鼻目动物日夜相伴,那其中就有著名的杜尔福特南方猛犸象,来自大利亚霍夫岛的小家伙和它的长鼻子伙伴在一起就显得那么突兀了。想到来广电大厦看猛犸象的参观者当中,有很大一部分人没去过自然博物馆,我就在猛犸象脚旁的详细说明中提到,在植物园里的古生物展厅内还有好多奇奇怪怪的巨型动物的骨架,而这些动物都已灭绝。结果,连续好几周来自然博物馆参观的人增多了,而且是比往常多了很多,其中有一大部分人说,他们来博物馆的原因是他们在广电大厦里看到了猛犸象,那个大家伙从头到脚无处不让他们目瞪口呆。

在和这头阿特里卡诺娃猛犸象相识的四十多年后,我去了西伯利亚,可以说是再续前缘,我后面会讲到那次西伯利亚之行。

我和猛犸象的邂逅和布列塔尼有什么关系吗？其实，我从未远离我的家乡。

我刚从博士论文中"脱身"，皮孚陀就交给我一套精美的插图，画的是在伊勒和维莱讷的蒙多遗址发现的骸骨和牙齿，其中有很多猛犸象的象牙。插图是西蒙·西罗多为要出版的专著画的。作者于1903离世，相关工作就此中断，他的那些插图就被归入索邦大学古脊椎动物和古人类实验室的档案。这些资料对我来说弥足珍贵，我见过大部分插图中的化石，因为它们就被保存在国家自然博物馆的古生物学实验室中。

这位西罗多有怎样的经历？在蒙多遗址他又发现了什么呢？

西罗多从事科学研究，他师范专业毕业，又是理学博士，考取了中学物理教资，在高中任过教，先后获得雷恩理学院的动植物学教席和动物学教席，有段时间，他是这个学院的院长并被选为法兰西学会科学院通讯院士。他的"研究助理"（这个职位现在没有了）告诉他，蒙多的采石工发现了遗骨化石，他即刻前往现场指挥发掘。发掘工作连续进行了3个夏季（1872年、1873年、1874年），收获颇丰。发掘工作做得十分细致，搜集到大量脊椎动物的牙齿和骸骨以及石器（很多燧石石器）。西罗多准确地找到了考古地层，那是具有沿海地理特征的灰色含沙黏土层。完成发掘后，他意犹未尽，运回几十公斤的遗存，多亏了他这个举动，百年后，当今学者完成对遗址的深入分析，取得了新成果。

让-洛朗·莫尼耶和纳塔莉·莫利纳对当年运回来的遗存进行了深入研究,让·沙利纳负责鉴定里面的动物遗骸。

以下是西罗多的主要结论和当代学者的研究结果。在发掘现场,在采集的样本和沉积物中,研究人员发现了以下物种的痕迹:

一猛犸象	真猛犸象(数量丰富)
一马	野马,欧洲野驴(数量丰富)
一犀牛	披毛犀(相当多)
一原牛	原始牛
一野牛	西伯利亚野牛
一鹿	大角鹿
一驯鹿	驯鹿
一狍子	西方狍
一野山羊	羱羊
一黄鹿	黇鹿
一野猪	欧亚野猪
一熊	洞熊,棕熊
一豹	金钱豹
一狮子	洞狮
一狼	灰狼
一狐狸	赤狐

一豺	豺未定种
一旱獭	土拨鼠属
一獾	欧洲獾
一根田鼠	雄性根田鼠
一水䶄	水田鼠
一草原灰旅鼠	草原兔尾属
一田鼠	普通田鼠
一狭颅田鼠	田鼠

　　这里面显然有两类动物,一类是人类猎杀后带回居住地的动物,另一类动物则和人类无关,是在当地或附近死亡的,明确这一点并非没有意义。这处遗址不受北风和东北风的侵袭,它是在小山丘的南面,很可能有条从旁边山上流下来的小溪。这个靠近水源的地理位置,以及它的朝向解释了当时的人类为何会选择在这个地方住下来,也说明了这个地方为何会有沼泽、为何会有来自山顶的碎石、为何会有那么多小动物的尸体。

　　马、鹿、原牛、野牛、犀牛、驯鹿和猛犸象等大型动物中的一部分显然成了人类的食物,它们要么是倒毙后在那里腐烂,要么是被捕猎后在那里被人吃掉,所以大型动物的骸骨才会集中出现。有些骸骨曾被破碎、分割,有剔肉、灼烧的痕迹,这就证明发掘现场的部分动物的骸骨和人类的猎物有关,另外还有个我格外重视、和牙齿有关的迹象,它也有力地证明了这一点。

我前面提到过,我研究过从蒙多1号遗址中发掘出来的猛犸象臼齿,它们被保存在后来成为研究院的国家自然博物馆的考古实验室,共有700余颗。

长鼻目动物和许多其他种类的动物一样,进化中体型变大,臼齿也随之变化。随着地质时间的推移,它们的头骨拉长,变窄,嘴筒为方便头部变大而变小,这样臼齿就没有了足够的空间!大象和猛犸象的恒牙不是直接在乳牙脱落处长出,而是恒牙由里往外慢慢挤掉乳牙,它们口腔左右两边都长有6颗由小到大排列的臼齿(比如有3颗恒牙和3颗乳牙)。[①] 因为换牙是依次完成的,所以通过臼齿的大小,专家很容易就能确认臼齿从1到6的顺序,从而确定大象或猛犸象的年龄。按图11所示,第一个颗臼齿是在大象3个月时长出来的,第二颗在3岁,第三颗在5岁,第四颗在10岁,第五颗在20岁,最后的"智齿"是在35岁和40岁之间长出来的。我们可以用出土的骸骨推断出蒙多遗址当初猛犸象的情况(其实没有其他办法)。遗址出土了各个生长期的臼齿,但大部分臼齿是第二期、第三期和第四期的,而蒙多的史前先民几乎不可能仅仅因为好奇就去单独搜集某些生长期的臼齿,也就是说,当时先民捕食更多的是3~20岁的小动物,而非成年动物,因为前者的肉更好吃,猎杀起来更容易,所以,蒙多出土的大型动物的骸骨有自然的因素,但更多的是人类活动的结果。

---

① 我没讲那些消失殆尽的门牙,上颌第二颗门牙倒是留了下来,它不断生长,越长越长。

10 cm

图 11　蒙多遗址猛犸象半边上颚的 6 颗臼齿，它们在大象的有生之年依次长出，大象的寿命为 60 年到 70 年。读者看到的是牙齿的侧面，左边是咬合面，右边是长出牙根的牙髓腔。

1959 年,法国史前史社在摩纳哥召开会议,我在提交会议的论文中描绘了蒙多猛犸象上颌的 6 颗臼齿。在得到皮孚陀的同意后,我把他交给我的西罗多的插画赠给了雷恩史前人类学实验室,把它们寄给了实验室的主任皮埃尔-洛朗·吉奥(1959 年 3 月 6 日我写信给吉奥告知他画已寄出,10 天后吉奥回信说,收到插画并向我表示感谢)。

蒙多遗址的动物遗骸让我们了解到,在它们生活的那个年代,气候比现在要冷,更为湿润,是北极气候,地貌是一望无际的大草原,也就是所说的猛犸象草原,有沼泽地,林地不多(北极泰加林、草原上的树林和冻土地边缘地带的树林)。

蒙多遗址出土的石器大多是片状的,制作石器的技法是所谓的勒瓦卢瓦法,它们或是被拿去直接使用,或是被做成刮削器,就像曾在费拉西发现的穆斯特尔人的工具。这些石器的原材料主要是燧石,而白垩纪的燧石层如今浸没在水里。让-洛朗·莫尼耶注意到少量的石器是由石英、砂岩、粒玄岩和密致硅页岩制成的。

莫尼耶借助铀钍法和电子自旋共振(ESR)推断出遗址的年代大致距今 12.5 万~10 万年,可能距今 11 万年,结合动物遗骸和海岸线的情况,我们可以得出合理的结论:蒙多遗址的先民生活在寒冷的时代,之前的气候更加寒冷,之后出现了被称为"埃姆间冰期"的温和气候。

蒙多是座花岗岩小岛,高出海平面 65 米,类似于小岛圣米歇尔山和通伯莱纳。它位于诺曼底-布列塔尼湾中央,那里以前是海水退却后重现的广阔平原。

可以和蒙多遗址媲美的是泽西岛上的圣布雷拉德仙女洞遗址,后者与前者相距不远,遗存丰富,曾与陆地相连。泽西岛上的岩洞的地层非常接近蒙多遗址的考古地层,那里出土的动物骸骨和在蒙多出土的相同,出土的工具和在蒙多出土的相似,在那里专家发现了蒙多遗址所没有的人类遗骸——尼安德特人的一副枕骨和12颗牙齿。

2003年9月20日,我参加了西蒙·西罗多小学的命名仪式,我是嘉宾。借此机会,我参观了那处位于花岗岩高地脚下的遗址,我仔细观察了那几块摆放在市政府玻璃橱窗中的骨头和石块。我讲完话后,有名小学生问我当时是否在发掘现场,因为我是和西罗多一起发掘的,我回答说,那可是在19世纪70代发掘的呀!

我在1990年4月参观了圣布雷拉德仙女洞遗址,这多亏了我的朋友阿瑟·穆兰特,他是泽西人,著名的血液病专家,地理血液学创始人,皇家学会会员。4月27日,我作为特邀嘉宾在他的半身塑像落成仪式上讲话并给雕像揭幕,他的塑像就在他老家圣赫利尔市的博物馆的花园里。我是在法兰西公学院认识穆兰特的,他曾多次应邀来公学院讲课。1975年,我们两个身着礼服,作为答辩委员会的成员参加了图卢兹大学让-克洛德·奎利西的人类生物学国家博士论文答辩,穆兰特当时靠在我的肩膀上——睡着了!我们就这样认识了!

第六章

漫步捕鱼者的小石块

五十万年前

　　我曾沿着沙滩和岩壁行走于各地的海岸，长时间地漫步于莫尔比昂沿岸，我更多留意的是海边的峭壁，而不是大海。陡崖在海水的冲击下出现剖面，那些令我着迷、年代不同的人类遗存因而得以显现。在当冈海滩，在维莱讷河河口，在维莱讷河和海湾入口之间，我偶尔会淘到佩内斯坦地区的古老遗存，它们有旧石器时代的风格，是由石英岩制成的大物件，比如，尺寸很大的搔器、刮削器，甚至还有小石斧，可惜都是零散的，我把它们赠给了莫尔比昂博学社的考古博物馆。

　　让-洛朗·莫尼耶倒是说起过他在圣马洛-德菲利搜集到的几十万年前的人类使用过的工具。我下面要讲的是在位于维莱讷河河床上方30米处的冲积层中发现的工具，它们代表的是以砂岩卵石和石英岩卵石为基础的工业，莫尼耶认为它们有60万年到70万年的历史，这在布列塔尼地区是绝无仅有的。

让-克洛德·西卡尔是位史前史爱好者,1975 年 7 月的一天,这位年轻的欧赖人来到卡尔纳克的圣科隆邦,他在莫尔比昂海岸的陡崖上挖出了把非常漂亮的石英岩双面石斧,斧子由海卵石打制而成,两面有宽宽的斧刃,未经二次加工,包有石皮,"长 13.25 厘米,宽 8.35 厘米,最厚处为 4.40 厘米",西卡尔做了详细的记录。这把石斧埋在裹有古老卵石的表层沉积物里,那是个 5 米高的陡崖,涨潮时离海面有 1.8 米。这件漂亮的石器工具被发现时周围还有几块木炭和烧灼后变红的碎石。

博学社委托我去找专家鉴定这把石英岩双面石斧。彼时,我已于上一年定居在巴黎了。我先把石斧交给了玛丽-亨丽埃特·阿利芒,她是国家科学研究中心第四纪地质学实验室的主任,后来我又请著名的亨利·步日耶神父[1]做了鉴定。他们两位是卓越的史前史专家,我很了解他们,他们明确表示那的确是用古法打制的双面石斧,并推断石斧属于阿舍利文化。

我去过好几次发掘现场,亲眼看过那里的地质情况。布列塔尼史前文物管理会主任皮埃尔-洛朗·吉奥(还是他!)让我负责勘探、研究、发掘此处遗址,它位于幽静的天然小海湾中,对面是基伯龙半岛的冲上断层,就在那个叫波的小海湾的南端。在 1958 年和 1959 年的两年间,我

---

[1]　亨利·步日耶(1877—1961),法国考古学家、天主教神父。他曾两度来华指导周口店北京猿人遗址的研究工作,中国考古学家裴文中在他的劝说下赴法留学并跟随他学习了两年多(1935—1937)。步日耶与布勒、桑志华和德日进等人合作于 1928 年出版《中国的旧石器时代》一书。——译者

每年都来此地好几次。那是个由海水侵蚀而成的回廊,陡崖一侧以大量的坡地沉积为主,低处是古土壤,高处是黄土,这样靠海的一边就出现了化石滩,我们在上面搜集到和挖到尺寸不大的工具,它们数量很多,由碎石制成,难以归类,不同于阿舍利文化的传统石器,其中有刀、石槽、石锯和刮削器。[①]

为了弄清究竟,我把这些令人惊讶的石器交给来自昂热的米歇尔·格吕埃博士,他认为它们有独特性和研究价值,代表旧石器时代早期当地的独特文化。我们当时并没有发表这个结论。

我曾在考古地层的沉积物中寻找花粉和重矿,对沉积物进行粒度测定和形态显微研究。花粉(用凯尔富尔恩法确定)显示当时气候温和,符合冰川期初期气候特征(海水退却);重矿和粒度测定(用舒法确定)主要表明海沙成分发生了变化,这可能是海水侵蚀陡崖的结果,海沙里有少量没有磨损痕迹的工具。

在 20 世纪 80 年代,让-洛朗·莫尼耶重新研究了圣科隆邦遗址,他很是用心,1989 年他把该地命名为"科隆邦文化",说它有阿舍利文化的特征,刃缘规整的卵石和粗糙的小型工具是这一工艺的独特之处,但很少有或没有双面石斧。他在遗址里挖出堆石头,认为可能是炉子,这证

---

① 在花岗岩基底上,从下到上依次是卵石层、海沙层、沙层(不同于第一层沙,这层沙里有文中提及的小工具)、古土壤层、有大块岩石的沙层、漂亮的巨岩层(岩石在冰期被切割)、海泥、最新的土壤。让-克洛德·西卡尔发现的那把双面石斧引起大家对这个剖面的关注,它所在的地层可能比小工具所在的地层形成得要晚,它也许来自下面的地层。

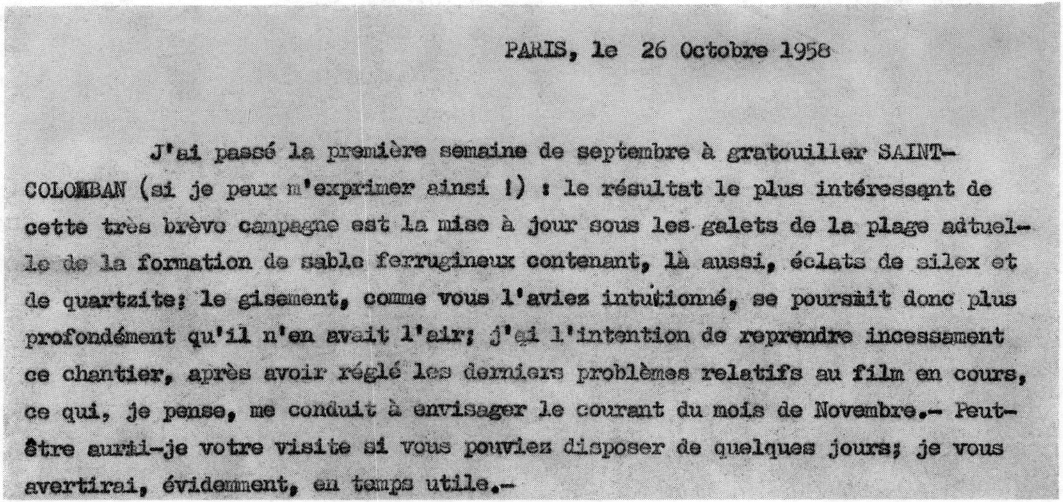

PARIS, le 26 Octobre 1958

J'ai passé la première semaine de septembre à gratouiller SAINT-COLOMBAN (si je peux m'exprimer ainsi !) : le résultat le plus intéressant de cette très brève campagne est la mise à jour sous les galets de la plage actuelle de la formation de sable ferrugineux contenant, là aussi, éclats de silex et de quartzites; le gisement, comme vous l'aviez intuitionné, se poursuit donc plus profondément qu'il n'en avait l'air; j'ai l'intention de reprendre incessamment ce chantier, après avoir réglé les derniers problèmes relatifs au film en cours, ce qui, je pense, me conduit à envisager le courant du mois de Novembre.— Peut-être guéri-je votre visite si vous pourriez disposer de quelques jours; je vous avertirai, évidemment, en temps utile.—

图 12　由我署名的从巴黎寄出的信，日期是 1958 年 10 月 26 日，收信人是皮埃尔·洛朗·吉奥，内容是我在圣科隆邦的考古发掘。

实了西卡尔对红色石头的判断。从地质学上来讲,他确定这一遗址的时间是在海退初期,距今有 40 万~45 万年。

圣科隆邦出土的工具工艺独特,历史悠久,莫尼耶决定深入研究,他扩大勘探范围,发现了新遗址,它们的地理条件和圣科隆邦的环境相似,都是海水侵蚀形成的回廊或坍塌的洞穴,从中出土的工具相同。这样就有了"科隆邦文化"一说,指的是南阿摩里克海岸特殊的石器加工工业,那个时期,气候温和,先民凭海而居,以海鲜果腹,发明了这种独特工艺。

默内斯·德雷甘 1 号遗址在卡普-西居纳,位于拉兹角的南端、欧迪耶讷湾的北部,在那里莫尼耶付出了心血。这处遗址于 1987 年被发现,他在那儿开展了数年的发掘工作,进行了大范围的多学科研究,后来他把工作移交给克莱尔·加亚尔。该遗址是个坍塌的岩洞,下面是一层又一层复杂的沉积,每层沉积厚度很薄,由于海水长期侵蚀,许多"沉积物"流失,但其中仍藏有非常丰富的信息,有 6 层留有人类居住的痕迹,最古老的距今约有 50 万年,时间最短的距今也有 40 万年。

陡崖凹凸不平的花岗岩罩在有百万年历史的化石沙滩上,在这个我们能称之为岩洞的地方,莫尼耶大致分辨出各个地层,从下到上有考古地层、沙子卵石层(表明海水的上涨和寒冷期的退缩)、考古地层(寒冷初期,之后更冷)、卵石层(说明海水重新上涨)、多个考古地层和泥流层。

出土石器最多的是中间层和上层,石器类似于在圣科隆邦出土的工具,按数量多寡排序有:燧石块、石片、卵石工具①、小型工具(石槽、石锯、刮削器)。从最古老的地层中出土的工具不为人知,它们或许与其他地层的石器略有不同。

此外,从最古老的考古地层中,专家找到了被烧过的物质残留(木炭、骨炭、因灼烧而变红的石头和燧石)。毫无疑问,这些残留和人类在凹处搭建的炉子有关,那里或呈红色,或是由小石板围成圈的样子,有些炉子里面发现了大型猎物的牙齿,有象的,有奇蹄动物的(或许是马的),这些动物很可能是在烧煮后填了人的肚子。

这些人类遗址都是形成于海退时期(海水距其约 5~10 公里),那个时期气候相对温和。沿海各地层间的沉积物总体上没有人类生存的遗迹。

在圣皮埃尔-基伯龙的泰维埃克岛、努瓦尔穆捷岛的拉谢兹树林里,莫尼耶在和上述遗址相同的地质环境中发现了中石器时代的人类遗址,并发掘到与在上述遗址中出土的石器相似的工具。也有学者和我讲过,在菲尼斯泰尔的格莱南群岛的海岸上和莫尔比昂的格鲁瓦岛的海岸上发现了人类遗址。

---

① 是经过打制的卵石,被破碎的卵石,我们更愿意称这些石器为刃缘规整的卵石,而非双面石斧或早期双面石器。

结　语

"相当"自豪

个人的二十五年　史前的五十万年

这 50 万年独特的史前史发生于有限的地理范围内,在其他场合我们傲慢地称之为文化例外的东西,在这里可以被称为优秀的阿摩里克文化,或是优秀的阿摩里克南部文化。是不是这样?那就请诸位来判断吧。

在卡尔纳克的圣科隆邦的"科隆邦文化"是南阿摩里克独特的旧石器时代的早期文化,它很少有或根本没有双面石斧,主要代表是刃缘规整的卵石工具,其中重量较轻的小型石器居多(距今 50 万年)。

圣皮埃尔-基伯龙的泰维埃克文化属于中石器时代,同样位于阿摩里克南部,那里的先民打猎,捕捞海鲜,可能开始饲养牲畜,显然已经有了等级划分(距今 8 000 年)。

卡尔纳克文化属于新石器时代,特点是社会极度等级化,王族的陵墓是内有封闭石屋的巨大山丘,石冢里有本地的或外来的令人惊叹的随葬品(距今 7 000 年)。

在该地区发现了特殊陶器,罐身或呈棕色,或呈黑色,底为圆形,颈短,罐口镶边,属于新石器时代初期的遗存,被称为"卡尔讷岛陶器"(出土于菲尼斯泰尔西北的中石器时代的墓地,距今7 000 年)。

要知道,这是个上苍眷顾之地,新石器时期的神圣之所,这片区域的大致范围是从埃泰勒河到莫尔比昂湾的东岸,是被称为吕伊斯半岛、有26 个市的地方,毫无疑问,这里是世界上巨石建筑最多的地方,7 000~4 500 年历史的巨石遗迹遍布大地,闪耀着3 000 余年的文明,正是对该地区的研究创造出在全世界范围内使用的术语——"立石"和"石桌坟"。

阿摩里克的套筒斧是青铜斧,含铅量高,有多个尺寸,套筒深且有环,是最古老的货币,有3 000 年的历史,它们散布在布列塔尼各地,少量出土于诺曼底。

小盐斗是棱柱形器皿,半升的容量,由细腻的红陶土制成,先民很可能用它们来盛盐和包装盐。它们主要出土于阿摩里克南部,小部分出现在旺代。盐肯定是异地获取的,或是在大西洋沿岸,或是在芒什海岸,各地出土的盐斗外形不尽相同(距今2 500 年)。

恺撒说过,威尼托人是"整个海岸线最为强悍的族群,他们超出其他民族很多"(距今2 000 年)。这位写过《高卢战记》的战神也许是第一次实话实说。

拥有如此辉煌的史前文化,想要低调谦虚确实很难!

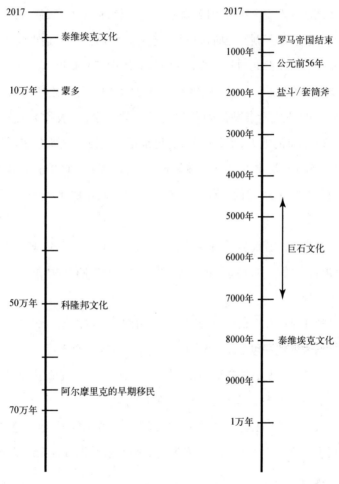

图 13　布列塔尼地区史前遗址和旧石器时代遗址的年代图表

图 14　布列塔尼地区原始历史遗址和历史遗址的年代图表（中石器时代,新石器时代,铜器时代,铁器时代,高卢-罗马时代）

肖　像

文学,科学,艺术

止于至善。

　　我原打算在每段回忆之后讲几个我出于某种原因或在某个时刻钦佩的人。后来我决定每部分结尾处只讲三个人,两位年长者和一位和回忆录年代同时期的人。取舍很难,这些人本来就难分高下,我又是个很容易欣赏别人的人。其实我有很多人要写,但都写的话,我就要再写一本书了。

　　下面我讲讲皮埃尔·科尼、皮埃尔-洛朗·吉奥和让-米歇尔·安德烈,他们仨都已故去。

　　科尼是我在瓦讷念中学时的法文和拉丁文老师。我非常喜爱这两门课,可能是因为科尼先生教得非常棒。我酷爱作文,他因此想让我攻读文学博士学位(他建议我博士论文写福楼拜,原因不明)。我爱拉丁文,这门语言仅存于书面,很难学,但我肯定很喜欢它,部分原因是它让我接触到考古学。我甚至还让父母请科尼给我补课,他们同意了。每次课都是读字典,主要是读拉-法词典,法-拉词典读得不多,我们会给词加注,让其重获新生,那种感觉真好,尤其是当后来在发掘现场遇到会说拉丁语的人的时候。

我无法忘记科尼,正是这位老师为我照亮前路!我说不清楚这究竟是怎么回事。我感觉他的课撕裂了我之前的世界观(可能是非常幼稚的世界观),他让我有了新的意识,极大地拓宽了我的思维,改变了我对生活的理解,对人生问题的判断,对自己在社会中的定位,对自己在这个星球上的定位,对生命这个奇妙之事的感受,等等!总而言之,我感到自己的"身体"向前冲了那么一下,利落迅疾。我认为人人都会有同样的经历,只不过有人感觉强烈,有人感觉不那么强烈,而在我身上,那是炸弹爆开!格雷厄姆·格林在 1975 年写道:"在我们小的时候,总会有扇大门在某个时刻开启,未来之光随即照进。"皮埃尔·科尼,谢谢您!

我要讲的第二个人是皮埃尔-洛朗·吉奥,他那时是布列塔尼史前文物管理办公室主任。一天,我去拜访他,我想不起来当时的情景,我告诉他我非常喜欢考古、古代历史和史前史,他马上让我加入他在雷恩地质研究所的实验室,但我不是编制成员(只能这样)。研究所位于塔博尔街,在栋漂亮的大楼里,那楼颇具现代感,挂有马图林·梅厄①的巨幅画作。他邀我参与实验室的研究和田野考古,世界上没有比我更幸福的

①　马图林·梅厄(1882—1958),法国画家,以描绘布列塔尼的风光闻名。——译者

小伙子了。我于是做起了研究,一干就是 4 年,在上大学前我就已经开始考古研究了。在他的授权下,我发掘了在伊勒和维莱讷、阿摩尔滨海和菲尼斯泰尔的遗址(主要是新石器时代的)。当我清点光滑的石斧,按材质将它们归类时,我是科研助手;当我就某个主题做读书报告和文献概要时,我是学生,我的听众除吉奥外,还有六七名和我水平相当的大学生。

我爱挪揄,喜调侃,独来独往(我一直这样),这不怎么讨他喜欢。他单身,几乎与社交绝缘,全身心投入问题和研究中,他不大能忍受我散漫、出格的行事方式,我故意冒犯,天性如此,其他学生安静、听话(有两人尤其内向),因而我和吉奥之间时有龃龉,但我们间的冲突从未失控。我们的灵魂是相通的,因为我酷爱研究,孜孜以求。我要强调的是,我非常钦佩这位先生的渊博学识、深度思考的能力和严谨的治学态度,他是位大家!在他之前的布列塔尼史前史研究是"业余的"、不严谨的,可以这样说,他用几十年时间完全重写了该地区的史前史。离开他之后,我来到巴黎从事古生物研究,去遥远的地方探查(由于我的"异域炎"),但我们之间的工作联系和私人交往从未中断过。他是国家科学研究中心委员会成员(20 世纪 70 年代),由我提名获得银质奖章。几乎他每次来巴黎,只要我不在非洲腹地田调,我们都会热络地共进午餐或晚餐,我们谈天说地,交流各自对科学进步和相关问题的看法。皮埃尔-洛朗·吉奥,谢谢您!

在这部分"脱颖而出"的同时代的人叫让-米歇尔·安德烈。安德烈应该和我同龄,他是一对教师夫妇的长子,父母都在瓦讷的朱尔·西蒙中学教书,是我父母的同事和朋友。我经常能见到让-米歇尔,因为我们在同一所中学,我们将其简称为"朱尔"。我们两家聚会,一起出游,我们俩也会约了一起出去玩。让-米歇尔不是个成绩优秀的学生,但并不是因为这个我们很投缘,他爱音乐,弹钢琴,玩管风琴,做乐队指挥(他的第一个指挥棒就是我送的),这么说吧,他简直就是个乐痴。他总是那么情绪昂扬,他对异性也是那么激情澎湃(我至少清晰地记得三位姑娘的名字),我常老实地给他做信使让他冷静下来。当在他超水平演奏后,或当他征服了观众时,或当他期望征服观众而没有马上得到掌声时,他就扬言放弃音乐或自我了结,这样的事不知发生过多少回!他的消沉和他的热情同样突出。尽管如此,我们依然是挚友,我们常在乡间岸边散步,一起走上很久很久,说东说西,相伴忘忧。我常带他去看我喜欢的古代遗址,他对此并不厌烦(比如在曼戈洛里安的高卢-罗马时期的城堡,那处遗址离他家不远,我们常去参观)。

他是个聪明有教养的小伙子,大家能猜到,他极度敏感。后来,我在雷恩读书,他去南特上学。有时他会打电话给我,让我马上去他那儿,因为他状况很糟!我放下电话就坐火车赶到南特。我们整晚坐在一起,直到最后一家餐厅关门打烊,我们就在夜色里东游西逛,直到有酒馆开门营业。我在清晨和他道别,他精神饱满,我"灯枯油尽",坐火车返回雷恩。

他和心爱的女医生结了婚,有了好几个孩子(我不知道究竟有几个)。他在南特过着平静的生活,在当地的私立高中教音乐。爱妻突然离世,他平静的生活戛然而止。他的激情伤到了他自己,他出走了。我觉得他没什么目的地,他去寻找他乡,却不知他乡在何处。他最后是在斯特拉斯堡的旅馆里突发心脏病去世的。

虽然因各自的工作,我们后来很少见面,但我们的关系一直都很亲密。他在妻子去世后打电话给我,一直在讲葬礼上要弹奏的曲子,这可能是有意或无意的求助,当对方有自己的生活,并因此有了种种羁绊,这样的求助是难以满足的。我深切地怀念我的朋友让-米歇尔·安德烈。

中 篇
沙与灰

漫长回忆录之中篇
（一九六〇——一九八四）

对根的爱恋与对远方的执着紧密相连。

——埃里克·奥塞纳①

---

① 埃里克·奥塞纳(1947—)，法国作家，获龚古尔文学奖，法兰西学术院院士。——译者

献给康坦和马蒂娜。他们母子二人虽已多次周游世界，但他们还未曾如我那样满怀欣喜地骑着骆驼①走过撒哈拉沙漠中的红色沙丘，开着四驱颠簸于古老的灰色玄武岩。

① 当然是单峰骆驼。

　　还要诚挚地感谢奥迪勒,她对我的回忆录赞不绝口,看来她是喜欢的,如果我写得快些,她肯定会更欢喜,这证明这家出版社很棒,如果需要证明的话!

　　怀念雅克·巴尔博、卡米耶·阿朗堡、路易·李基、玛丽·李基、于格·福尔、弗朗西斯·克拉克、豪厄尔、让·沙瓦永、让·德海因策林、阿德马苏·希费劳、丹尼尔·图阿夫和阿莱马耶胡·比祖内,我从他们那儿学到很多。感谢莫里斯·塔伊布、弗兰克·布朗、埃莱娜·罗什、理查德·李基和约纳斯·贝耶内,他们为我"指路"①,与我同行。我特别要感谢弗朗索瓦丝·勒盖内克-柯本斯,她那 18 年里从未轻松过。

---

① 在非洲多种族聚居的村庄中,有这样的义务和优雅的习俗,旅人在离开村庄前要向首领问"路"。这路,首领会告诉给问路人(如果其地盘上的路是安全的),也可能不会。问路是礼貌,也和安全有关,有时候,拒绝指路的原因并非和安全有关,理由倒是没那么堂皇,但说出来双方都会很开心:再来上壶棕榈酒,当然是为了"一路顺风"!

灰尘粘在脚上总比粘在屁股上要好！

——富拉尼人谚语①

---

① 非洲游牧民族,大多聚居于从塞内加尔到北喀麦隆的萨赫勒地区,在包括尼日利亚在
内的西非也有分布,以养牛为生。——译者

序

　　我对异域的渴望已在内心蛰伏很久，它一直在等待时机表白、倾诉，所以我无法在这个事上耽搁。再有，我的这个异域渴望是依傍着非洲热带大地喷涌而出的，它和"古物炎"的变种——"古生物炎"①——有关，其实也可以说就是"古物炎"，它如何能经得起表白的诱惑？它又如何拒绝得了倾诉的邀请？那可是诱惑连着诱惑！因为是倾诉内心的激情，所以我就用不着花时间想来想去了。

　　我考古生涯的第二阶段看上去是天赐良机，其实它是上个阶段的延续。我在那 25 年里是幸福的，我在布列塔尼的大地上做考古研究，田野考古内容朴素且独特，有发现，有遗迹，有遗存，有假设，有诠释。

　　我接下来的 25 年分为 4 个有节奏感的阶段②：我在乍得实地科考了 7 年，在埃塞俄比亚实地科考了 11 年（我在该国的西南地区工作了 10

① "paléontologite"，作者自己创造的词。——译者
② 我用"节奏"一词来讲时段，目的是表达得更清楚，但我绝不相信有命运的安排！那显然是巧合，因为我常常远行做实地研究，并且会很快确定思路，所以研究成果常呈现为阶段性的！

年,东北地区工作了 6 年,在东北的头 5 年和在西南的后 5 年重合),用接下来的 7 年时间进行研究和提出假说,后面用 25 年的时间补充、完善已做出的研究和提出的假设。

在那段时间里,我在国家科学研究中工作了 14 年(从 1956 年起),在人类博物馆工作了 15 年,博物馆属于国家自然历史博物馆的人文研究院,后来我就一直在法兰西公学院授课。

*

附笔：因为我先发现的是乍得人，后发现的是沙赫人，所以我下面的讲述应该遵循这个先后顺序，但这不是我的习惯，我将按我自己的经历的时间顺序来讲述，而非遵循我在"我的生命"中邂逅的那些人科①动物本身的时间顺序来讲述。

---

① 我应该用"人亚科"一词，但对于那些不太了解考古的读者来说，它会让他们觉得是个印刷错误！因此，在对词义严谨的要求比较宽松的情况下，我一直用或差不多一直用"人科"这个词。

开　篇

过渡期依然是坛坛罐罐

人随水。

——乍得的卡念布人谚语

那时我为国家科研中心和国家自然历史博物馆工作还没几年，我完成了两件对自己来说意义重大的事——给猛犸象装架和解剖亚洲象，这两件事把我和长鼻目动物紧紧联系在一起。我在古生物研究所侧楼的夹层有间漂亮的办公室，从那儿的窗户可以俯视植物园和布丰街，那个楼的外观很美，但里面的楼层布局很别扭，窗户为两个楼层共用，上层的人从窗户俯视地面，下层的人从窗户仰望天空……在那里做研究安宁惬意，整天摆弄厚皮动物的臼齿。1958 年的一天，隔壁实验室长我二十来岁的勒内·拉沃卡神父过来找我。他在 1955 年收到个从乍得寄来的箱子，里面装的是脊椎动物化石，他没时间研究，箱子是地质专家寄给他的，人家等不及了，来信催促。因为化石里有象牙，他就寻思着让我来看看,如果我感兴趣的话,就由我来鉴定。我欣然接受,更何况,你们能想到的,我的鼻子对那股非洲胡椒味可是敏感得很。

我面前的箱子是由 200 升汽油桶切割而成,上了色,箱底漂亮,微蓝泛绿,绘有几何图案和鲜红花卉,里面的骨头和牙齿的颜色也很漂亮,均因年久而染上色泽,化石化作用以及和某种沉积物长期共存使得它们有了这种视觉效果。

我开始研究这些从乍得来的化石,拿它们和我们实验室里的北非化石进行对照比较,估测其年代为上新世－更新世,即维拉弗朗阶①,我于 1958 年 6 月 19 号写信给那些发现化石的地质专家,告知鉴定结果并表达了自己的激动心情。雅克·巴尔博和让·阿巴迪是拉密堡(那时还不叫恩贾梅纳)水文地质勘探队的专家,等到了回音,他们很高兴,巴尔博很快于 6 月 25 日给我回了信,随即他们又寄了一些化石过来,我推测它们和上一批化石同属一个地质年代。这两批化石都来自广袤、低海拔的博尔库,此地南面是乍得湖,北面是提贝斯提高原,与萨赫勒地区和撒哈拉沙漠相邻。那里的第一处遗址被命名为戈兹·凯尔基,第二处遗址被命名为库拉。我向法国科学院寄了封"公函",发现化石的人在我的名字前面签了名,然后我又写了份专业性更强的报告寄给将于 1959 年在利奥波德维尔(那时还不叫金沙萨)召开的,每 4 年一次的"第四纪研究及史前史泛非研讨会"。

巴尔博和阿巴迪为他们的发现而感到欣喜,得知我能抽出时间来非

① 维拉弗朗阶,覆盖更新世早期(杰拉斯期,卡拉布里亚期)和上新世晚期(皮亚琴期),由意大利地质学家洛伦佐·帕雷托定义。——译者

洲而感到开心,于是便邀请我去乍得和他们会合,一起去看遗址。

我向国家科研中心申请经费,第一次没行,第二次获得批准。我可以报销往返机票和一两天的住宿费。水文地质勘探队的队长巴尔博热情地接待了我,还给我安排了个"勘探员"的"职务",职位不高,可是有报酬,名头当然是水文地质勘探。

1960年1月20日(周三)晚,我和我年轻的妻子弗朗索瓦丝·勒盖内克-柯本斯一起乘坐道格拉斯DC-8涡桨客机离开巴黎,当晚天气很冷。我们于21日清晨到达,我首次踏上非洲大地,天气沉闷干燥,风沙影响了飞机着陆,阳光经风沙过滤后灼热不减。就这样,我终于触摸到了我无限向往的大陆,它完全符合我的期待,从那天起,它就没让我失望过,饱满的阳光,浓烈的香味,迎候的飞鸟,摩肩接踵的人群——盛宴开始了。巴尔博他们住的"茅屋"是借来的,它在市中心或算作市中心的地方,那里街道宽阔,绿树成荫。驻地大院很热闹,像个汽修厂,重卡一天到晚进出不断,进来的是从野外返回的,出去的是驶向旷野的,当地人进进出出,有的来找工作,有的来领工钱,他们身着靛蓝色长袍,头上缠着仅露双眼的白巾。我们在拉密堡住了下来,为野外考察做准备,我"领到"1辆蓝色道奇卡车、整套炊具、宿营器材以及包括司机和厨师在内的6个乍得同事。我收到两张单子,一张列出的是不用带回的耗材,另一张列出的是必须带回的物品。我此行的任务和古生物有关,我要考察那两处遗址,观察地层状况,研究沉积物的性质及成因,我或许会发现更多的化石。我还要在遗址周围勘查,看看有没有相似的或不同的遗址。当有人迷恋考古和史前史，并且经过科班训练，即便只是为了弄清萨赫勒的原始史，正常情况下，他也不可能碰到陶罐和石器却视而不见。

　　清晨，我们离开拉密堡前往"荒凉之地"①。天气凉爽，体感舒适，惬意顿生，但凉爽中孕育着酷热，那是种"必然到来的暴热"。真正让我满心欢喜的是想到将要经历的地理和科学探险，以及眼前树木稀疏的热带草原。我们先要抵达 700 公里以外的科罗托罗哨所，那里并不是真正意义上的中转站，而是被有意认定的路标，我们要从那里出发去寻找水文地质专家发现的两处"著名"遗址。前面没有清晰可见的路可走，我们只是沿着轴线在前行，从南向北，由植被稀疏的热带草原进入零零散散长有"克拉姆-克拉姆"草（cram-cram）的沙漠。这个狭长地带被称为萨赫勒②是有原因的，就像北非阿尔及尔海岸的称呼，或者就像非洲东海岸的语言被称为斯瓦希里③一样。汽车还在行驶，眼前的景色从覆盖有少许植被的大地变成了不毛之地，差不多连着 3 天都是这个景象，焦虑不安是我的最初感受，我无法忘怀那种感受，可能就是在那时我体会到先民当年的感受——原始森林在 1 000 万年前开始退化，森林消失使他们暴露在大自然中。

　　我们的初段行程结束，环法自行车赛所说的"序幕"落下，白色的哨所

① "la brousse"原为殖民主义者用语，意为"非洲落后地区"，故作者加了引号。──译者
② 萨赫勒：法文为"Sahel"，拉丁文为"sahil"，二者都意为"边缘"，在阿姆哈拉语中意为"撒哈拉的海岸"，是非洲北部撒哈拉沙漠和中部苏丹草原地区之间的一个总长超过 5 400 公里的地带，横跨阿尔及利亚。──译者
③ 斯瓦希里语（kiswahili），属于班图语族，是非洲语言使用人数最多的语言之一。"斯瓦希里"源自阿拉伯文"sawahil"，意为"濒海地区"。──译者

Yves Coppens

> à Monsieur Jacques Barbeau ,
> Géologue principal DMG ,
>   section d'Hydrogéologie du Tchad ,
> B.P. 449 ; Fort-Lamy , A.E.F.

Paris le 19 / 6 / 58

Monsieur ,

Monsieur l'abbé R. Lavocat , surchargé de travail , vient de me remettre , pour étude , la belle faune de mammifères que vous lui aviez adressée du Tchad l'an dernier . Je viens de commencer à examiner ces interessantes pièces et vous tiendrai , évidemment , au courant des résultats qu'elles m'apporteront . J'ai pris connai sance de votre rapport géologique sur le gisement du Mortcha que j combinerai avec mon rapport paléontologique pour une publication éventuelle ; je vous ferai parvenir , à vous et à Monsieur Abadie le manuscrit avant publication pour connaitre votre opinion et avoir votre accord .

Veuillez agréer , Monsieur , l'expression de mes senti ments les meilleurs ,

                                        Y.Coppens

图 15　1958 年 6 月 19 日我给雅克·巴尔博写的信。我在信中告诉他，勒内·拉沃卡提议由我来研究水文地质勘探队在乍得发现的脊椎动物化石。

GOUVERNEMENT GENERAL
DE
L'AFRIQUE EQUATORIALE
FRANÇAISE

**DIRECTION DES MINES
ET DE LA GÉOLOGIE**

Nº ....

OBJET :

Fort-Lamy ~~Brazzaville~~, le 25 Juin 195 8

Le Géologue Principal, Chef de la
Section d'Hydrogéologie du TCHAD:
à
Monsieur Yves COPPENS
Laboratoire de Paléontologie du Muséum
d'Histoire Naturélle
3 Place Valhubert - PARIS 5me.

Cher Monsieur,

J'ai le plaisir de vous accuser réception de votre lettre du 19 courant. Je serais heureux d'avoir une étude de ces fossiles car ils nous permettront non seulement de dater des formations, mais encore de fixer approximativement la date d'un premier assèchement de la partie Nord de la Cuvette Tchadienne, ce qui pour nos recherches hydrogéologiques est important.

Toutefois, ayant fait des tournées plus récentes dans cette zône du Nord-Tchad, il m'a été donné de recueillir d'autres fossiles du même type, en un gisement très différent du point de vue localisation géographique; je pense que nous avons là:

éléphants, hippopotames, giraffes, crocodiliens, felins et des débris que je n'ai pu identifier.

Comme je dois moi-même aller en congé pour 6 mois en France à partir du 14 ou 15 septembre, je vous apporterai ces fossiles. Je crois qu'il est donc préférable de surseoir à la publication que vous nous proposez et à laquelle Monsieur ABADIE, mon Adjoint, et moi-même serons heureux de participer.

En attendant le plaisir d'entrer en contact directement avec vous, veuillez accepter, Cher Monsieur, l'expréssion de mes sentiments très cordiaux. Pourriez-vous transmettre à l'Abbé LAVOCAT mon meilleur souvenir avec l'espoir de le revoir bientôt.

J.BARBEAU.

图 16 雅克·巴尔博 1958 年 6 月 25 日写的回信。他在信中向我表示感谢，并且告诉我，在同一地区的另一个地点又发现了脊椎动物化石。

出现在棕红色的沙丘间，看上去并不显眼，一名法国海军中士长领兵在此把守，哨所围有土墙，墙不透光，筑有雉堞。距哨所几百米远有间简陋的原色土坯房，它是我们在 1960 年和 1961 年野外勘探的基地，实际上我们会在野外工作上好几天或好几周才能回到那里。1963 年、1964 年、1965 年和 1966 年，在那几年中，法亚-拉若绿洲成了我们的基地，它在科罗托罗以北 300 余公里处，在朱拉卜沙漠的另一边，距拉密堡 1 000 公里。

　　一切准备就绪。我们有买来的地图(1∶1 000 000)、根据航拍图像手工绘制的测绘图(1∶200 000)、指南针、观察记录(这里的风以从东北方向吹向西南方向的哈麦丹风为主)，古生物田野考古顺利展开！我的地质专家朋友是以游牧民族的村庄和沙丘为参照定位遗址的，村庄肯定消失了，没留下任何痕迹，沙丘移动了(自发现化石已经过去了五六年)，因而我没有找到他们所说的遗址，虽然 7 年中我常去那边，但我始终没找到！幸运的是，乍得有丰富的古生物资源，而我们那时只是见识到其中很微小的一部分。这个国家贡献了许多考古发现，1961 年，专家在乍得发现人类头骨化石，30 年后，它把"阿贝尔"①和"图迈"②交给了

---

① 羚羊河南方古猿、人科化石，由法国考古专家米歇尔·布吕内于 1995 年在乍得发现，它是首次在东非大峡谷西侧发现的史前人类化石。为纪念在非洲一起工作而死于疟疾的同事，布吕内把该化石命名为"阿贝尔"。——译者

② 法国考古专家米歇尔·布吕内负责的考古团队于 2001 年在非洲乍得发现的一块完整的原始人头盖骨，它被认为属于生活在 700 万年前的男性，是迄今为止发现的最早的古人类化石。乍得总统将其取名为"图迈"，当地戈兰游牧部落每当有孩子在旱季之前出生，就给这个孩子起名叫"图迈"，意为"生命的希望"。——译者

米歇尔·布吕内①。

在 1960 年至 1966 年的田野考古期间,我们花了好几个星期清理出一些头骨(比如乳齿象的)和较多的长鼻目动物的骸骨(比如剑棱象的),除此之外,我们主要把时间和精力花在寻找古生物化石上。我们发现考古遗址真是太多了,我不畏困难,想要把它们全部都勘探一遍。巴尔博第一年是和我一起跋涉探险的,我的执着令他、他的妻子和我的妻子心生抱怨。巴尔博什么陶器碎片都不喜欢,卡车开到考古遗址会陷进沙子里,他就更恼火了!马力强大的道奇卡车常在那些地方"压板子",因为卡车会陷进沙子里,动弹不得,真是怪了。所谓"压板子",就是把沙子铲一铲,好让轮胎露出来,然后在车轮下插入自救金属板,这样车轮就不会空转打滑了,金属板就挂在卡车两侧,是二战时用的。卡车几乎每次驶过人类遗址时都会陷进沙子里,那些地方的沙子显然是因为先民曾在那里居住、迁移而变得比其他地方松软。每当车轮陷入黄沙,巴尔博和司机就会急忙下车铲沙子、插板子、骂骂咧咧,其他人有时也过来帮忙。这个活儿我是不插手的,我会拿上本子和标本袋,喜滋滋地跳下卡车,根据路线和行车里程记录下遗址的大概方位和特点,离开时带走几件遗存,拿走最多的是陶器碎片。

那次田野考古单纯,愉悦,"执拗",有条不紊,历时 14 个月,驱车 3

---

① 米歇尔·布吕内(1940—),法国古生物学家,法兰西公学院教授,其考古团队发现的"阿贝尔"和"图迈"推翻了伊夫·柯本斯关于人类起源的"东边故事"的假说。——译者

万公里,搜集了 3 000 份遗存,它们来自 300 处遗址,每处遗址的遗存都能装满十来个袋子。在对它们进行研究、分类、整理、清点之前,我心中就已经有了个大概的分析:有点状纹饰的陶器稀少并且发现地点距基地科罗托罗很远;有波状纹饰的陶器较多并且每次都出现在地势平坦、面积有几百平方米的遗址中(典型的沙埋遗址);那种高高的黑色炉渣堆也不少,里面埋有风格奇特的陶器,有些带有藤柳状的印花,有些上了色,有红,有黑,非常漂亮;在谷底深处发现的陶器极为罕见,它们不同于之前发现的陶器,有的风格古朴,呈 S 形,有的风格夸张,罐身厚且布满了小孔。古生物研究轻而易举地耗尽了我的全部时间:勘探,搜集,发掘,有时候还要做石膏处理,经常要粘来粘去,做标记,打包,装箱,运输,做实地测验,弄清地层情况、地质特征,做地层学研究,依据已发现的物种及它们之间的相互关系做年代估算,然后是在拉密堡开箱拆包,拿出化石,详细观察,再次打包装箱,运至巴黎,再拿出化石,研究,描述,对比,发表研究成果……还有考察报告、后续考查申请以及田野考古的后勤保障,所有这些问题,去现场的专家都要面对,处理,解决。当化石漂漂亮亮、干干净净地出现在办公桌上或实验台上时,那已经是风雨之后的彩虹了,端详它们的那些人并不总是了解,发现、挖掘、打包和运输那些化石并最终把它们送到他们眼前、送到他们的显微镜下究竟耗费掉我多少精力。

我被那批"化石"缠住了手脚,所以"陶片"研究迟迟没有进展,最后定于 1966 年在拉密堡举行的非洲考古国际研讨会给了我机会,但会议组织者认为我在大会上将再次介绍 1961 年在乍得发现的人类头骨化石（我后面会讲到这块化石）。

　　我当时做了考古专家都会做的事，我把 3 000 份陶片都拿出来，根据它们的相似度进行比较。我把它们分成七小堆，即 7 类陶片，它们可能属于 7 个时期。实际上，应该有属于十几个时期的陶器碎片，但我没拿到上面几层的，也就是新石器时代的碎片。因为我是按地层（通常不是这样）找陶器碎片的（比如在克里蒙），所以我比较有把握按时间顺序对它们进行整理。我当然要对它们的空间分布进行梳理，可是这个问题一直都让我感到困惑，它们的空间分布图从未完全吻合过！"文化"，从最古老的到最近的，好像都是从东向西传播的，至少在我来来回回"搜刮"过的区域是这样的。在 3 000 年内发生了跨度为 300 公里的文化传播或文化入侵，这在我看来显然是不可能的。然后我就有了个想法（这花费掉我大量时间），我把陶器碎片分布图和地形图叠合在一起，于是一切就都清楚了。乍得湖先前是 30 万平方米，到了 1960 年只剩下 2 万平方米，沿岸的居民显然从未生活在湖中，他们住在岸边，时光流逝，湖退人进！我很清楚，受诸多气候因素影响，湖水升降无常，时进时退。尽管如此，我搜集到的那些陶器碎片，虽然看上去没什么价值，并且在过去的 7 年里让我身边的人很是烦恼，但它们却为我描绘出大乍得湖湖岸、加扎勒河河岸和小乍得湖湖岸的情况（小乍得湖自 1960 年以来缩小至 2 000 平方公里）。

　　研究之路如同长长的隧道，尽头是成功后耀眼的喜悦之光，我立刻把我的发现告诉给我的朋友、同事让-路易·施奈德,他赶紧把我通过陶器碎片确定的不同时期的湖泊情况,按它们的海拔绘制成图。在拉密堡召开的第一次非洲考古大会上,我怀着激动的心情介绍了我的初步研究成果,它们值得我那么激动!随后我把我的研究成果发表在非洲的期刊上。可我那时太没经验,并没把这些成果通报给国际上有影响的科研类报纸,况且那时候并不是所有的学者都这么做。等到大家肯定我的开创性贡献时,好多年已经过去了。后来我的同事、朋友在他们各自的研究中肯定了我的贡献,他们学养深厚,成果优秀,但他们有时会忘记我在20世纪60年代搜集那些陶器碎片时所付出的艰辛。

下面是我整理的7类碎片的情况,从年代最久远的开始。

第一类,这类陶器发现于330米以上的地方,都是互相没有关联的带有点状纹饰的碎片。

第二类和第三类,这类陶器带有波纹图案,罐体上是"一道道由细短绳做出的水平条纹,下接狼牙饰带",它们分为两个时期。"早期"的大约在300米处,和上面讲的点状纹饰陶器在装饰图案上有关联,分布在那些类似于村落的地方;"晚期"的完全是"早期"陶器的延续,处于地势较低的地方,一起发现的还有石器、鱼叉和精美的骨质鱼钩。

第四类,这类陶器上了黑红色,非常精致,和密集采掘铁矿石有关,似乎和前三种陶器没什么关联,偶尔会有表现四足动物的精美小雕像。

第五类,我把这类陶器称为"镂空"的,也就是有孔洞的,它们出土于加扎勒河岸边的大村庄,表明那里的水位下降和人口减少的状况。陶器风格多样,以三角形的镂空大火盆为主,可能和上面所说的哈达德陶器有关联。

第六类,粗颈陶器。这类陶器似乎年代较晚,就出土于加扎勒河谷,碎片散落在不同的地点,这可能意味着使用它们的先民开始不断迁移。材质低劣,易遭侵蚀,罐身绘有几何图案,流露出哈达德文化的衰败气息。

第七类,当代陶器。图布人和戈兰人是现今人数众多的游牧族群,他们自己不造陶器,需购买,他们在不断迁移中依旧使用陶器,类别有三:大水罐、烧饭罐和加热茶壶用的带足小木炭罐。

后续的研究顺利地完善了我之前所做的"粗线条"工作(1960 至1966 年),这主要归功于让·库尔坦、让-路易·施奈德、弗朗索瓦丝·特赖宁-克洛斯特、让·梅利,他们的努力使得我这碗"汤""宽"了许多,尤其是在确定年代方面,他们功不可没。下面概括一下新进展。

1. 距今 8 500 年前,新石器时代初期(我当年没有接触到)。乍得湖,也就是大乍得湖,曾被名叫蒂洛的探险者称为"非洲从前的里海"。该湖的水位应该从 7 300 年前就开始下降,在那里可能发现了和近东陶器一样古老的陶器。

2. 距今 7 000 年前,新石器时代早期。其标志是陶器用波浪线或波浪虚线作为装饰,此类陶器多见于尼罗河谷上游沿岸。湖水高度超过330 米等高线。在这个时期可能出现了岩画,画的是非洲大型动物,比如,犀牛、大象和长颈鹿(提贝斯提的埃尔迪斯遗址和恩内迪遗址)。

1 cm

图 17 这是我 1961 年第二次考察时在泰凯比尔博斯遗址发现的哈达
德时期的彩陶罐(距今 1 500 年)

3. 距今 5 000 年前，新石器时代中期。我搜集到的带有点状纹饰的陶器碎片可能就是这个时期的，陶器有努比亚风格（明显是受到了东非文化的影响），有代表性的是那些陶身布满有编织感图案的陶罐。该时期的湖水水位稍有下降，岩画画的是牲畜，比如牛和羊（早期"牛派"和中期"牛派"）①。

4. 新石器时代末期，大约在 3 000 年前。新人口从东非迁入，湖水水位仍低于 320 米。该时期的陶器是半球形的碗，碗身上部是用梳子画的图案，下部有时候会出现动物图案（鸟、四足动物），几何图形因而活泼起来。岩画表现的是牛和羊，其角上都画有太阳。

5. 新石器时代到铁器时代早期的过渡期。我的"古波纹陶器"就是这个时期的，据说有 2 200~2 300 年的历史。我没再描述它，但专门注明了年代。

6. 铁器时代早期。其代表文物仍是"波纹陶器"，湖岸据说降至 300 米处。

7. 铁器时代中期。该时期有炉渣和精美的彩陶罐。陶罐可能有 1 500 年的历史，使用者也许是外来的，它们有埃及-努比亚文化（麦罗埃）的风格。在低海拔区域，水位降至 280 米，甚至 240 米。

8. 铁器时代的中末期。在加扎勒河沿岸发现了该时期的文物。我发现的哈达德文化的镂空罐就属于这个时期，它应该有上千年的历史。

---

① 原文为"bovidien ancien et moyen"。——译者

有人将其文物和努比亚的文物以及埃及的文物进行了比较。

9. 铁器时代晚期。在加扎勒河沿岸,专家发现了先民向水眼方向撤退的证据及残留的水塘,估计距今有 630 年,介于 13 世纪和 14 世纪之间。

10. 现当代。游牧民族根据放牧和单峰骆驼饮水的需要迁移,他们依然在石头上刻画,作品风格拙朴,画的是小汽车、飞机和直升飞机①!

---

① 法国人在分类上不认为直升飞机是飞机的一种,就像他们不认为羊角面包是面包。——译者

第一章

乍得人不想透露年龄

上帝创造了沙漠,而后大发雷霆,把石头扔了进去!

——阿拉伯谚语

1960 年至 1980 年和 1990 年至 2010 年是人类史研究的两个重要阶段,当然这门学科还有其他重要时期,比如 1830 年至 1870 年,在这段时间里,考古专家在比利时的昂日、英国的直布罗陀和德国的尼安德山谷有了重大发现,首次出土了最早的人类遗骨化石,在这之前,大家常常说起这些化石,但谁也没亲眼见过,这三处出土的人骨化石都用第三处遗址①的名字来命名——尼安德特人②。包括人类学家在内的所有地球人都期待有一天找到他们自己的祖先,在他们心目中,这位先祖应该帅得不容置疑,所以那三处出土的遗骨化石让大家不知所措:就那副尊容,

———————————

① 于 1856 年发现。

② "Neandertal"在德语中意为"尼安德山谷"。——译者

那窄额头,那瘪颧颊,那小下巴,面部前突,线条粗犷,眼眶上方挂着副粗大的眉弓……可真够瞧的!

考古专家后来在法国韦泽尔河沿岸发现了智人遗骨化石,也就是克鲁马侬人,骨骼显示其生前"优雅翩翩",符合世人对自己先祖形象的期待,所以自1868年起,大众对祖先容貌的担心就烟消云散。克鲁马农人让其可怜的近亲尼安德特人相形见绌,后者显得越发"粗鄙""野蛮",而前者却独享溢美之词。

我讲讲1870年至1940年这个第二阶段的研究情况(当然是人为的划分)。荷兰医生欧仁·杜布瓦于1890年在爪哇发现了和尼人不同的人类遗骨化石,在19世纪的专家和哲人眼中,这种爪哇人背离审美理念,比尼安德特人还要更丑陋,所以没人在意杜布瓦的发现,这可惹恼了荷兰医生,他后来离开了印尼,投入到完全不同的研究领域。

在此期间,在欧洲多处发现尼安德特人遗存,随着时间的推移,这些发现最终使得尼安德特人在人类进化史中的地位得以确立并且有了自己的生物名称。但直到今天,尼安德特人在大众脑海中的丑陋形象依然根深蒂固,似乎是"因丑获罪",而当时被称作直立猿人的爪哇人却因中国人的发现而受到重视。①

自1921年起,在北京附近坍塌的洞穴中,先是发现了牙齿,后来发

---

① 中国考古学家、古生物学家和中国古人类学的主要创始人裴文中(1904—1982),于1929年12月2日在周口店的天然古洞内发现北京猿人头盖骨化石,他从周口店火车站向北平的步达生发出电报:"顷得一头骨,极完整,颇似人"。——译者

现了头骨,再后来发现了头盖骨、下颌骨和长骨,收获颇丰。这就是"北京猿人",先前被称为"中国猿人"①,它很快就让人想到它的爪哇"前辈",是"北京猿人"确立了"爪哇人"的人类史地位,这个地位正是荷兰医生杜布瓦当年希望学术界给予的。

1924年,考古专家在约翰内斯堡附近的洞穴中发现了怪异的人科化石,这是个"反骨"化石,我这么说是开玩笑呢,因为出土的遗骨化石直接就把真相给"甩"了过来,欧洲人理想中的祖先在理论上应该有个和现代人几乎完全一样的大脑袋,还可能长有猴子的牙齿(遂了达尔文的心意)。大众眼前的这个南非人被雷蒙德·达特称为"南方古猿",它矮小,牙齿几乎和现代人一样,长着个小脑袋!颠覆观念需要时日,直到罗贝尔·布鲁姆在德兰士瓦(现在的豪登)有了新发现,这些相貌怪异的先祖才从方方面面得到了些许的重视。

终于讲到重点。上面讲的两个阶段在人类史研究中非常重要,其中有犹疑,有争论,有冲突,有出乎意料("总要期待意想不到的事情发生")。② 之后出现了另外两个人类史研究的辉煌阶段:1960年至1980年和1990年至2010年。这两个阶段都有我的身影,我初次接触到刚刚兴起的令人瞠目的非洲古人类学(1961年我在乍得发现古人类化石)。

---

① 步达生(Davidson Black,1884—1934),加拿大解剖学家,古人类学家,他根据1927年在周口店发现的1颗人类白齿,提议将新发现的人种的学名定为"中国猿人北京种"(*Sinanthropus pekinensis*)。——译者

② 耶鲁大学的戴维·皮尔比姆既是我的同行也是我的朋友,在他办公室的门上,我看到这条含义深刻的警句并牢记在心,他将此语赠给他那些想成为科学家的学生。

与非洲古人类学发展相关的方方面面，包括遗址的发掘和解释、提出新的学术观点、研究方向误入歧途以及建立严谨的学科（这是我们今天努力"维护"的），这些事情我都有参与（并且是自然而然地参与）。

1960 年至 1980 年。路易·李基是英国人和肯尼亚人（在肯尼亚出生），是他的贡献掀起了寻找人类起源的狂热，考古专家先是在东非寻找，之后在整个非洲寻找，进而到世界各地去寻找。

第一个引起轰动的事件是李基在坦桑尼亚奥杜瓦伊峡谷发现了保存完好的头颅骨，其主人的年龄约为 16 岁，头颅骨牙齿完整，属于前人类，自从罗贝尔·布鲁姆和约翰·鲁宾逊描述过南非发现的罗百氏傍人后，这种前人类就被称为粗壮南方古猿。李基把他自己发现的超级粗壮的前人类称为鲍氏东非人（*Zinjanthropusboisei*），其中"*Zinj*"是东非古名，"*boisei*"是他那次科考资助人的"拉丁化"名字。李基腋下夹着这块化石周游世界（我在巴黎见到了路易和他的"东非人"）。他把自己的经历卖给《国家地理》，这本杂志面向大众，保守的欧洲人对它厌恶至极，但李基不在乎。1961 年，在伯克利首次将头颅骨上的熔岩中的放射性钾元素衰变成氩元素和钙元素，专家用钾-氩法得到了不可思议的结果——头骨有 175 万年的历史！后来又有人属化石陆续被发现，比如 1964 年公布的人属的第一个种——能人，也是在奥杜瓦伊峡谷发现的。

我是在无意之中赶上了这些重大考古事件，古人类学是个相当低调的领域，却一炮三响，尽管火力甚猛，但还是仅限于考古圈。

我是在 1960 年 1 月抵达乍得的，当时乍得尚未完全独立，仍属法属赤道非洲(AEF)。我那年 25 岁*,雄心勃勃,一心想在中非干出一番事业,我的那些了不起的同行已经在东非有所收获,我不久前在巴黎见识了他们的探索成果。彼时,我人微言轻,但我的志向从我整个人的周身上下"涌出"(对,就是这样),拉密堡的好多法国同胞都调侃我说:"他是来找乍得猿人的!"我第二次科考去的是乍得的西北地区,在靠近安加马陡崖的地方,我找到了人类头骨化石,我将其命名为"乍得古猿",那些善意揶揄我的人就不再说什么了……那些记者老说我是"露西的爸爸",有些无聊,他们忘了他们曾叫我"乍得人",而且一叫就是 6 年!

那次去乍得,我勘查了莫尔查、博尔库和博德莱,它们位于加扎勒河的北出口和提贝斯提山的山麓之间。加扎勒河的北出口位于该国的低海拔地区,受气候和水文条件的影响,该河有两个流向,一个是从乍得湖流向低海拔地区,另一个是从低海拔地区流回乍得湖。长久以来,我除了对戈兹湖岸那个区域感兴趣外,我也关注"安加马陡崖",后者东西走向,靠近尼日尔边境,崎岖狭长,有点偏僻,而我常去的那些地方都是以那个我提到的科罗托罗法军哨所为圆心,行动半径大,"胆量"就得跟着大。一日,我们驱车直奔"安加马陡崖"而去,途中的"山丘"地带让道奇卡车饱受磨砺。我们驻扎在离峭壁几公里远的绿洲。那是座梦幻小岛,水深不过几米,长有埃及姜果棕树,天远地偏,与世隔绝,人迹罕至,鬣狗出没(因为潮湿),我们到了人间天堂——亚约。

---

* 作者应为 26 岁。原文有误。——编者

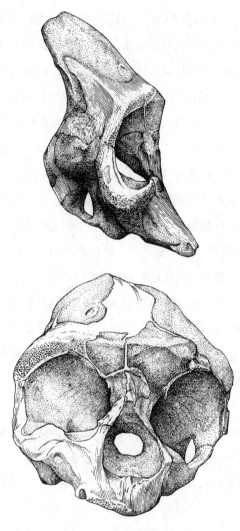

图 18　乍得猿人，正面和侧面（柯本斯，1965 年）。

我喜欢那里的棕榈树,叶子下面藏有可食用的硕大果实,但它们其实算不上美味(姜果棕是古老的棕榈树,可多次分枝)。次日,我们在棕榈树下建好营地后,立马奔向那个有名的峭壁,到了名叫基奇基奇的地方。那个地方实际上是个巨大的三角洲,它的冲击堆里堆满了从提贝斯提山邻近区域滚落下来的干河碎石,碎石堆从地质和地貌上来看是新近的,乍看上去没有年代久远的迹象。我们立即开展工作,按惯例,要先勘查,再探测,最后看情况决定是否挖掘,那一大堆河流沉积物和风成沉积物给我们提供了许多化石,有大象的、河马的、羚羊的,它们都被包裹在变成砂岩的灰沙中,有的裹得多,有的裹得少。河马从外表上看是现在的物种,大象也是现在的,但它们还是保留了一些早期的特征,我称它们为“安加马非洲草原象”(*Loxodonta africana angammensis*)。在那些无法定性的化石中,有块“石头”很漂亮,它大体呈圆形,看上去饱经风沙,于干河之中历经磨砺,那里很多石头是这副模样。它有凹有凸,主体为栗色(骨头),内有填充,表面有灰色砂岩(由沙而成),样子很不错。它是弗朗索瓦丝·勒盖内克-柯本斯发现的,她端详了一会儿,又看了看另一面,喊道:“是张脸!”盯着她看的是两个眼眶,雕塑作品的眼眶,材料是化石化的有机物和坚固的矿物质。

东西到了我手上,我一眼就认出那是人科颅面骨,是额骨到上颌骨那部分,无牙,但有若干牙槽。一起来的非洲人惊呼“布布”,他的意思是说:“猴子!”其实乍得首都的那帮法国人早就给它起好了名字——“乍得猿人”(*Tchadanthropus*)。我心里想,乍得猿人,我就是来找你的,可让我给找到了。学名要讲究,加上"*uxoris*"是必须的,所以我给它起的名字是"妻子的乍得猿人",这其实是个别名,用来称呼在乍得发现的这块人科化石。它年代不明,属首次发现。它既不同于在阿尔及利亚、摩洛哥发现的人科化石,也不同于在肯尼亚坦、坦桑尼亚发现的人科化石。"乍得猿人"和"妻子"这两种说法都没有科学依据,但这么取名是"正大光明"的!

上面讲过,我们发现的是块颅面骨,它尺寸不小,上下两端均粘有砂岩,下端虽因侵蚀消失,但因骨头起到了模具作用,所以下端的砂岩仍呈现出额骨原来的横向弧线。此外,X光片显示前囟门尚未闭合,骨头中间有条矢状缝,但是接在一起的。两个大小不等的额窦,竟然凸起,因为额窦的前壁是在窦腔被沙子(后变成砂岩)填充后才被侵蚀掉的!眼眶很大,有个眼眶里面有块小小的泪骨,这个颅面骨完整、漂亮。额骨和左颧骨完美连接,后眼窝骨收缩非常明显,但收缩程度不大。牙骨突出极为明显,也就是盎格鲁-撒克逊人所说的"dish face",即"舟状面",这是南方古猿的常见特征,详细检查后,我觉得前突的部分原因或许是外力,很有可能是沙土压迫的结果。我就不详细描述"战利品"了。人常会乐昏了头,我当时欣喜万分,又受到凸颌的提示,就把这个颅骨称为"南方古猿"。30年后,米歇尔·布吕内的发现证明我说的没错,南方古猿确实在乍得,我的观点是对的,但证据有误,乍得猿人可不是南方古猿!它化石化程度很大,面部明显前突,额窦的尺寸、眼眶的大小、额骨的陡峭度、额骨缝,这些特征虽然无法让我们得到最终结论,但在今天它们还是让我想到了直立猿人（菲利普·托拜厄斯①认为它是个"长相古怪的家伙"！）。另外，乍得猿人颅骨的前半部分和爪哇猿人颅骨的后半部分似乎可以"无缝衔接"！乍得猿人的脑容量约为 1 000 立方厘米。

这块化石，虽然身份未定，但发现的时间、地点都不同寻常，它在全世界引起了广泛的注意。当时的乍得政局不稳，它作为民族统一的象征，出现在第一部宪法中，在一个边境线由殖民者划定的多民族国家中，民族统一和民族同源不易得到认同。乍得发行了印有这块化石图案的邮票（图19），票面上注明"伊夫·柯本斯发掘"，各地的前辈及同行得到消息后马上邀请我去介绍它，有肯尼亚的路易·李基和南非的雷蒙德·达特、菲利普·托拜厄斯和鲍勃·布雷恩，还有北非，美国，欧洲和亚洲的专家学者，当然他们也想把我的化石和他们手里的化石放在一起比较。卡米耶·阿朗堡是国家自然史博物馆的古生物学教授，他独来独往，没带学生。那是在 1965 年，他已经 80 岁了，我应邀来到他在植物园的古生物研究所的办公室，他把他的学术遗产交给了我，有化石、笔记和资料，还有他那时尚可实施，但很快就会无力落实的科考方案。双方都很激动，交接利落，这完全出乎我的意料，太不可思议了……我们很快就换了话题。他跟我说，是我对非洲的关注、热爱打动了他，他本人迷恋非洲这片古老、炽热、粗犷的大地，期待我重返非洲，到那时他就会完全相信我对那片不太舒适、不太温柔的荒凉之地的真切迷恋！我真的是迷

---

① 菲利普·托拜厄斯（1925—2012），南非著名古人类学家和解剖学家，曾三次获得诺贝尔奖提名。——译者

图 19 向"乍得猿人"致敬，乍得共和国发行非洲金融共同体 30 法郎邮票（1966 年 7 月 21 日）。

恋非洲,我有时候会问自己为何要回到法国!我常往乍得跑,最初的焦虑慢慢变成了激情,我第一天就见识到它异常丰富的地貌,后来我就习惯了它的种种风光。那里有沙、沙丘、沙丘地带、碎砾荒漠、沙丘状积沙、满是黑色浮尘"费时费事"(fech-fech)①的干枯河谷、硅藻土城堡、密布的小土丘、棕榈林以及克拉姆-克拉姆"草原"(克拉姆-克拉姆是沙漠中罕见的带刺草,其根长且浅,以便吸收可以吸收到的任何一丁点儿水分)。在这个国家到处都可以和游牧民族邂逅,他们随和、友善、慷慨、好客、高贵,真是没的说,这些就不用我多讲了。

　　18 个月的兵役(1961 年 9 月—1963 年 3 月)让我从对沙漠的痴迷狂巅中冷静下来。我是延期服役,甚至可以说是超长延期。我主动申请去非洲的海军陆战队("殖民军")服役,军队把我分配到工兵部队,我却被"扔"到了昂热。没能去非洲,而且一天到晚"困"在办公室里,我没少闹情绪,我最终得到了想得到的应有惩罚:被派到户外工作!于是,我整天不是跑到曼恩河那边去,就是奔波于卢瓦尔河河畔,训练连里的、团里的新兵,教他们"军旅之事",比如,射击、爆破、布雷、排雷和障碍训练等,还要教他们工兵技能,比如,铺路、架桥、修机场、建营房、开起重机、开推土机、开刮土机、开挖掘机,用各种速度驾驶它们,前进、倒车等,因而我拿下了各种车辆的驾驶执照,重卡的,半挂的,公交的……虽然在兵役"职业圈"里没人明说,但我要说,我非常喜欢这 18 个月的军旅生活,

---

① 非常细的粉末,是由于黏土-石灰岩地形被侵蚀而产生的,最常见于沙漠中。

我喜欢军队里的活动、氛围和策略,还喜欢它对人的约束。我曾是个幸福的布雷兵!

我于1963年3月退役。我那时非常想念非洲,"服役期满"①,我就立马远行,穿越非洲大陆,一是想继续在乍得的田野考古,二是应英语世界同行的邀去他们那儿交流,完成这两件事时已经是1964年的年中了。我这一路走来尽享风光荣耀。我先是在乍得"经停",重启工作,准备1963年至1964年的田野考古,后出乌班吉-沙利(现在的中非共和国),带着伪造的联合国证明文件渡河进入处于"敏感时期"的刚果共和国和刚果民主共和国,接着进入卢旺达-乌隆迪(现在的卢旺达和布隆迪),在乌松布拉②停留,入住坦噶尼喀湖湖畔的"希腊"帕基达斯大酒店,湖畔设施豪华,酒店里的威士忌堪称琼浆玉液,再后来我出肯尼亚,抵达坦桑尼亚。在坦桑尼亚,路易·李基接待了我,他非常热情,开路虎带着我跑了两天的路来到奥杜瓦伊峡谷,他用3天时间介绍遗址(1号"床"、2号"床"、3号"床"、4号"床"、5号"床"),之后,他就让我在他的指导下开展工作,这让我见识并学习到英国人的工作方法。我在南非同样受到热情款待,菲利普·托拜厄斯在医学院接待了我,雷蒙德·达特在威特沃特斯兰德大学、伯纳德·普赖斯古生物研究所接待了我(这几个机构

---

① "服役期满"(la quille)这个当年常用的词,现在有点过时了。我同时被分配到巴黎第四区的少年营,要在国家发布动员令或召回退伍兵时重新入伍。我认为我的名字在那时就被从名单上划掉了!

② 布琼布拉的旧称。——译者

都在约翰内斯堡），鲍勃·布雷恩在普勒陀利亚的国家自然史博物馆接待了我。告别了不起的南非，我去了南罗德西亚（现在的津巴布韦）和加蓬。我是在刚果（布）的金卡拉过的圣诞节，在喀麦隆的恩康桑巴庆祝的新年（当时恩康桑巴所在的巴米累克地区正发生骚乱）。最后我回到乍得，开始新一轮探险。

那回阵仗可不小，有两辆汽车（其中一辆是丰田），同行的有 15 个乍得人，厨师是基督徒，其他人皆为穆斯林──纯属偶然。我划定的勘察范围非常大，直到乌尼昂加绿洲，深入到原始山区腹地，西到提贝斯提山，东到埃尔迪，南到乍得低地地区的博尔库，北到利比亚。从地质学、地貌学、古生物学和考古学上来讲，这个区域非常吸引人，极具考古价值。乌尼昂加有哨所（和科罗托罗的类似），有湖，有棕榈林，还有水田芥，淡水溪流在那里流入咸水湖。乌尼昂加这颗小明珠和法亚-拉若大绿洲一起在沙漠腹地勾画出诗意盎然、雄浑大气的画卷，那沙漠尽管有时略显狂放，但它从未让我感到过煎熬，感到过恐惧。在那之后，我于1965 年至 1966 年又做了次野外考古，我回到安加马的基奇基奇，发现了新的和非常古老的（从地质学上来讲）遗址，其中就有梅纳拉，那是布吕内 2001 年发现"图迈"的地方。那次我依旧用了两辆车，其中一辆是奔驰，它的驾驶室是平头的，我得说，它不太行，确切地说，这种分体式卡车在崎岖不平的路面上很难操控。

这次我是在沙漠里过的圣诞节，我用一株牛角瓜花（干谷底的小灌木，是湿润的迹象）、几个橙子和几块脱脂棉（雪花！）营造出一点异国圣

图 20　在乍得勘探，图为萨赫勒的科林加遗址，近景为长鼻目动物骸骨化石（照片由伊夫·柯本斯拍摄）。

诞节的气氛,我并无伤感。和我一起的有弗朗索瓦丝·勒盖内克-柯本斯、罗歇·索尼阿克(国家自然史博物馆的"模塑人")、中士长路易·奥克莱尔。奥克莱尔做过伞兵,是科罗托罗哨所的前任指挥,他刚一退役,我就把他给"收"了过来,一位乍得士官接替了他的职位,彼时乍得已经独立。科考队的非洲同事被我布置的节日气氛打动,他们第二天跟我说,他们很喜欢我,又赶上"我过节",就送礼给我──一头母牛,可牛群却在千里之外──尼日尔的津德尔!我谢过他们,问如何在众牛中认出"我的那头",他们根据非洲人的常识告诉我说:"牛和你我一样,有自己独特的气质和风度,见过一面,你就会永远记得它。"

这 7 年的实地勘探让我了解了生物地层学并取得一些研究成果。由于无法确切地将我取得的成果和北非、东非及南非的考古遗址联系在一起,我只能对地层的类别进行局部划分。

我把最古老的地层称为博奇安加层,在这层发现了乳齿象化石,即北非出土的奥西里斯互棱齿象化石。从地层学上来说,博奇安加是个独特的遗址,它在一个约 20 米的地质剖面上(这种情况非常罕见),该剖面形成于加扎勒河的冲刷。在这层除了乳齿象外,还有 1 匹小柱齿三趾马、1 头剑齿象(与东非凯森西剑齿象类似)、1 匹古老的倭河马和 1 只切喙鳄(类似于印度食鱼鳄,长颌,食鱼)。这些动物化石应该有五六百万年的历史,互棱趾象和剑齿象大约在 400 万年前在东非消失。

我把年代稍近一点的第二层叫瓦迪-德德米层。德德米·阿拉梅米是我的向导,在其引导下,勒克莱尔将军(他那时还不是元帅)率领部队穿越提贝斯提山,从刚果经乍得、利比亚挺进意大利,这个经历让他很是骄傲,同样让他引以为豪的是他身上的多处刀疤,这是他以前偷骆驼留下的印记,于是他就认为自己是最好的沙漠向导!在这层依旧发现了一些乳齿象和剑齿象的残骸(都是400万年前的),雷基象(古菱齿象)和非洲草原象(非洲猛犸象)的遗骸非常多,这意味着近400万年的历史和开阔的草场,因为猛犸象和古菱齿象是草食动物,在其生存环境里要有草之类的C4植物。凭借我对乍得的了解,我把戈兹·凯尔基和库拉遗址归为瓦迪-德德米层。在我罗列的长鼻目动物中,可以加上西瓦鹿(长颈鹿科)、六齿小河马、下面地层的柱齿三趾马和一种硕背猪。

我把第三层称为亚约层,该层是著名的乍得猿人的摇篮。它肯定在上面讲的那两层之上,第三层和前两层之间肯定还有好多个生物地层。除了乍得猿人化石,在这层唯一看起来有些古老的化石是我前面提到过的那头大象化石,它介于阿特拉斯菱齿象和非洲草原象之间,其存在说明地表当年有植被覆盖。因为这层年代较近,所以在亚约层和瓦迪-德德米层之间肯定还有很大的生物地层空白。

第四层,我称之为大乌尼昂加(III)层,这层和其他层是分离的,有进化的高冠齿雷基象,也可能有伊俄勒古菱齿象。接下来的4层分别是,大乌尼昂加(I)层,这层有非洲草原象(就是现在的非洲象);泰凯比尔博斯层,这层属于最后一个湿润期;埃雷西层,当代热带草原上的众多动物都在这层;在其他地层中都是些我们今天能看得到的萨赫勒和撒哈拉沙漠的动物,它们大致被16°纬线隔开,这几层距今有几万年的历史。

我在1965年的文章中总结道:"此考古记录旨在揭露乍得北部地区在古生物方面的丰富资源",初步研究"实际上已经能够把乍得提升为和东非、南非、马格里布同样重要的非洲古生物考古区!"

从1990年到2010年,在我和哈佛大学教授戴维·皮尔比姆的鼓舞、激励下,经过我们侧面举荐(其实是不需要我们推荐的),米歇尔·布吕内投入对西非这片古生物宝藏之地的探索中。实际上,他从1984年起就已经开始在喀麦隆科考了,当乍得政局稳定后,他当然就去了乍得。在他之前,我就已经在这个伟大的国家南下北上,东奔西跑,为其惊诧不已了,在那以后,30年过去了,布吕内以他出色的田野考古成果证实了我当年轻易做出的"预测"。

那是在1994年(布吕内发起西非科考10年后),布吕内在科罗托罗地区发现了乍得的第一块前人类化石——羚羊河南方古猿,它被称为"阿贝尔",距今约350万年。布吕内极有风度,他邀请我为这个发现共同署名。

2001年,布吕内发现了著名的乍得沙赫人——"图迈",它有700万年的历史,是世人所知的最古老的人科化石,他还是那么有风度,邀请我和他一起署名。在梅纳拉这个我曾在1965年去过的遗址,我发现并确定了古老的长鼻目动物舒氏剑门齿象的化石,这个长鼻目动物和利比亚的萨哈巴剑棱齿象有关联,这让我把乍得的盆地和利比亚的盆地联系在一起,我的这一判断后来被石炭兽化石证实。此外,我还发现过两副幼年瞪羚化石,一雄,一雌,我把雄的取名为"亚约",雌的取名为"梅纳拉"。

羚羊河南方古猿的颌骨并不完整,从犬齿的解剖和臼齿的大小来看,它历史久远是毋庸置疑的,但从骨联合的垂直度和前臼齿的形态来看,它有明显的"现代"特征。这种古猿和傍人、肯尼亚平脸人、阿法南方古猿相似。肯尼亚平脸人非常接近人属,常常被当作人类的祖先;羚羊河南方古猿有和傍人"一样"的坚硬臼齿;阿法南方古猿和羚羊河南方古猿的唯一不同之处在于后者下颌的骨联合薄。

乍得沙赫人化石是头颅骨,非常典型。该头颅骨长,项平面长,可见颈脊、矢状脊,眉弓骨隆凸且连续,下巴微微前突,犬齿小,前磨牙和臼齿大,枕孔大骨位置明显靠前。专家认为乍得沙赫人是直立的,历史相当久远,极为特殊,专家目前不会将它和其他前人类进行比较。

布吕内和他的团队搜集到大量的脊椎骨动物化石,凭借这些化石,他们对生物地层进行了阶梯划分,相比我之前的那个简单的"小梯子",他们这个要好得多。他们用 GPS 给考古层的所有级层做了地理定位,在 20 世纪的 60 年代可没办法这么做。布吕内他们还采用了一种新颖、巧妙的办法,借助铍进行地质年代测定,因为乍得的火山活动少,而火山活动对东非地区的年代测定是相当宝贵的。安妮-伊丽莎白·勒巴塔尔是新放射年代学的"牛人",她的博士论文导师正是布吕内,2007 年,在艾克斯普罗旺斯大学,我有幸主持了她的博士论文答辩。铍-10 和碳-14一样,是"宇宙"的产物,在 20 万~1 400 万年这个时间段内,在封闭的沉积盆地中,对铍裂变的研究似乎是可靠的。勒巴塔尔对近 12 个剖面进行了测量,但她肯定主要测量了发现羚羊河南方古猿化石的 KT12 遗址和发现乍得沙赫人化石的梅纳拉遗址,她推断出前者距今 3.58 万年(误差 0.27),后者有 7.2 万年至 6.8 万年的历史,这与生物地层学的推测结果完全一致。试图将我在 20 世纪 60 年代完成梯级划分的遗址与 1990 年和 2000 年发现的遗址建立关联是不大可能的,即使在相同的遗址中(科罗托罗、博奇安加和梅纳拉等)有所收获,但这些发现未必是在相同的地层中。我们的确在同一个国家,在相邻的地层露头,在同一个年代地层徘徊过,但要确定我们搜集到的化石属于同一时期还需在遗址现场做定位。

下面说一说那些不能忽略的事——在乍得 7 年科考的后勤和补给。

运输。1 辆卡车,然后是两辆,最后增加到 3 辆,向导看到这个变化就拿走了我的化石。被发现后,他倒是供认不讳:"你第一次来,有 1 辆车,再来,有两辆……不用说,那些骨头让你发了财。那为什么我就不可以……?"我该如何跟他解释? 是新发现的化石让国家科研中心拨给了我更多的经费! ……后来,我这位友善的伙伴把"顺走的"化石还给了我。

住宿。卡车横着迎风停放,通常刮的是东北风或西南风,篷布遮住车的侧面,金属床放在拖到地面的篷布上,早上醒来,还是七窍灌沙,但有了篷布的遮挡已经好很多了! 风有时会在夜里停下来(有"太阳风"),这时躺在床上仰望天空,繁星闪烁,天边与穹顶一样明亮,那标志性的南十字座,是每个骑骆驼的人都能看到的。

食品。基本是米、面条、粗面粉和罐头，偶尔才会吃到几颗干瘪的椰枣，我会去捕猎野味。只有在法亚的棕榈林里才有蔬菜吃。

烹饪。用柴火烧饭（木材是一路仔细搜集来的），饭盒离床铺就几步远，那些鬣狗会悄悄地凑上来，眼睛里发出"磷光"，它们每晚都来舔食我们的残羹，我们不会感到不安，因为它们是条纹鬣狗，不像斑鬣狗那么有攻击性，不过它们有时会"笑"起来，似讥似讽，让人脊背阵阵发凉！

通信。我们有个笨重的大家伙，用来向几百公里以外的拉密堡基地呼救，它叫"ANGRC9"，是非调制石英电台，样子像老式收音机。如果我想传递信息，就得在风沙发威前起床拉天线（风沙不总有，但如果来，肯定是赶早不赶晚），天线要垂直于电波的发射方向，挂上五六个或开或合的衣夹，最后还得调频道。我也就成功过那么几次，用它来发个"一切正常"（RAS）！因为亚约位置偏远，所以负责这个地区的法军上校就要求我带上这台军用"无线电设备"，以确保把用摩尔斯电码发出的平安信息传送到拉密堡哨所，哨所那台电台同样笨重，是用脚踏发电机供电的。

我倒是搭过帐篷，那时常来营地造访的不是条纹鬣狗，而是斑鬣狗或四趾猎狗，它们攻击性更强，和狼一样成群结队。

小事故。在这7年中，没遇到过大麻烦。车着火1次，我的车；爆胎、换驱动轴，常事。尽管每天都服用氯喹，但我到非洲的第一年就得了疟疾，坏血病引发了牙龈炎，那年吃了太多的罐头，果蔬吃得不多，后来我就比较注意了。

关于我的乍得探险之旅和学者后来在这个国家完成的伟大发现，我就讲这么多。乍得是个诗意之国,我下面讲个颇有妙趣的故事来结束这部分。

　　非洲人很风趣,他们很善于发现别人身上不一样的地方,比如特征、怪癖、习惯性动作等。地理学家雅克·巴尔博被他们称为"阿布·纳哈马"(鸵鸟爸爸),因为他走路迈大步! 我偶然得知我的绰号是"阿里埃尔",在此地的阿拉伯语中,"阿里埃尔"是苍羚的意思,这是种体型很大的瞪羚,法语称其为罗贝尔羚羊,我很快就意识到这里面有故事,因为明摆着不能从苍羚的身形来理解这个绰号。我不敢直接发问,等把各方零碎的信息整合后,我才恍然大悟:我常赤膊俯身挖掘,这导致我后背黝黑,前胸白皙,那漂亮的苍羚,上身为褐色,腹部却是白的! 我长舒了口气!

第二章

银　河①

地理通达之士也未必听说过奥莫河，所以知之者甚
少。阿比西尼亚有三大河流，奥莫河为其一，它向南
奔腾数百英里，力劈埃塞俄比亚高原，入肯尼亚北
境，归于鲁道夫湖②那片荒芜之水。

——阿比西尼亚战役③，皇家文书出版署，1942

1967 年，卡米耶·阿朗堡和我（代表法国）、路易·李基和他的儿子

---

① 这个极为美丽的名字正是奥莫河下游的居民（尼扬加通部落和布米部落）为他们的河
流取的名字，意思是"河为天空之映像"。
② 1975 年改名为图尔卡纳湖，绝大部分位于肯尼亚北部境内，仅最北端位于埃塞俄比亚
境内，是东非大裂谷和肯尼亚最大的内陆湖，世界上最大的碱性湖泊。此段原文为英
文。——译者
③ 第二次意大利和埃塞俄比亚之间的战争（1935 年 10 月 3 日—1936 年 5 月），阿比西尼
亚为埃塞俄比亚的旧称。——译者

理查德·李基(代表英国和肯尼亚)、弗朗西斯·克拉克·豪厄尔[1](代表美国),一起组建了奥莫河谷国际科考队。

奥莫河是埃塞俄比亚境内的一条大河,长约一千公里,它发源于该国高原地带,由北向南经由一个极美的三角洲流入肯尼亚的图尔卡纳湖(过去的鲁道夫湖)。

我们之所以对这条河感兴趣,一是因为法国探险家杜·布尔格·德博萨斯和法国古生物学家卡米耶·阿朗堡先后于20世纪初和20世纪30年代初在奥莫河谷的沉积层中发现了大量的脊椎动物化石,专家认为这些化石属于第三纪末(上新世)和第四纪初(更新世);二是因为埃塞俄比亚皇帝参观内罗毕博物馆时,看到许多在肯尼亚和坦桑尼亚出土的原始人的遗骨化石,便希望有个国际科考队能再来他的国家进行调查。

阿朗堡第一次来奥莫河谷调查后认为河谷的整个沉积物是个厚度较薄的堆积,断层产生许多露头,正因为此,他认为沉积物中的动物类别相同,他在1947年发表了这个判断。

国际科考队于1967年6月到达现场,我们立刻意识到,事实上这些裸露在外、厚达千米的沉积物(有沙子、黏土火山灰层[2])确实是一层一

---

① 弗兰西斯·克拉克·豪厄尔(1925—2007),美国人类学家。——译者
② 让-雷诺·布瓦瑟里和他的奥莫河谷古生物科考组(后来改名为"科考队")非常优秀,他们于2006年接替了我们的工作,就在最近,他们写道:"就上新世-更新世的研究而言,这是全世界的参照。"这个团队重新估算了顺古拉地层的厚度,他们的测算肯定比我们的要靠谱,他们认为其厚度为766米,而非1 000米,下面地层的时间跨度为距今约360万年至380万年,上面地层的时间跨度距今约105万年至80万年。

层叠压起来的,因此沉积物和里面的动植物是有时间顺序的。

从 1967 年到 1976 年,我们在奥莫河谷进行了 10 次挖掘,倾力搜集骸骨、牙齿、贝壳、木头和花粉,同时尽可能精准地确定沉积层的年代和阶段。我们总共搜集到约 50 吨化石,确定了一个清晰的时间标定,结合古地磁学、生物地层学和绝对年代测定法(主要是用钾-氩法),完成了一个跨度为 300 多万年的化石层序表,它此后成为所有非洲相同年代考古研究的参照,被称为"公里基准器"。

我们所说的顺古拉地层①是个南北向的长沉积层,它像个东西向的巨大楼梯立在那里,其踢脚板是黏土、沙子、砾石及各种淤泥,梯级是硬化白色火山灰,也就是火山凝灰岩,看上去是一座座的单面山,从奥莫河向纳库阿玄武岩山脉攀爬,最古老的距今约 400 万年,最近的不到 100 万年,时间跨度为 300 万年。从历史上来讲,沉积物是一层一层叠压的,后来形成沉陷,所以就有了这 700 米的厚度。再后来沉积层整体位移,形成剖面,沉积物暴露!分异侵蚀使碎屑沉积层和坚硬的火山灰层受到冲击,并使各个沉积层完全裸露,这个东西向的沉积层意味着 300 万年的历史,其进程可触可摸。肯定要考虑到南北向断层和一个西东向的短剪切,但这两个因素基本上干扰不到我们对这个壮观阶梯的理解(内古斯②保佑)。

---

① 名字取自奥莫河河岸的尼扬加通村庄。

② 埃塞俄比亚皇帝的称号,在埃塞俄比亚官方语言阿姆哈拉语中,"内古斯"意为"王中王"。——译者

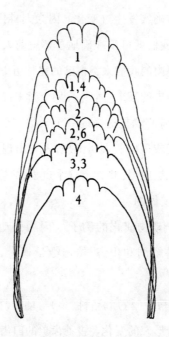

图21　雷基象臼齿的剖面图,显示的是齿冠高度的变化,此图极为清楚地表明草本植物在大象饮食中增多,气候越来越干燥(引用自米歇尔·贝登撰写的《伊夫·柯本斯》,法国国家科研中心出版社,1987年出版),图中的数字单位是百万年。

　　同样显而易见的是,在这 300 万年期间(可能不包括最后那 5 万年),动物有所变化,这是为了适应越来越干燥的气候,后来在沉积物里发现的植物证实气候确实发生过变化。因为人科化石存在于这些相续的生态系统中,所以我们就可以准确地了解史前人类的完整历史,即该地区在这个时间跨度内的我们人类自己的完整历史。

　　也就是在这段历史的某个"时刻",某个尚未确定的古猿进化成人,何其幸运,在我们面前的就是这样的一个人类"摇篮",也就是说,就在这里古猿完成了转变或适应。人属出现,人类出现,这一生物演化进程就尘封于面前的沉积层中,想要弄清这个进程,只需找到相关的化石就行了,而这正是我们要做的。

　　我接下来讲几个动物演化的例子①,因为是动物的演化引起了我们的注意,还要讲讲解剖和生态,给出数量概念,最后讲一讲植物的演化。

　　长鼻目(大象)、马科(马)和猪科(猪)等动物,很好地说明了环境改变必然引起动物自身形态的变化。古菱齿象的臼齿,和宽度相比,变长,牙板增多,牙骨质增多,釉质变薄。三趾马(原始马)的门牙和臼齿的齿冠变长,下臼齿的下外附尖发育;马蹄上的足趾减少,三趾马变成了真马。克洛普猪、尼安萨猪、诺托猪和巨疣猪的臼齿,尤其是它们的第三个

---

① 此处所有的例子都是在 20 世纪 60 年代和 70 年代期间(1967—1976),10 次科考的结果。让-雷诺·布瓦瑟里的奥莫河谷古生物科考队后来补充了许多新的实例,并完善了已有实例。

臼齿,也就是智齿,长度独自增加,并出现新的结状隆起。蹄的变化是为了跑得更快,齿的改变是为了吃那些难嚼的食物,而这两个演化都是因为植被减少,动物更易遭受捕食者的攻击,此外,在这样的环境中,草长树退,而食草需强化咀嚼,这使牙齿磨损更为严重。

我还可以举几个例子从动物生态学的角度来证明上述观点。

我就讲讲犀牛科、牛科和灵长类的情况(人科除外)。

考古专家在奥莫河谷的沉积物中找到两种犀牛化石,一种是黑犀牛的,它们喜欢去树木繁茂的草原;另一种是白犀牛的,它们喜欢去没有树木的草原。不难预料,黑犀牛的化石绝大部分是在沉积下层里,距今约300万年,而白犀牛的化石在距今约200万年的沉积层里。专家在沉积物中发现22个羚羊属的化石和37种羚羊的化石,其中两个族的化石足以说明问题:薮羚族,它们生活在较为茂密的灌木丛和稀疏的树林中;狷羚族,它们生活在水源缺乏的开阔地。在距今约300万年的羚羊骸骨中,33%是薮羚属化石,9%是狷羚属化石,3%的薮羚属骸骨和29%的狷羚属骸骨距今约200万年。在猴类方面,我们仅记录了每平方公里剖面范围内的骸骨数量,这肯定只是大概的统计,其数值对于这个化石异常丰富的地区很有意义:每平方公里有367个化石距今300万年,39个化石距今200万年,后者的数量是前者的十分之一。

这个问题我先讲到这儿,但其实还有啮齿动物、食虫目动物、翼手目动物和食肉动物等许多例子。

现在来谈谈植物。我们先统计了300万年前、史前人类时期喜湿植物的花粉所占的比例,又计算了 200 万年前、人类时期同类植物的花粉所占的比例:朴属分别是 45% 和 0%;木犀榄属分别是 16% 和 6%;香蒲属分别是 23.1% 和 1.4%。

喜干植物的花粉情况相反:杨梅属分别是 0% 和 22%。

树木花粉和草花粉的数量比在上述两个时期分别是 0.4 和 0.01,有意思吧!

此处同样应该依据木化石和叶子纹理化石多补充一些植物的情况。①

人科动物显然无法置身于环境之外,它们也在生态系统之内,和猪、大象、犀牛这些邻居一样,同样要面对气候变化带来的危机——地貌渐渐开阔,可食植物减少。

在距今约 300 万年至 400 万年间,至少有 3 种猿人生活在非洲这个区域:肯尼亚平脸人,它牙齿小,面部不前突;湖畔南方古猿,它牙齿坚

---

① 不难想象,动植物的研究是由庞大的国际专家团队完成的,专家当中有许多人是来实地考察的法国科考队和美国科考队的成员,也有的专家不是科考队的:米歇尔·贝登和伊夫·柯本斯负责研究长鼻目;巴兹尔·库克和伊夫·柯本斯负责研究猪科;雪莉·科伦顿、萨维奇和伊夫·柯本斯负责研究河马科;克洛德·介朗、薇拉·艾森曼和迪克·胡伊杰负责研究犀牛科和马科;艾伦·金特里负责研究牛科;弗朗西斯·克拉克·豪厄尔负责研究长颈鹿科;杰曼、彼得和弗朗西斯·克拉克·豪厄尔负责研究食肉动物;杰拉尔德·埃克、尼娜·雅布隆斯基和米芙·李基负责研究灵长目;让-雅克·耶热和汉克·卫塞尔曼负责研究微型脊椎动物;雷蒙德·博纳菲耶负责研究花粉;罗歇·德尚负责研究木本植物;负责研究人科的当然是卡米耶·阿朗堡、弗朗西斯·克拉克·豪厄尔、诺埃尔·博阿兹、阿莱姆塞格德·泽雷塞奈、諏访元和伊夫·柯本斯。

固,似乎是完全靠双足行走;阿法南方古猿(以"露西"为代表),它臼齿大,可用双足行走于地面,也可于树上攀爬。

大约在 200 万年前(其实至少在 270 万年前),猿人应对环境危机在后代和适应方面产生了两个结果:一是出现了仍属于古人类的东非人属或傍人属;二是出现了人属,最早的人类出现了!

简单来说,东非人属或傍人属是用身体上的进化来适应环境变化的。这些粗壮南猿,它们的脑只发育了一点点,但它们身形魁梧,大大的前臼齿和臼齿可以咬烂和嚼碎种子、富含纤维的植物和有坚硬果壳的水果,这些食物在气候变化后依然存在,在气候变化前古猿是不吃这些的,而其头颅的上部随臼齿的变化而变大。阿朗堡和我在 1967 年描述过最古老的粗壮南猿——埃塞俄比亚傍人。

我后讲人类并不意味着人类比东非人属和傍人属出现得晚、更要被看重。人类可以说是古猿应对环境变化,本身"智力"发生变化的结果。其身高没怎么变,但脑容量变大了,大脑更为复杂(大脑叶褶皱增多,供血量增大),下颌变长,有可以吃杂食的牙齿,食物中有肉类,上呼吸道有变化,可以更好地在干燥环境中呼吸。

东非人属、傍人属和人类的出现是令人回味的自然选择,这和马科的足部变化、大象的臼齿发育是同样的逻辑。但是人类的"选择"却带来了意想不到的,甚至是神奇的结果!大脑进化产生新的意识,由此诞生了文化,诞生了以工具和武器为代表的技术文化,这个文化包含智识、精神、象征、审美和伦理等多个层面,它开枝散叶,成为人类独有的特征

（至少最后是这样）。呼吸道进化，喉头下降，在声带和口腔之间形成"共鸣箱"，同时，腭变深，下颌前部骨联合变薄，这样舌头活动的空间就变大，产生了音节可切分的语言，而呼吸方式的改变有利于奔跑和长距离行走。人类为在开阔的地面上摆脱捕食者才改变了策略，这只是适应环境的选择，同样，喉头、咽部、下颌部和控制这些部位的大脑的进化也是在适应环境，肉食给大脑提供了它所需要的动物蛋白，正是这些偶然因素使人类区别于其他脊椎动物。从此，手、语言和思维之间的交流就从未在人身上停止过，这使得人呈现出敢担当、爱自由、尚思辨的奇怪样子："有时候，多即不同！"①

　　在奥莫河谷搜集到的古生物化石和对它们的分析向我揭露出上面讲的进化情况，当时其他地方的大规模考古发掘正在进行中，其中有坦桑尼亚奥杜瓦伊峡谷遗址、肯尼亚图尔卡纳湖东岸遗址和埃塞俄比亚阿法尔的哈达尔遗址。奥杜瓦伊峡谷的沉积物太"年轻"，仅有200万年左右的历史，里面不可能有早期人类的化石，阿法尔的沉积又太古老，而图尔卡纳湖东岸的沉积物有地层空白，缺少距今200万年到距今300万年这个关键地质"时段"，北非和南非的当代沉积物在层序和年代上都不清晰。

---

① 原文为英文"Sometimes, more is different"，作者这里应该是指诺贝尔奖获得者、美国物理学家菲利普·沃伦·安德森（Philip W. Anderson, 1923—2020），于1972年在《科学》上发表的那篇著名文章《多即不同：破缺的对称性与科学层级结构的本质》（"More Is Different: Broken Symmetry and the Nature of the Hierarchical Structure of Science"）。——译者

图22 1968 年几个尼扬加通部落的埃塞俄比亚人来拜访我,我们在奥莫河谷留影。

为了突显奥莫河谷在揭示人属诞生过程方面的开拓地位,我用了个不太巧妙的谐音来命名这个重大考古成果——(H)omo Event[①],即"奥莫/人属事件"。[②]

人类是环境的产物,在200多万年前,距今不到300万年前诞生,因为我们的祖先必须适应气候危机带来的干燥环境。

在安营扎寨前,3个国际科考队就科研分工和各自的考察地点进行了协商,我们通过对整个区域进行的航拍、照片整合和摄影测绘技术确定了地区内的露头地点。最后决定由法国科考队负责考察南面的整个露头,这个地方后来被称为"顺古拉",把其交给法国科考队是出于对卡米耶·阿朗堡的尊重,他在1933年至1934年期间在此勘探过。美国队和肯尼亚队考察名叫基比斯的北面露头,美国人负责奥莫河谷右岸,肯尼亚人负责奥莫河谷左岸。因为有迹象显示北面的遗址历史不太久远,而顺古拉的地层无疑是最古老、最吸引人的。于是,从1968年的第二次发掘起,我就以法国科考队的名义邀请美国人一起发掘"法国人的地盘",他们负责南露头的北片,我们负责南露头的南片。肯尼亚科考队后来离开埃塞俄比亚去了肯尼亚,因为他们先前从飞机上发现该国北部有许多很可能藏有珍贵化石的露头。(后来的发现证明他们的判断是正确的!)

---

① 法语中字母"H"不发音。——译者
② 目前研究关注的是每个地区不同的环境,但各地区环境的差别肯定不能改变"整体上的"演化过程,也影响不了人科自身的演化过程,为了生存,人科必须"跟随"环境而变化。

我现在简单说一说我在埃塞俄比亚南部 10 年科考的后勤和补给,和在乍得的科考一样,这些可不是小事。

车辆。在头三年,我有辆 5 吨的贝德福德卡车和两辆路虎,一辆是 109 型长底盘的,另一辆是 88 型短底盘的。这 3 辆车一直用得顺顺当当,后来远在巴黎的某个部门说不能这样,因为他们发现我和哈罗恩·塔捷耶夫在同一个国家做科考!于是我接到命令,要和塔捷耶夫共享我的"车队"。因为我在埃塞俄比亚南部工作,离肯尼亚边境不远,而塔捷耶夫在埃塞俄比亚北部工作,离厄立特里亚边境近(离我们 1 000 多公里),此外,我以内罗毕为基地,而塔捷耶夫以亚的斯亚贝巴为基地(两地相距 2 000 公里),所以我必须把车运至 1 500 公里以外的蒙巴萨港,把它们装上开往阿萨布的船,塔捷耶夫的同事马里内利和舍米内在阿萨布接到这几辆车。火山专家组用过之后,通过海路再把它们给运了回来,这次是从吉布提到蒙巴萨。可怜的车到港时已经全部报废,我接到命令:卖掉它们!这部行政管理大片在 1969 年至 1970 年上映。有鉴于此,我在 1970 年和 1976 年用了个极为简便的办法:在内罗毕租车!我的车主是位有魅力的印度锡克族人,我每次都把车按约交回,车况惨不忍睹,他看后哈哈大笑,问我是不是去了西伯利亚。虽然由于巴黎那边的预算和拨款程序,我总是迟 1 年付款,但我从没赖过账,当然他是有赚头的,所以印度人后来不再像开始那般不放心,交车痛快得很,他逢人便说:"柯本斯博士,不差钱,没问题!"

和油田、煤矿的勘探开发一样,考古遗址是"租借"给各国科考队勘探、发掘的，自第二年（1968年）起，法国营地就和美国营地离得很近，这样我们就经常见面并且分担开支，因此就发生了一些荒唐的事。每3周有1架单发或双发的小飞机飞过来，把信件、食物（水果、蔬菜、肉类）和汽车零件运过来，送来或送走专家和来访者（我在内罗毕有个"联络站"，我们通过无线电联络）。飞机是租的，飞行员是雇的，租期和雇佣期的长短取决于野外科考的时间。起降场得我们自己准备，我们找了块相对"平整"的地方，清理掉灌木和荆棘，当然还要除去"肿块"，我18个月的工程兵经验派上了用场。我们租过1架直升机，为期3年，每个季节用几个月，后来这架直升机掉到地上，幸好当时它没飞得太高，离地也就六七米的样子，除机身外，还弄碎了飞行员的几颗牙。[①] 这条大虫子轰然坠地的场面十分壮观，让我想起了布努埃尔的电影《在这个花园死亡》中的怪异画面。我们也有半挂车或推土机之类的设备，飞机固定在半挂车上，由大马力卡车牵引（10天走了1 000公里）。推土机是用来快速清除沉积层上面的土层，沉积层里有化石，而上面的土层是无用的。为了达到同样的效果，我还用过炸药，那是在奥莫河谷的33号区，我的工程兵经验又发挥了作用！那里的火山凝灰岩堆积有五六米厚，稍微炸掉一些后，就可以开挖、去土、找到化石层，这个办法非常有效！

---

① 在距离营地50公里处，在奥莫河对岸（河里都是鳄鱼），他找了条小船渡河上岸，徒步返回营地后，呼叫内罗毕，说需要派飞机来，这边我们两个人用开山刀辟出跑道。次日飞机飞来，盘旋降低高度后空投了张小纸条，内容令人沮丧："太短"。那小纸条我一直留着。于是我们重新操刀，第三天，飞机再来，平稳降落，顺利返航……

图 23　图为理查德·李基（左）和我在埃塞俄比亚西南部的奥莫河谷沉积层

我们有整套远征装备①：帐篷、睡袋、食堂专用帐篷、实验专用帐篷、
多个煤油汽灯、煤油冰柜、厨房设备和机修设备（总有卡车要修）。用 4
个木桩和遮羞的粗麻布围成了一间浴室（浴室被架空），洗浴用水是用
200 公升汽油桶装的河水，浴室的格子地板是用货箱的木板做的（奢侈
了！）。用 4 根短桩和黄麻布在距营地远一点的地方搭建了一间厕所，厕
所有些简陋，按我们的飞行员朋友安妮·斯波瑞博士的说法，那是"茫茫
非洲大地上的一个坑"，后来装上了真正的坐便器，于是乎，就在坑之
上……感觉档次立马就上去了！

唯一由我负责的驻地叫"法国营地"，我手下有 50 余人，其中有考古
专家，大部分是法国人；有个由司机、厨师和"狩猎远征助手"组成的肯
尼亚团队；埃塞俄比亚人不多，其中有帝国政府为保护我们而派来的武
装人员和一两名监督我们的官方代表；还有在当地雇的担当挖掘任务的
埃塞俄比亚人。我们交流时讲法语、英语、阿姆哈拉语或斯瓦希里语，还
用手比比划划。

"食堂"配备齐全，供给充足，有一大堆罐头，有吃饭专用的帐篷，有
基本的食品，有肯尼亚人吃的"博手"（pocho）②，有埃塞俄比亚人吃的苔
麸③，有米、面条、面粉、粗面粉、水果、蔬菜和我打的野味，（大约）每三周

① "Safari"是远征狩猎之意，源自斯瓦希里语，原意为"旅途愉快"。——译者
② 玉米糊，当地人的传统食品。——译者
③ 苔麸，一种禾本科植物，是埃塞俄比亚人和厄立特里亚人最喜爱的食品"英吉拉"的原
材料。——译者

补给飞机就会空运鲜肉,偶尔队里的专家和助手会吃到奥莫河里的鱼,甚至是鳄鱼。

医疗。有抗哑喹蛇-锯鳞蛇-眼镜蛇蛇毒血清、抗生素,一堆盐片和各种应急药品。

河里取水,水色如橙汁。河离营地 4 公里远,两者高度差为 50 米。每人每天饮水约 7 公升。每晚都去取水,用的是洗干净的、200 升的汽油桶,运回后用明矾澄清,没有明矾就用多刺植物的根①,最后用陶瓷过滤器把水过滤干净。10 年里,我的团队没有人染上过阿米巴病。

意外。曾有人中暑,幸好很快就治好了。脱水到一定程度,会非常凶险。

有两人被蝎子蜇伤。乡医跟我说,因为没有血清,所以得用电击来"凝固"毒液(?)。我们拆下汽车蓄电池的电极,可怜的伤员被"折磨了一通",相当痛苦,方法也许有效(?),但我还是让伤员服了强心药,他们俩都没丢掉性命。

眼镜蛇的那次攻击倒是非常危险,有位访客②把它当成了游蛇。它从我帐篷的地毯下面钻了出来,一根分叉的木棍一下子就把它按在那里,那是控制蛇的常用方法。那蛇并未慌乱,稍稍把头后仰,瞬间就把大

---

① 是当地人指点我如何找到它们的。
② 克里斯蒂安·聚贝尔,是位摄影师,三次野外勘探都和我们在一起,差不多就是我们科考队的一员了。

量毒液喷进"捕蛇人"的眼睛里,射程没有 1 米半,也有 1 米。那人马上撒手大叫:"我的眼睛!我的眼睛!"另一个人①快步上前去控制毒蛇,他意识到危险,采取了保护措施,但他的一只眼睛还是没躲过毒液,第二次毒液的量比第一次的要少。我接到无线电传来的消息,从现场赶回营地,用无线电联系到内罗毕蛇公园的园长,他叫我先用大量的清水冲洗伤员的眼睛,然后再用稀释的血清冲洗,清洗后,用布蒙住,使其处于黑暗之中,并让伤员多喝水。几天后,大家就不再议论这件事了,不管怎样,他们俩的眼睛保住了。回到巴黎,我把事情的经过讲给了阿朗堡,他听后没太惊讶,说他 1914 年在阿尔及利亚的朱阿夫团服兵役时,军官就跟新兵讲,要擦亮上衣的金黄色纽扣,因为眼镜蛇出于本能会瞄准亮闪闪的东西——攻击人的眼睛,擦亮纽扣是个广为人知的办法,不费吹灰之力就能骗过眼镜蛇。

一辆路虎翻到沟里,司机及时跳车,我们用另一辆车的绞盘把它给拉了上来。

满月之夜发生过几次攻击,大概是附近居民干的,我认为他们是来偷东西的。彼时他们只有冷兵器,灌木丛沙沙作响,让人毛骨悚然,我一整夜都在朝天空射击,想吓退夜贼,还好一直都是有惊无险。一个月明星稀之夜,"来犯"的盗贼居然扮了回绅士,他盯上一台相机和一只有点难打开的旧皮包,他只对相机包感兴趣,没觉得里面的相机有什么用,就

---

① 我的朋友克洛德·吉耶莫,是位画家,曾获罗马大奖,是我聘请他来帮忙的!他活儿干得很漂亮,修修补补,野外勘探十分内行,偶尔还会画上两笔。

只拿走了相机包。他用腕刀划了一下皮包①，还是没能把它给打开，结果皮包废了，他小心翼翼地放下相机，顺走了相机包。这家伙很有风度，是不是？在那次漫长探险后的好多年里，我仍旧在每个月圆之夜不由自主地感到有些恐慌。

差点忘了，我曾蹲过两次监狱！一次是在内罗毕，是个误会，并不是和科考队的人，而是和工会，他们认为我没有给雇佣的肯尼亚人发放"夜间津贴"，虽然没关多久，但怎么说也是入狱了！另一次发生在图尔卡纳的洛德瓦尔，当时我们从发掘现场返回，因为我打算在返回法国的途中在埃及停一下，所以就把护照交给了开补给小飞机的飞行员，让他去内罗毕的埃及大使馆办签证，这样我就能节约些时间。那是个周日，几个警察感到无聊，就拦住我们这支庞大的车队，检查所有人的证件，大家都没问题，除了我，我就被关了起来。我告诉自己这是我的荣幸，因为肯尼亚独立后的第一任总统肯雅塔在逃亡和宣布肯尼亚自由独立前就住在那里②，然而这并不能安慰我，监狱里实在是太热了，和我共处一室的还有许多令人恶心的小动物，那次也没在里面关太久，事情很快就解决了。

多国专家在奥莫河谷进行科学考察可是件了不起的大事，这次科考前前后后花了 10 年时间，完成了我考古生涯中最重要的发现，这个发现

---

① 当地人的手腕上都缠有腕刀。

② "自由独立"在斯瓦希里语就是那个著名的"乌呼噜"。他是 1963 年 12 月宣布肯尼亚独立的，我当时就在肯尼亚。

回答了人类何时、何地、如何、为何诞生等一系列问题。最后我要简单讲一讲我是如何带领大家完成田野考古的。阿朗堡和我在头3年中共同担当科考队负责人的工作,他对我完全信任,剩下7年我独自管理团队。我的经费虽然只有美国队的五分之一,但对于古生物科考队来说已经是巨款了。我去了那些人迹罕至的地方并且每年都会在那儿待上4到6个月。我琢磨着怎么能让别的领域的专家也能利用上我的经费。另外,大家长期生活在与世隔绝的地方,几个人做着几乎同样的工作,压抑的气氛使我大伤脑筋。于是,我就想出办法,给其他领域的专家提供便利,请他们来偏远的地方和我们一道做研究,这样他们还能给我们这些整天琢磨大地的人换换脑筋,活跃活跃气氛。就这样,在10年时间里,生物学专家和人种学专家出现在我们的野外驻地,和我们同吃同住。生物学专家,尤其是医生,捕捉鸟、小型哺乳动物,研究它们体外和体内的寄生虫,抽取居民的血液,研究其族群特性和姻亲关系。人种学专家当然是来研究当地居民的,研究他们的语言、经济和生活方式。这些学者取得了非常出色的研究成果,比如,生物学专家发现了新的物种、新的病毒以及不明病毒的宿主,人种学专家编撰了尼扬加通部落语言词典①,讲述了这个族群的习俗和行为。人种学家塞尔日·托尔瑙伊对当地居民的血缘和姻亲关系的地理研究结论与生物学家弗朗索瓦·罗丹通过血液分析得到的结论吻合,这是意想不到的结果,科学真奇妙!

———————————

① 我们曾在这个部落里生活过。

　　除上述科研上的成果,我的另一个目的也达到了,疲惫的医生偶尔会去古生物专家的发掘现场转转,地质专家和古生物专家会去生物专家那儿看看显微镜,放松放松,古生物专家和医生会时不时地去造访人种专家,他就住在尼扬加通部落里,完全浸入其"研究课题"中。这样一来,各种解闷的方法调解了大家的身心,不然,我们整天沉湎于沉积、遗骸和年代测定这些话题,气氛难免令人疲倦,甚至是紧张。我想出的这个法子长远来讲是皆大欢喜的,尽管当初是出于利益考虑的。

第三章

露西：非洲之髓①

就是豺去阿法尔也得先立个遗嘱。

——阿达尔人（阿法尔）谚语

　　那是 1969 年秋季的一天，我的朋友、地质专家莫里斯·塔伊布来人类博物馆的实验室看我。他那时正在撰写博士论文，是关于埃塞俄比亚东部阿瓦什河流域地质方面的，他在实地勘探时发现了一枚非常漂亮的牙齿化石，想弄明白那是怎么回事。我曾花了 10 年时间在非洲大地上研究探索、搜集古生物化石，所以我一眼就认出那是雷基象（古菱齿象）的最后一颗白齿，这种象已经灭绝，它的化石我可没少见。我的朋友大为惊讶（他后来在书中就是这么写的），我接着说道："距今 200 万年到 300 万年！"这个年代估算题并不难做，象的白齿是一组散热片似的原牙

---

① 　与"非洲之角"这个惯用名相比，我感觉"非洲之髓"这个称呼更为优雅，更为合理，因为它符合这个地区的地理轮廓，符合该地区作为人类摇篮的身份。

片,由牙釉包裹,凭牙骨质连接,大象吃的食物慢慢有了变化,先前吃树叶,后来吃草,臼齿随之而来的变化是:数量增多,牙片变长、变窄,牙釉变薄。我上面提出的年代估算跨度很大,但其实不难估算出来。塔伊布发现的那个遗址被称为莱迪①,它是上新世-更新世化石沉积层,是阿法尔这片巨大三角区中的首个考古遗址,考古专家应再回去看看,尤其是古生物专家应该特别注意那里。

　　第二年秋天,塔伊布又来看我,这次他带来的不是一枚化石,而是一小堆脊椎动物化石,它们来自阿法尔的卡瓦尼,我记得有雷基象的牙齿碎片、猪科动物的臼齿碎片和羚羊的牙齿碎片,这些化石的年代和在莱迪发现的那枚化石的年代相近。

　　我使劲鼓动塔伊布,希望他除了做和论文相关的研究外再专门组织在埃塞俄比亚的古生物考察,那是个新发现的考古区,从沉积年代和已搜集到的脊椎动物化石的保存状况来看,这个地区在古人类学研究方面非常令人期待。

　　1971 年,"第四纪研究和史前史泛非研讨会"在亚的斯亚贝巴召开。塔伊布在会上介绍了他的发现,所有到会的古生物研究同行都鼓励他继续下去。于是,在 1972 年初,阿法尔国际科考队(IARE)成立,这支科考队分别于 1972 年、1973 年、1974 年、1975 年和 1976 年至 1977 年进行了5 次大规模的勘探,之后,因为当地安全状况持续恶化,行动受到限制,

---

① 40 余年后在莱迪发现了人科颌骨化石,它距今 280 万年,年代"正好"在我给出的时间
　　范围内! 大象,谢谢你们!

科考队停止了勘探。

我是在 1972 年去的阿法尔,当时只有 4 个人,莫里斯·塔伊布和我(法国人),唐纳德·约翰松和乔恩·卡尔布(美国人,IARE 的创立者)。1973 年,我们几个人各自组建了一支小分队,由 IARE 的 4 个创立人共同管理。① 自 1974 年起,科考队由 3 人共同管理,直到最后都是这样,因为卡尔布去组建了他自己的科考队。

后来的事想必大家都很了解了。我们勘探了包括莱迪和卡瓦尼在内的遗址,于 1972 年 4 月选定哈达尔进行挖掘,这个遗址的沉积物厚度为 280 米②,与其他地点相比,它埋藏的化石更多。同年在巴黎国家自然史博物馆召开的古生物学大会上,我大胆预测接下来会在哈达尔发现人科化石。这个预言其实没什么惊人的,因为哈达尔沉积层的年代和里面的大量脊椎动物化石让我信心满满。结果,从 1973 年起(研讨会结束后的几个月),我们开始发掘到人科骸骨化石,随后的每次发掘都发现了同类化石,著名的"露西"就是在 1974 年发现的。

"露西"并不是首次在阿法尔发现的古人类遗骨化石,所以当唐纳

---

① 这是莫里斯·塔伊布的建议,他不希望划分区域,在奥莫河谷探险时我们把考察区划分为一块块的"租地",他觉得这么做有点像划分"殖民地"!

② 2008 年,两名地质专家把哈达尔沉积物的厚度缩减为 200 米,从距今 342 万年、名为西迪·哈科马的凝灰岩到距今 78 万年、名为达胡利的凝灰岩,但在这两层凝灰岩之间有一大段不整合沉积杂层,被称为 BKT,距今 294 万年到 296 万年(其断口距今约 60 万年),正好是人属出现的"时刻",人属骨骼化石和工具出现在此处沉积层的层序顶部(距今 240 万年)。

德·约翰松的学生,年轻的博士生汤姆·格雷和唐纳德·约翰松本人以及一位埃塞俄比亚的合作者,于 1974 年 11 月 24 号(这个月的最后一个周日),从发掘现场带回若干有可能属于人科的碎骨时,他们只是用"288"标注了那些化石标本,表明是新发现的,但还是特别注明了"人科化石"。整个团队都为此而感到兴奋,但与上一年发现 128 号和 129 号人科化石标本时的激动相比,或与今年发现其他人科化石标本时的喜悦相比,大家并没有特别亢奋。在接下来的两周左右时间里,我们回到 288 号遗址,进行精细采集,有个几十厘米宽、约 10 米长的沟,我们就在那里用筛子筛沉积下来的土壤,居然筛出了人科遗骨化石,这些化石和先前发现的"尺码"一致,色泽相同,化石化程度一样,同一侧的遗骨没有相同的第二块,我们才意识到那些遗骨可能属于同一副骨架。最后,我们在沟里发现半个形态相当清晰的盆骨,就是这个发现证明那是副雌性骨架。这样它就需要"露西"这个名字以便让世人了解它!

288 号于是逐渐从人科遗骨化石,变成"一个猿人"的骨骼化石,最后成为"一个雌性猿人"的骨骼化石,我们的情绪也随着这个变化而变化,逐渐高涨起来。"露西"这个名字是位美国女孩提议的,她来营地探访,灵感来自披头士的歌曲《钻石天空的露西》。288 号遗骨化石同属一个雌性前人,对于科考队来说,用人名而不是用数字来称呼它听起来更亲切,更优雅!

就这样,在 1974 年的一天,这个被埋藏在埃塞俄比亚大漠深处的雌性前人重见天日,它承载着 300 万年的时光,将成为古人类学的象征,也

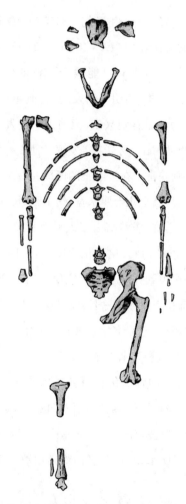

图 24 "露西"的骨架首次被复原 (莫里斯·塔伊布、唐纳德·约翰松、伊夫·柯本斯：法国科学院会议报告,1975 年,巴黎)

将成为人类历史的使者和见证者,见证人类遥远的过去,传递它们在远古热带生活的信息,在当时所有的前人遗骨化石中,它最具象征性。奇怪的是,在它以后发现的前人遗骨化石都没能达到它的象征高度。

"露西"的特别之处在于现场采集到的52块遗骨确定属于同一副前人类骨架,这在当时是前所未有的发现。它并不是副完整的骨架,因为需要206块遗骨才能构成一副完整的骨架,但因为许多骨头是成对的,所以我们有右边的骨头就很容易仿造出左边的骨头,反之亦然,这样我们就首次拼出一副人科骨架的主要部分(40%),它通常被称为南方古猿,这是有点过于宽泛的叫法。拥有这样一副骨架能让我们更好地了解前人类的身高、体重("露西"身高1米多,体重约25公斤)、身体各部分的比例、关节和功能、行为特点以及生存环境。

不出所料,在与哈达尔288号遗址地质年代相同或相近的地层中,我们又另外发现了好几百枚人科遗骨化石,它们更分散,和"露西"一样同属于非洲南方古猿,这是唐纳德·约翰松、蒂姆·怀特和我于1978年起的名字。下面我就根据"露西"和在其周围发现的其他骸骨化石的情况,简要描述一下南方古猿的骨骼。

"露西"的颅骨小且前突,颅骨上部结实,牙齿有力,非肉食,脑容量显然不大,只有400立方厘米,头颅垂直于脊椎之上,是直立行走动物的样子。脊椎的4个连续弯曲和现代人的脊柱状态几乎一样,这说明它是能够站立的。盆骨极宽且甚扁,呈"受压"状,也就是受到了限制，站立使盆骨承受了上半身的重量。股骨相对于身体的中轴线是斜的，但接近膝盖的中轴线，这与直立的人的骨骼形态相同，"露西"是直立的。

但是，因为有这样的膝盖，一切就都"变了样"。与两足动物的膝盖不同，"露西"的膝盖转动幅度很大，脚踝的稳定性也不好，脚掌扁平，大脚趾与其他脚趾分开，其他4个脚趾的趾骨是弯曲的。与下肢关节的松弛状态相反，它的上肢关节结合紧密。令人惊讶的是，它的手指和脚趾一样向内弯曲。所有这些信息都显示"露西"的树上活动很可能依旧频繁。

这个"露西"很奇怪，和一直靠双足行走的直立动物一样，它的头在脊柱之上，脊柱弯曲，骨盆狭窄，股骨倾斜，但膝盖和脚踝的稳定性差，肩膀、肘关节和手腕的稳定性却很好，四肢握执力突出，习惯攀爬的树栖动物才有这些特点，"露西"的双足行走特征和树栖生活特征同样明显。要知道，"露西"的股骨可不一般，一端（近端）属于两足行走动物，另一端（远端）属于攀爬动物，它就这样把我们通常认为相互矛盾的两个能力结合在一起。

当然，要经过实验室里好几个月的观察、比较和测量后才能一个一个地得出上面的结论。"露西"完美地展现出人类起源和人类的进化方向，一方面体现出对先前攀爬能力的眷恋，另一方又展现出对日后行走能力的满满期待。"露西"怀念并维持着从前的攀爬能力，同时希望拥有未来的行走能力，这种双重移动方式是我的实验室团队的发现

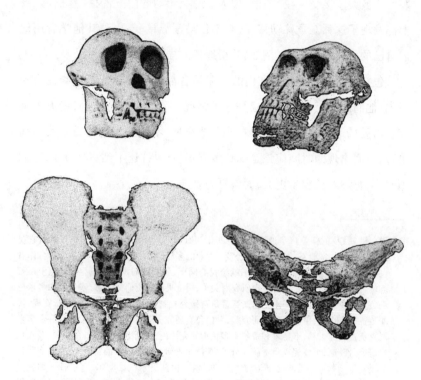

图25 图左：攀爬者、黑猩猩的头颅骨和紧张状态下的骨盆。图右：步行者、前人"露西"的头颅骨和受压状态下的骨盆（人类起源研究所）。人科双足行走的特征非常明显，这个特征从1 000万年起就存在于一直直立的人亚科身上。

（布丽吉特·塞努特和克里斯蒂娜·塔迪厄）①，这个结论在长期遭到质疑后才被大家接受。在"图根"原人、地猿、年幼的南方古猿"塞拉姆"身上都发现了这种双重移动特征，它不仅被学界接受，也被其他学者用他们自己的研究加以证明（例如，始祖地猿的描述者）。

包括唐纳德·约翰松在内的许多学者都认为"露西"是人类的直系祖先，他们认为至少南方古猿是这种情况。我却不这样认为，南方古猿在它所处的地质年代过于特殊，所以"露西"不是我们的祖母。我前面讲过，人属出现的时间应该是 300 多万年前，也许还不到 300 万年，它们似乎不再攀爬，脑容量更大，大脑更为复杂。

---

① 我在《"露西"的膝盖》（奥迪勒·雅各布出版社，1999 年出版）的卷首写有献词，它足以显示出我的实验室的研究人员之多和专业的多样，其他实验室来参与项目的合作者也很多，专业也有多种："我把此书献给我的同事，我从他们那儿学到很多：克里斯蒂娜负责研究膝盖，布丽吉特负责研究肘关节，伊莎贝尔负责研究手掌，塞尔日和多米尼克负责研究脊椎骨，另一个克里斯蒂娜负责研究骨盆，瓦莱丽负责研究小梁，安妮-玛丽负责研究小腿，伊薇特负责研究脚，勒内负责研究头盖骨，埃马纽埃尔和另一个多米尼克负责研究大脑，卡特琳和费尔南多负责研究牙齿，帕斯卡尔负责研究下颚，马克负责研究骨胶原，韦罗妮克负责研究分子，若泽负责研究那些隐秘的特征……"其实我说的是克里斯蒂娜·塔迪厄、布丽吉特·塞努特、伊莎贝尔、维默尔、塞尔日、纳扎里安、多米尼克·戈梅里、克里斯蒂娜、贝尔热、瓦莱丽·加桠雄、安妮-玛丽、巴孔、伊薇特·德卢瓦松、勒内、加西亚、埃马纽埃尔·吉利森、多米尼克·格里莫-埃尔韦、卡特琳、乌苏奈特-扎鲁克、费尔南多、拉米雷斯、罗齐、帕斯卡尔、匹克、马克、菲泽、韦罗妮克、巴列尔和若泽·布拉加，他们几乎都参与了"露西"项目。我还要感谢下面这些专家：研究牙齿的布鲁诺·吉拉尔代、研究语言的亚历山大·迈特罗贝尔、研究肩胛骨的让-吕克·瓦赞、研究骨盆的朱利·布阿里耶和菲利普·沙尔捷及戈蒂埃·谢纳、研究抓握能力的埃马纽埃尔·普伊德巴和埃洛迪·雷格姆、研究移动能力的纪尧姆·尼古拉和阿梅莉·邓、研究精神运动演化的安妮·当布里古-马拉塞。

　　许多媒体也认为"露西"是人类最早的祖先，但事实并非如此，这种说法根本就是无稽之谈。在发现"露西"那段时间里，我们发现了比它更古老的人科化石，比它的历史长1倍，比如，有颗600万年前的牙齿化石，它预示了布丽吉特·塞努特和她的合作者于2000年在肯尼亚的卢凯诺发现的图根原人化石。在"露西"生活的年代（320万年前），前人已经在很多地方出现，南非德兰士瓦有"小脚"①，乍得有"阿贝尔"和"图迈"，然而，我们在1974年并不知道这些。

　　所以说，"露西"不是女人，是雌性前人②，它不是最古老的前人，也不大可能是我们的祖先。在发现它的那个时代，它的骨架是最完整的，我们因此了解到它的外貌，了解到它那种虽已不是灵长目，但也还不是人类的状态。"露西"自被发现后就成了闻名遐迩的人物，离开科学成为神话。

　　"露西"的骨骼化石是可以倒模复制的，不知被复制了多少次，它娇小，年轻（在它生活的年代，它可不算年轻），是雌性的，有个讨人喜欢、为（很多）人知晓的名字，这一切都使大众感觉和它很亲近。它声名远

---

① "小脚"是迄今为止发现的最完整的南猿遗骨，被归类为普罗米修斯南方古猿（Australopithecus prometheus），有367万年的历史，是有史以来第一副下肢比上肢长的人科骨架化石。研究人员认为，"小脚"可能是从树上掉入洞穴而亡。1994年9月6日，南非古人类学家罗纳德·克拉克在约翰内斯堡西北的斯泰克方丹岩洞里发现4块人科左脚脚骨，这只左脚较小，故将其取名为"小脚"。由于骨架嵌在角砾岩里，因此挖掘工作进展得非常缓慢（用空气刮刀），直到2012年，"小脚"才完全出土，整个过程耗时近20年。——译者

② 尽管有人质疑，但它肯定是雌性。

播,被称为"人类的祖母",很快就摆脱了它的发现者,成为大众想象的源泉,整个(或差不多整个)世界都为它兴奋躁动。1989 年,名叫马塞尔·普菲斯特的朋友在信中写道:"还有,你们找到了这个穿越遥远时空而来的灵魂,你们称它为'露西',它是南方古猿中一捧突变的新生小火苗,是整个史前史的象征,你们把它带到大众面前,它的样子真是可爱。"它成了小说、随笔、电影、诗歌、歌曲和连环画的女主角。① 运动医学上的某种病症以它的名字命名,精神病学上的某种情结以它的名字命名,社会学上的某种效应以它的名字命名,足球的一项赛事以它的名字命名,埃塞俄比亚的一家餐厅以它的名字命名,许许多多小孩叫露西,已经两三代了,他们的父母被它以各种方式呈现出来的象征力量打动。科学当然要继续前行,发现真相,严谨是其基本要求,但这并不妨碍这个优雅的人类起源神话流传下去,不经意间,我们创造了这个神话,参与了这个神话,当然感到自豪了。

　　要知道在哈达尔不止有"露西",还有许多脊椎动物的化石以及相当多的花粉,它们可以提供古环境的信息。沉积层序相继展示出了三种景象:第一种,年代最为久远,气候湿润,地表有矮树和森林,季节不太分明;第二种,气候有变干燥的趋势,地表是长有禾本科植物的稀树草原和草地,季节较为明显;第三种造就了"露西",气候更加干旱,甚至是干燥,草地的边缘有树林("露西"它们攀爬时,当然总得有东西可攀、可

————————

① 比如吕克·贝松的电影《超体》。

抓、可握）。

1990 年,唐纳德·约翰松再一次和他的团队①开启在哈达尔的探索。② 几个月前,我邀请他来巴黎参加科学研究院的研讨会,他告诉我,在新的一轮勘探中,他们又找到了 187 块非洲南方古猿的遗骨化石,加上 1972 年至 1977 年阿法尔国际科考队找到的 240 块同类化石,一共是427 块。

阿莱姆塞格德·泽雷塞奈是我带的埃塞俄比亚留学生,1998 年,他在巴黎完成博士论文答辩。他在哈达尔附近的迪基卡发现了一副小骨架,遗骨保存得非常好,性别可能是雌性,年龄大概是六七岁的样子,它和"露西"同属非洲南方古猿,泽雷塞奈称之为"塞拉姆"③。就像"露西"向我们证明过的那样,"塞拉姆"这副小骨架表明南方古猿的下肢基本具有双足行走能力,而其上肢依然具有攀爬能力。"塞拉姆"可能距今有 340 万年。泽雷塞奈的勘探准备工作和研究结果的发表都完成得非常出色,但他并不满足于那次精彩的发现,他在发现"塞拉姆"的地方又搜集到好几块哺乳动物的遗骨,那些骨头上竟然有砍切痕迹! 这在学界引发了巨大的反对声浪,考古界的大多数人都卷入其中,撼动主流科学是很难的。

2015 年,埃莱娜·罗什的学生索尼娅·阿尔芒在肯尼亚图尔卡纳

---

① 威廉·金贝尔和人类起源研究所。

② 哈达尔研究项目,简称"HRP"。

③ 在埃塞俄比亚的官方语言阿姆哈拉语中,"塞拉姆"意为"平安"。——译者

湖西岸的洛梅奎发现了距今 330 万年的、明显打制过的石器,阿尔芒把这种工具称为"洛梅奎文化"。这样就非常有说服力了,这类证据可遇不可求。但究竟是谁把肉给剔了下来的? 又是谁吃了肉? 对于这两个问题,考古界尚未得出清晰的结论。

第四章

非洲大地之其他

老话说，非洲从不缺新鲜事。

——泰奥多尔·莫诺①的信

卡米耶·阿朗堡在 1966 年决定把他的科学遗产赠予我，他很快就兑现了诺言。我们没多久就去了阿尔及利亚，那是我首次去非洲的大西北。在君士坦丁，他有两处钟爱的化石遗址，它们离塞提夫（现在的欧勒马）不远，彼此相邻，但年代不同，最古老的一处叫艾因布谢里特，另一处叫艾因哈内什，后者正好位于前者的上方。他在后一处遗址中发现了用锐器敲击制成的石器和切割成"球形"的石器（可理解为投掷用）。阿朗堡认为这两处遗址代表了马格里布最古老的文化，表明史前人类是从他们的热带故乡来到地中海沿岸的。为了找到证据，我们就在艾因哈内什

---

① 泰奥多尔·莫诺（1902—2000），法国博物学家、探险家，撒哈拉地区史前史研究的先驱。——译者

遗址着手挖掘,塔贝特老先生用他那双迷人而又警惕的眼睛在一旁监督,此地是他的私产,他也是旁边穆斯林墓地的看守者。我们当时没时间去艾因布谢里特遗址搜寻,它位于干谷的另一侧,那干谷两边都是陡壁。我有名学生叫穆罕默德·萨赫努尼(他现在是美国大学的教授),他重启了艾因布谢里特遗址的研究工作并取得成果。他找到了打制石器,这证明人类在 200 万年前就抵达了他们诞生之地的北方边界。这个结论令我欣喜,但我并不惊讶。

1966 年年末,在拉密堡(现在的恩贾梅纳)召开了第一届考古大会,这我前面提到过。我还没顾得上"喘口气",阿朗堡就跟我宣布了他的,也是"我们的"下一步工作:组建大型国际科考队。这一次要去埃塞俄比亚南部,他要求我组建法国科考队。我即刻飞往东非,那是我曾经"观光"过的地方,1963 年我在路易·李基带领下工作过的地方。我于 1967年的初春时节(按欧洲的季节)重回内罗毕,像来到新草地的古生物学者那样开心。多亏了理查德·李基的友善和慷慨,还有马丁·皮克福德①的协助,我备齐了可以支持 50 个人的团队离开基地去千公里之外、进行为期好几个月的考察所需要的全部物资,从卡车(路虎和贝德福德)到帐篷和小勺子,太不容易了!几年后,我想到应该编写一本"完美"探险者手册,在里面罗列出长期在偏远地区田野考古的必需品。每次都有人在野外营地大呼小叫,这边:"哎呀,我怎么就忘了呢?该

---

① 后来他就加入了我在法兰西公学院的团队。

想到的呀!"那边:"唉,如果手边有那个东西,就不会这么费劲了!"我
会把应带未带的物品加到我的"理想"物品清单里,并于第二年出发前
把它们备齐。后勤的那些事我已经在前面关于奥莫河和银河的篇章
里讲过了。

北非我可是没少去。1966年是我第一次去阿尔及利亚,后来就常
往那儿跑。我去了突尼斯的上新世-更新世遗址(维拉弗朗阶),想在那
儿发现最早的马格里布人的遗骨和他们的工具。我沿着阿朗堡的足迹,
从北向南搜寻,北从靠近迦太基的加拉特伊奇库尔开始,南到杰里德盐
沼边上的艾因-布里姆巴,考察得到了突尼斯地理专家的帮助,还与法国
海外技术研究局的古土壤学专家开展了难得的合作。我描述过一种新
发现的猪科骸骨化石,我称之为耶热尼安萨猪(*Nyanzachoeurs jaegeri*),
因为发现它的是让-雅克·耶热,我用"厨房拉丁文"①给这个猪科命名
是想以博物学家的方式向我的朋友及同事让-雅克致敬。这类猪科化石
此后在许多遗址中出现,在东非尤其多,该物种得到认可,进而成为古老
的上新世典型化石。

我曾多次去摩洛哥,这个国家的人类化石和遗存工具非常丰富,我
在那儿修复过珍贵的人科遗骨(杰贝勒伊尔胡德和西迪·阿卜杜勒哈曼
遗址),它们是阿朗堡发现的。几年前,我当选为位于拉巴特的哈桑二世
科学与技术学院院士。

---

① 　此为作者的自嘲。——译者

我曾游览于北非之东,观光于利比亚,饱览沙漠入海的风光,到访过语言无法描绘的埃及。对于伟大的埃及,我只奉献了我在生物人类学方面的学识……在一次非常重要的埃及学大会召开期间,我在格勒诺布尔组织了圆桌讨论,话题和解剖那些天才有关:让他们凄惨地光着身子,大家在那儿只谈论他们的遗体,对此我不以为然,在这样的文化、文学、科学和艺术的盛典中,如此操作未免过于简单。后来我和捷克同行欧根·斯特劳哈尔合作出版了这次研讨会的成果。

下面说的事发生在非洲大陆偏西南的地方。在 20 世纪 70 年代末(1979 年),我带人到毛里塔尼亚进行史前史和古生物考察,那次行动有些冒险,因为当时毛里塔尼亚、摩洛哥、西撒人阵和西撒哈拉(里奥德奥罗)之间正发生军事冲突。地质学家将在哈马米沙漠地区发现的骸骨化石和打制石器带给我,我们于 1972 年发表文章把它们公之于众。那天,我乘坐的飞机在努瓦克肖特降落,然后我乘另一架飞机抵达努瓦迪布(飞机有两个螺旋桨,其一个在空中停车)。第三架飞机非常小,它沿从努瓦迪布到祖埃拉特的矿山铁路飞行,祖埃拉特铁矿场宛若地表翻开的巨大伤口,看上去触目惊心,运矿石的大卡车进进出出,就没停过,车轮比驾驶员还要高,此处的铁矿石和在委内瑞拉开采的一样,这表明过去大西洋并未撕裂。在祖埃拉特,我得到了 1 辆漂亮的四驱小汽车和 4 辆装甲车,装甲车组成"方阵",将我的车围住,以防我遭受"西撒哈拉独立阵线"的袭击,也免得我误入雷区送死! 我找到许多大象的骸骨化石(长牙,多釉质)和精美的石器,有小石斧和两面打制过的石器,多数石器尺寸很大。我还发现了许多大型动物的足迹(可能是大象的),那是它们在洼地的淤泥里悠闲漫步时留下的,后来干旱的气候把足印固定下来。至于年代?阿舍利早期,可能距今几十万年。

从那片美丽的沙漠返回巴黎可不太顺利,但在非洲,总会有办法,只不过要多些耐心。我出发那天,刮起了沙尘暴,遮天蔽日,飞机无法起飞,只好等待。大半天过去了,终于等到云开沙散,飞机飞往努瓦迪布。在努瓦迪布,我幸好赶上了巴黎飞往努瓦克肖特的飞机,急急忙忙,就像搭了个顺风车。我顺利抵达努瓦克肖特,可当晚我得去达喀尔做个讲座……我打电话给国防部,值班的将军①把 C-160 运输机派给我,那可是用来运送军队和物资的大家伙,人称"空中列车"。六七名海军陆战队士兵和空载的大飞机很快就到了,我登机出发。飞塞内加尔是个意外的美差,几个士兵兴致很高,整个飞行途中,他们都在吓唬那些单峰骆驼、骑骆驼的人和野外宿营的人,反正只要是地上动的,他们都拿来取乐。我们在达喀尔的小型军用机场着陆,落地前就联系好的车接上我,开到我要做讲座的地方,还好,没让听众等太久!这一通兜兜转转,结果还算圆满。我在达喀尔待了好几天,因为我在那儿有好多朋友。我乘飞机从达喀尔回巴黎时又遇到了麻烦,但并没有耽搁太久。事情是这样的:我是从军用通道进入塞内加尔的,没申请签证,没接受边检,没在护照上盖入境章,也就是说我没进入塞内加尔,而从行政程序上来讲,让没

---

① 也可能是部长本人,我想不起来了。

入境的人出境是件很棘手的事。费一番口舌自然是免不了的，我就不细讲了。返程遭遇沙尘暴时，我说，麻烦再大，也总有办法。最后，我乘飞机回到了巴黎，在飞机上我有自己的"合规"座位。

再去东非看看，去非洲的髋部，著名的阿法尔三角洲，三角洲的中西部在埃塞俄比亚境内，东部在吉布提共和国境内，南部在索马里境内，北部在厄立特里亚境内。吉布提曾是阿法尔人和伊萨人的领土，和法国的关系不同寻常，其潜在的史前史和古生物考古资源很快就吸引了我，那里的遗存相当丰富。我自1970年起就到吉布提去参与重要的实地考察，有地质考察，比如和格扎维埃·勒·皮雄一道考察了阿尔杜·科巴火山（它最近爆发了）；有古生物和史前史考察，是与地球物理学家阿尼·阿卜杜拉和史前史学家让·沙瓦永一同去的。我们在吉布提获得了出色成果，最令人惊愕的是，在埃塞俄比亚边境的巴罗加利居然发现了两头象。两头都是雷基象（古菱齿象属），距今约150万年，骨架完整。一头掉入陷阱，被人（直立人？）就地剔肉吃了，尸骨周围以及不远处满是石器，以石片为主，是用来割象肉的；另一头自然死亡，尸体完整。两头象死因不同，骸骨却同时被发现，这种情况并不多见。

吉布提成立共和国后，于1994年12月提出让我担任国际科学委员会主席一职。我于1995年2月被正式任命（我的前任是哈罗恩·塔捷耶夫），这个岗位我一直干到2003年6月（委员会被解散）。在吉布提的探索激动人心，在地球物理方面，设备极佳的哈尔塔地质所研究整个非洲和阿拉伯地区的地质构造；在地质方面，该国自然条件独特，整个海湾底部都是盐；在植物方面，乐岱高原高海拔地区的植被和地中海沿岸的植被非常相似，而高原脚下却是热带沙漠；在史前史方面，有一大批距今几十万年的阿舍利文化遗址，也有距今几万年的高原岩石上的岩画。

讲完吉布提，我再说说埃塞俄比亚。这个国家了不起，它迷人，特别，高居海拔 3 000 米的高原，俯瞰非洲大陆，在那里我待了 11 年。我之前讲过，我曾在奥莫河谷（格姆－戈法省）和阿瓦什中谷（沃洛省）进行科考，我介绍过这个国家，着重讲过几个历史底蕴厚重的地区。那时执政的是传奇末代皇帝——海尔·塞拉西一世，我和他很熟，他把我的研究项目"交由"皇家编年史部管理，而非教育部。1973 年，皇帝交给我 1 枚金牌，并用"法语"说："请您收下，这是我送给您的小礼物。"既没有繁文缛节，也没有外交辞令，他是那样慈祥随和。我第二天看报才明白皇帝此举的重要含义。我头天经历的是官方颁奖仪式！

尽管奥莫河谷和阿法尔三角洲的考古地位非常重要，我还是想在离开埃塞俄比亚前（它曾经有个美丽的名字——阿比西尼亚），讲一讲迈卡尔·昆图（Melka Kunturé），该遗址位于阿瓦什高谷，距亚的斯亚贝巴仅 50 公里。从能人到智人，史前人常来这处浅滩，从 150 万年前起，也可能是从 180 万年前起，他们一波接一波地来到这里，几乎没断过。在交叉阶地状的河岸上留有他们的遗迹，有居住的，有作坊的，有"屠宰场"的，这些遗迹能帮助我们了解一点史前人类在身体方面的进化，了解很多他们在工具方面的情况,在一定程度上了解他们的行为。先是热拉尔·巴尤快速完成了对迈卡尔·昆图遗址的考古勘探,后来,让·沙瓦永带领团队出色地完成了田野考古任务,再后来,意大利同行接手了遗址的调查工作。沙瓦永把我"拉进"了他的团队,让我负责古人类学研究,无心插柳,角色互换,因为我曾把沙瓦永"拉进"我的奥莫团队,让他负责研究地质和史前史!

在接下来的章节中,我会接着讲迈卡尔·昆图遗址,讲一讲它所揭露的考古信息,它几乎和坦桑尼亚的奥杜瓦伊峡谷一样有名,后者从180万年前起就是人类经常光顾的地方!

肯尼亚,我和它相识相熟好多年,我了解它,了解它的山山水水,我前面讲过,去埃塞俄比亚考察的奥莫科考队(1967年至1976年)的基地就在肯尼亚。我第一次去肯尼亚是在1963年,我前面已经讲过这次旅行。那年的12月,我在内罗毕亲身经历了肯尼亚的"乌呼噜"(Uhuru)——自由独立运动,和格林·伊萨克一起去看了许多考古遗址和古生物遗址。我在肯尼亚待了数月,为田野考古做准备,考察回来后整理物资,发工资,理清账目,写考察报告。因为在那里住了很久,我就经常有机会参加该国的科研活动和社交活动。我为当地博物馆的发展做出了贡献[1],参与了国际非洲史前史路易·李基研究所的创立工作,组织讲座,组织研讨会[2],组建智库,一直以来和我一起做这些事的是一

---

[1]　原名科顿博物馆,后改为肯尼亚国家博物馆。
[2]　包括1967年举行的史前史泛非研讨会。

干老友,他们是理查德·李基、格林·伊萨克、伯纳德·伍德、米歇尔·戴、艾伦·沃克和比尔·毕晓普等人,后来接班的是肯尼亚人艾伦·奥戈特。我还去考古现场拜访过许多同行,那里面当然有理查德·李基,他当时在图尔卡纳湖东边的库比福勒。

在二十五年后的 2000 年,布丽吉特·塞努特邀请我和她共同署名宣布发现并命名在肯尼亚新发现的前人类——距今 600 万年的图根原人,其骸骨化石是她和马丁·皮克福德一起在巴林戈湖附近的中新世地层中发现的。塞努特是我的学生,后来成了教授,也在巴黎的国家自然博物馆工作。

我在坦桑尼亚工作过,就在那个著名的奥杜瓦伊峡谷,在路易·李基的带领下。李基是杰出的古生物学家,颇具人格魅力,从他那儿我学了很多英国考古学派的知识,我非常敬重他,而他如慈父一样待我。他的妻子玛丽·李基也是位优秀的史前史专家,她思维活跃,非常幽默,在路易·李基去世后的一天,我们在峡谷里的大帐篷里用餐,她请我坐到她丈夫平时坐的座位! 那是在 1972 年①,大家在野外忙了一整天,非常辛苦,我们 12 个人坐下来吃晚饭,玛丽·李基问道:"伊夫,你介意坐到路易的位置上吗?"②英国人在餐桌上是很讲究规矩的,首座是不能随便坐的,它意味着责任(在荒郊野岭就餐规矩也不变),所以玛丽·李基的邀请对我来说是至高荣誉! 她的这一举动令我感动,让我骄傲,我努力

① 路易·李基于 1972 年 10 月 1 日去世。——译者
② 原文为英文。——译者

达到她对我的期待！我第一次去奥杜瓦伊峡谷就是和路易·李基一起去的，我们开着辆四驱从内罗毕出发，那是在 1963 年，后来我在峡谷里待了十多天，我最近一次去那儿是 50 年后了，也就是在 2013 年，但那次并不是去纪念什么。

我曾多次自费去苏丹，那是个好地方。我到过北方，喜欢尼罗河畔的喀土穆，喜欢看那些身着艳丽长裙的女孩，喜欢喝那儿的浓冰果汁（太热了）。我穿越达尔富尔沙漠，一路观光，从喀土穆出发，抵达法希尔，重返乍得。我常去南方，当奥莫河的河水上涨，当北图尔卡纳湖的湖水泛滥时，我得在南苏丹行进一两百公里。

我当然去过摩加迪沙，那座城市的殖民地气息依然浓厚，破败却诗意尚浓，我没在索马里停留很久。

再往南，就是莫桑比克的马普托①，我在 1998 年去那里游览过。我在 1963 年去过的索尔兹伯里现在叫哈拉雷②，今天的津巴布韦过去叫南罗得西亚，那是铜矿之国。我当然去过富饶的南非，英国和荷兰在这个国家的几个首都地区都留下了鲜明的印迹（布尔战争被遗忘了③），在这些地方显现最多的是祖鲁人的风格。我第一次去南非是在 1963 年，此后经常去，我在那里进行考古发掘，研究遗存，参加学术会议，参与电影

① 莫桑比克首都。——译者
② 津巴布韦首都。——译者
③ 布尔战争是英国与南非布尔人建立的共和国之间的战争。历史上一共有两次布尔战争，第一次布尔战争发生在 1880 年 12 月 1 日至 1881 年 3 月 23 日；第二次布尔战争发生在 1899 年 10 月 11 日至 1902 年 5 月 31 日。——译者

拍摄,帮助制订教学计划,开学术讲座,去比勒陀利亚、约翰内斯堡、开普敦担任博士论文答辩评委,我前前后后可能去了 15 次,最近一次是在 2009 年。

　　我了解纳米比亚的首都温得和克和安哥拉的首都罗安达。在温得和克,我"被拉去"描述智人的头盖骨,它在餐桌上被人当烛台用! 我去过刚果共和国,它后来更名为扎伊尔,现在叫刚果民主共和国。我去过乌隆迪的乌松布拉,现在应该说布隆迪的布琼布拉①。我去过曾经的法属赤道非洲和法属西非。我了解一点加蓬,非常了解刚果(布)。我对喀麦隆有所了解。我了解乌班吉沙利(现在的中非共和国)和我已经讲过的乍得。说到西非,我对尼日尔有所了解。我比较了解科特迪瓦,曾花很多时间去观察科特迪瓦环礁湖那儿的一堆堆贝壳。我非常了解塞内加尔,而对尼日利亚了解不多。我先后在伊费和伊巴丹住过,前者以令人赞叹的陶土雕塑闻名。

　　印度洋上的岛屿我游览过不少,有坦桑尼亚的桑给巴尔、科摩罗群岛、法属葛摩群岛、马约特群岛、马达加斯加、留尼汪和毛里求斯,当时我住在科摩罗的首都莫罗尼。那时的科摩罗在鲍勃·德纳尔的控制下,是这个国家最不"动荡"的时期,德纳尔先前是波尔多的汽车修理工,后来成了雇佣兵之王。马达加斯加又被称为"大岛",这座岛极为特别,草木丰盛,物产多样。我游览过留尼汪岛上的沙滩、"高地"和那个凶巴巴的

----

① 布隆迪首都。——译者

火山口,在火山"发火"时,我乘直升飞机去看过它。毛里求斯气候温和,我在那儿的两条瀑布之间发现了 300 万年前的植物地层,这个时间可能就是这座岛的诞生时间,也就是它浮出海面的时间。西边就是大西洋了,我去过那里的加纳利群岛和佛得角,前者虽然归西班牙管辖,但非洲气息浓郁,后者是谁都会想待上一辈子的地方。

第五章

浅见一束①

严谨以丰富的想象为必要。

──安德烈·勒鲁瓦-古朗②

古生物学是门花时间的学科。可是若无化石,研究就无从谈起!

所以,古生物学者首先要去"现场",可能是学者带着假设去遗址验证,也可能是有人在遗址发现了化石,学者闻讯赶了过去。去野外考古还要有相应的后勤保障,才能到达现场,才能驻扎下来。去塞纳河谷考察就没有那么复杂,但要是去偏僻、交通不便、远离供给的地方就非常麻烦。很走运(我认为是这样),我的"工地"总是出现在偏得不能再偏的

① 在做谱系(种系)描述时,我总是用"树丛"(le bouquet)这个词,它比"灌木丛"(le buisson)更清晰,更优雅,前者"透亮"的含义更浓,而后者强调"密实""杂糅"。

② 安德烈·勒鲁瓦-古朗(1911—1986),法国民族学家、考古学家和史前史专家。他思考技术和文化的关系,寻求将科学的精确性和哲学概念结合起来。──译者

地方,比如奥莫河谷、埃塞俄比亚的阿法尔、朱拉卜、提贝斯提山、西伯利亚、堪察加半岛。

团队和装备抵达发掘现场后,当然就得按部就班开展工作,先研究"容器"的状况:地质、断层、露头、沉积物、地层缺失、地层不整合。然后开始勘探,确定化石的位置,想方设法把它们给找出来。接下来就是调查。考古专家要先确定"物品"的环境以及它们和周围可能存在的化石的关系(埋藏学),然后才能挖掘,他们会从中得到珍贵的信息,比如沉积物和化石形成的环境(这就是实地勘察的巨大意义)。可是,搜集化石并非易事,比如,在发现大象的头骨后,我们要仔细地把它从土里挖出来,用石膏固定,将其翻转,清洗后,再把另一面用石膏固定,目的是确保化石在运输中不被损坏,这个过程需要专家有很大的耐心,他要心灵手巧,要投入大量时间。1975 年,我花了整整一个月的时间来处理亚平额猛犸象的头骨,它和"露西"同属一个时代,两者出土地点相距不远。那些被我们竭尽全力带回实验室的化石还要被多次清洗和处理(清理残留沉积物),这之后专家才着手研究,研究外部和内部,撰写鉴定和说明,如有可能,提出新假设。

提出新假设正是我想做的。在搜集了数吨骸骨、鹿角和贝壳化石后,我就可以谦虚地提出自己的看法:这些化石代表什么,带来哪些启发,揭示出哪些未知信息。科学就是描述世界,然而世界是复杂的,科学因而是复杂的。为了推动科学进步,要敢于超越现有证据提出诠释,做出预测,进行思辨,如果现有证据被证明无效,那就要敢于放弃旧证据,拿出新证据。

我的阿根廷学生费尔南多·拉米雷斯·罗齐毕业后成了牙釉质微观结构专家,他在博士论文答辩时说,他突然明白了在工作台上研究最新"出土"的化石是件多么奢侈的事。他还说他后来才意识到,需要有人完成行政上、物质上、体力上、科学上、脑力上的一系列工作才能完成化石的搜集并把它们合拢在一起供大家研究。

在这章中,我要讲三个想法:第一个与人亚科的起源有关;第二个讲的是人属的起源;第三个和人的自主意识的出现有关。

1981 年秋的一天,我接到联合国教科文组织的邀请函,请我参加纪念德日进①神父百年诞辰的研讨会。我应邀参加了会议并就德日进神父的科学著作做了发言。我做完报告后,有位举止优雅的先生在台下找到我,他先做了自我介绍(我当时没记住名字),对我的发言表示了赞许,随后突然发问道:"如果您要组织以您的研究为主题的研讨会,而这些研究是和德日进的研究有交集的,您会选择哪些热门题目来讨论呢?"我想了想答道:"我希望让古生物学学者和分子学学者坐到一起讨论,就时间问题达成一致。现在的情况是,关于人类的起源和演变,古生物学界给出的时间跨度很大,而分子学专家认为相关时间跨度非常小,很难说哪一方的说法更有道理,大家肯定能找到双方都'认可'的说法。"那

---

① 德日进(1881—1955),法国哲学家,神学家,古生物学家,耶稣会教士,20 世纪颇具影响力的思想家。德日进在中国生活工作了 23 年,曾参与周口店遗址的发掘工作,是中国旧石器时代考古学的开拓者和奠基人之一。——译者

位优雅的先生听完后似乎很满意,他从公文包里拿出纸,问道:"那您会邀请谁呢?"我愣了一下,一口气说出六七个名字,两边的专家都有代表。他记了下来,向我表示感谢后就告辞了。

几个月后,大概是在 1982 年的年初,我收到了宗座科学院①的来信,是宗座科学院院长卡洛斯·查加斯教授写的,信的主要内容是:"您的研讨会准备就绪! 将于 5 月 24 日至 27 日在梵蒂冈举行,您之前向我推荐的专家都将出席。"于是,以"灵长目演化研究的最新进展"为题的研讨会在罗马举行,这个研讨主题比我当时心里想的要宽泛。梵蒂冈研讨会是临时起意的结果,在那个巴黎的秋天,在联合国教科文组织 2 号厅的小桌上,我写下了与会者的名字。我们在一栋漂亮的小楼里讨论,小楼建于 16 世纪,被称为"庇护四世楼"。在会上,古生物学者提出,人类的直接祖先在距今约 1 500 万年时出现,他们来自广阔的亚非热带环形地带,而分子学专家却坚信,人类的起源地只限于非洲,其历史不会超过300 万年。我们"闭门商议"②了一周,会议结束时,大家非常愉悦,一致认为,人类起源于七八百万年前,起源地只限于非洲热带地区。

古生物专家认为人类起源于亚非热带地区的观点与戴维·皮尔比姆和埃尔温·西蒙斯的研究有关,他们 20 年来都在"恢复"腊玛古猿属和西瓦古猿属的"地位"(可能是一公一母),其化石很久以前被发现于印度和巴基斯坦,皮尔比姆和西蒙斯认为它们和人科的起源有关,甚至

---

① 之前我不知道有这个机构,后来我被选为这个科学院的院士。
② 枢机团选新教皇要开闭门会议,直到选出新教皇。——译者

和最早的前人类①有关。在这次研讨会上,皮尔比姆首次介绍了前不久
发现的腊玛古猿-西瓦古猿的面部化石,他认为从形态上看它非常接近
猩猩,并宣布他此后把腊玛古猿-西瓦古猿当作这种大猴子(猩猩属)的
祖先。在会上,分子学家杰罗尔德·洛温斯坦说他曾把腊玛古猿-西瓦
古猿的牙齿磨碎,并把牙齿粉末注入到兔子身上,那只兔子可能对牙齿
内仍具有活性的胶原有了反应并产生了抗体。他随后用人体内的、黑猩
猩体内的、大猩猩体内的和猩猩体内的抗原来测试兔子体内产生的这个
抗体,还是猩猩的抗原让他得到了最好的结果。

　　针对腊玛古猿-西瓦古猿的两个方面的判定使古生物专家不得不将
人类祖先的活动范围从亚非热带地区缩小至非洲热带地区。但分子学
家则将黑猩猩属-人亚族这个可能的二者共存年代延长。因此,今后探
讨人类的起源,地理上只限于非洲,时间上至少要在七八百万年以前。

　　因为是在梵蒂冈开研讨会,所以在接待方面,没法降格,我们就住在
圣玛尔大之家②。在研讨会结束的前一天,我边思索大家的讨论和结
论,边仔细看非洲地图,以前可没这么仔细瞧过,地图很快就让我感到
震惊。

　　黑猩猩属和人亚族显然拥有共同的祖先,我们刚得知它们生活在
非洲热带地区,并且只在那儿生活过,根据解剖学研究,它们肯定生活

---

① 人科有两个下属,人亚科(前人和人类)和黑猩猩亚族(前黑猩猩和黑猩猩)。
② "Domus Sanctae Marthae",接待参加教皇选举枢机团成员的宿舍。——译者

在森林中。那些研究过中新世非洲的古生物学家认为,在赤道森林地区,地表被植物覆盖,草木茂盛,植被连绵,左揽大西洋,右拥印度洋。东非大裂谷的首次断裂发生在很久很久以前,但在那之后,约800万年前又发生了一次断裂!一个南北向、延伸600公里的裂谷和一串湖泊相继形成,断层形成峭壁,裂谷的西翼升高,海拔高达数千米,绵延1 700公里。

升高的裂谷西翼和东非的高海拔地势(肯尼亚,埃塞俄比亚)必然影响到降雨的分布和气团的运动。来自大西洋的雨水依然滋润着裂谷以西地区,而断层以东地区的降雨就没那么多了。季风受阻于高原断层的峭壁和喜马拉雅山脉(也是)新出现的高耸的上投侧而上升,使得裂谷东边的气候呈现出季节非常分明的特征。干燥的气候和分明的季节使东非越来越干旱,从裂谷到印度洋都呈现出干旱的自然景观。在过去的20年中,我们一直在东非挖掘,搜集到数千份类人猿和远古人类的遗骨化石,但从未发现过一枚残齿,也从未搜集到前黑猩猩或古黑猩猩的任何骸骨化石。[①] 此外,现在的黑猩猩全部生活在森林中,也就是生活在东非大裂谷的另一侧(没有前黑猩猩和古黑猩猩的化石,所以我们不了解它们)。

结论摆在眼前:前黑猩猩—黑猩猩—前人类—人类的共同祖先的

---

① 我把东非大裂谷称为"骨骼边界线"。

生活区域不限于一地,但是,由于地质的突变和环境的连续变化,其后代偶然间被留在了不同区域,有的在草木茂盛的地方生活,有的在植被越来越稀少的地方生活,前者越来越适应森林,后者越来越适应草原和热带草原(我前面讲过),前者显然是黑猩猩属,后者则是人亚科。这个很有说服力的结论令我欣喜,我没想到事情会如此简单。第二天,我把这个发现告诉了我的同事。我在 1982 年宣读论文时,把这个发现加了进去,这篇文章于 1983 年发表。当时我马上要在下一年去纽约教书,就把这个假设称为"东边故事"①,我觉得这个叫法很带劲。

　　阿德里安·科特兰特是荷兰同行,他自 1972 年起就特别关注大裂谷造成的黑猩猩与人科的东西分离,因为没有化石,所以他没法证实,后来有了化石,他又不敢断言。至于为何大裂谷的东边没有找到黑猩猩化石,他认为是因为黑猩猩不会游泳,裂谷内的一个个湖泊阻止了它们去东边。但这个理由是没有说服力的,因为湖与湖之间有足够大的地面可以让它们走过去,如果它们想去东边的话! 我认为可以用所谓的"栖息地理论"②来解释这个现象。依附于某个栖息地的动物不会离开那个地方,如果栖息地变大,它们会扩大自己的活动范围,栖息地如果变小,它们会缩小自己的活动范围。黑猩猩在树木稀少的地方无法生存,它们可不傻!

　　后来在东非大裂谷的西边出现了不容置疑的反面证据。米歇尔·布吕内于 1994 年在乍得发现了 350 万年前的羚羊河南方古猿化石,于

---

① 原文为英文"East Side Story"。——译者

② 此叫法有误,因为不是理论。

2001 年发现了 700 万年前的乍得沙赫人化石,这些发现推翻了我关于人类起源地只限于裂谷东边的假说。我欣然接受这些新发现带来的结论。布吕内很有风度,他请我和他共同签署宣布他的考古新发现的文稿和那两块化石的命名文件,这我前面讲过。

"东边"没了,可"故事"还在! 我们仍然可以认为,人类共同的祖先①生活在热带,生活在非洲,生活在森林地区,而其后代,出于偶然,一部分生活在茂密的森林,另一部分生活在稀树草原。有人认为,人亚科生活的那一边并非如我认为的那样干旱,那里不是草原,而是长有稀疏树木的林地,这类说法不能算是对我的批评!"故事"的"情节"没变:人亚科(永久)站起来是为了适应气候变化,适应干燥的环境,那样的环境迫使它们既要在树上觅食(水果)又要在地上找吃的(小块茎),也就是说它们在树栖的同时开始(后来就习惯了)在地上用双足行走。

我们曾对生活在那些地区的 900 万年前到 1 000 万年前的食草动物的牙釉质进行过很多分析,研究结果表明 C4 植物②已经在那些地区出现,森林附近出现了空地。年轻的古生物专家让-雷诺·布瓦瑟里最近指出,河马家族"现在"的这个体态在约 800 万年前就出现了,这个现象与草本植物的扩张紧密相连,他将此称为"河马事件",因为马是吃草的啊!

正是因为中新世末期的气候变化,森林附近才出现了开阔地,才出

---

① 我现在把其出现的时间远远地推至 1 000 万年前。
② 这种草本植物生长在相对干旱的地区。

现了人亚科,才使得人亚科为适应环境养成了奇怪的直立习惯。

　　下面我要讲的趣事不会让任何一位科学家感到惊讶。我在 1982 年就提到过气候变干燥这个因素(相关文章在 1983 年发表),但无任何反响。后来,《科学美国人》的主编在 1987 年至 1988 年这段时间来欧洲旅行,他想见见欧洲的科学家,看看能不能为他的杂志找些新颖的题目,我的"东边故事"引起了他的兴趣。1991 年,我的"东边故事"在《科学美国人》上发表,我的假说一下子变得众人皆知。不得不说这是个让人心酸、郁闷的故事,它反映出当今学术界、学术传媒、读者大众的心理状态,他们还是非常看重来自英美世界的认可。这个状况大家心知肚明,学术界已经习以为常,但并非从来如此,也不会永远如此。

　　我在《银河》那章中讲了我的另一个想法,我称之为"奥莫/人属事件"。当然在开始时,我并不知道会发现什么,因为在科学研究上,通常是在证据逐渐积累之后才会得出扎实的结论。证据是脊椎动物的化石带给我的,脊椎动物的演变方式相同且明显:它们先是适应潮湿的气候,后来适应干燥的气候。在同一生态系统中的人亚科肯定也要被动地适应气候变化,一方面是"身体上的"进化(比如傍人),另一方面是"智力上的"进化(比如人类)。这显然是粗线条的描述,这种说法在 20 世纪 70 年代并不容易被人接受。我前面说过,我在 1975 年就公布了这个观点,但没什么反响。在大量相关论文出版和反复论证之后,学界才开始接受这个观点。

　　学界当年几乎不能完全理解我。人类的出现纯粹是他们在 300 万年前(也许还要晚些)适应干旱环境的结果,这是我在奥莫河谷的沉积物中观察到的,距今 300 万年前至 200 万年前的动物化石在沉积物中保存得很好。在那个年代,考古专家也在其他地方发现了有考古价值的地层,坦桑尼亚奥杜瓦伊峡谷年代最久远的沉积层距今不超过 180 万年,埃塞俄比亚阿法尔①年代最近的地层距今刚刚 300 万年(除了上新世的一个年代较近的不整合层),肯尼亚图尔卡纳湖东边的库比福勒缺失的地层就是距今 300 万年到 200 万年的!我越来越相信自己的推断,越来越有自信,于是就决定在巴黎组织研讨会,专门讨论环境变化与人科演变之间的关联。这场研讨会于 1981 年 6 月举行,有 19 位专家参加,研讨会的发言以《上新世-更新世人科的生存环境》为名在 1985 年结集出版,有 468 页。这次研讨会让大家意识到人科与环境的关系,我的"奥莫/人属事件"不胫而走,它被冠以其他名字,出现在其他人的笔下,在其他地方传播,却没人提到过这次巴黎研讨会,足见"奥莫/人属事件"的吸引力!

后来,让-雷诺·布瓦瑟里又在奥莫河谷进行了科考,他证实在距今 320 万至 250 万年的沉积层中有强壮人科和纤弱人科,其中有个非常明显的过渡层,它距今约 280 万年,有丰富的 C4 植物。

有好多发现可以证明"奥莫/人属事件"真实不虚,但我不想一一列举。我来说一说最新的研究成果:2016 年,在埃塞俄比亚阿法尔的莱迪

---

① 我在那里考察过。

发现人属颌骨化石，它距今 280 万年；2017 年，在坦桑尼亚的莱托利，专家确定了气候变化的年代以及和人类起源相关的动物演化的年代，认为那是距今 280 万至 250 万年的事。

面对气候变化，人科表现出极强的"想象力"来适应（这是人类多样性的范例，生物多样性的常见现象）。为了应对干旱的环境，它们连出五"招"：面对被捕食的危险，变化身材来威慑捕食者；更换食物并发明方便吃掉新食物的工具；"改进"移动方式，采用使移动更加有效且适合自己的机械传动方式；让大脑发达起来（智力上的威慑）以达到"思维缜密"。

人类是这样"出招"的。第一招是惊奇南方古猿，它的化石只出现在埃塞俄比亚东北部的阿法尔，那里的小生境可能有些特殊——位置特殊，造成地理上的隔离，所以才出现遗传漂变。这种古猿头颅硕大，但脑量小。第二招是埃塞俄比亚傍人-鲍氏傍人这些强壮人科，它们在马拉维、肯尼亚、坦桑尼亚和埃塞俄比亚南部等地区生活，这些古猿"表亲"长着一副吓人的牙齿和与牙齿相配的发达肌肉，脑量不大。第三招是在南非发现的罗百氏傍人，它们与其他傍人的形态相近，却是独立一属，身体和牙齿都很发达，脑量小。第四招是在南非发现的阿法南方古猿-源泉南方古猿，这些非常纤细的人亚科，改善了行走和奔跑能力，但并未抛弃攀爬习性，脑量小。第五招是在东非发现的人类、人属，他们体型矮小，不再攀爬，走得更顺，跑得更稳，荤素通吃，大脑发达，脑结构复杂，脑供血量增多，脑容量明显变大。

可以说,围绕适应气候变化这个主题,大自然完成的这幅刺绣作品堪称典范,这种现象被称为"替代"。大自然想方设法拯救物种,不让已有的种、科消失,它要通过已有的资源(一个不大的基本基因储备)来完成这个任务,除此之外,它还选择了若干突变,优先进化了运动功能的某个方面,偏向了一种饮食方式,强化了个别器官。说到人属,我们马上想到它们的"大脑袋"、不一样的牙齿和特别的呼吸系统,头部变大,因为它们要绞尽脑汁,想清楚如何在树木稀少的地面避开捕食者的攻击。

其实事情并不复杂!

在迈卡尔·昆图的发现让我很是好奇。前面讲过,我曾在那里做过古人类学研究。那里人科遗骨化石的数量虽然很少,却足以让考古专家有把握确定它们在每个大文化层上的独特性。那里发现的原始工具却不少,这使得专家能够详细地描绘出考古遗址的年代排序表,曾任科考队领队的让·沙瓦永就研究过这些工具。我对"谁做了什么"这个问题很感兴趣,然而下面的结果却让我呆住了:

　　——我们称为 A 的一种人属与工具 A(AA)有关联;

　　——上面的一个人种 B 依然是和工具 A(BA)有关联;

　　——和人科 B 有关联的工具是 B(BB);

　　——下一个人种 C 竟然依旧在制造工具 B(CB)。

在上面,人种 C 与工具 C"再次相遇",然后人种 C 很快就用上了更先进的工具 D,同一个人种 C 还做起了工具 E,还有……于是就有了 CC、

CD、CE 等情况。

不难得出结论：人类的进化和其制造的工具会在某个阶段不合拍。那么怎样解释这种现象呢？

从"奥莫/人属"这个大事件起，即大约在 300 万年前，比前辈自觉意识更强的人属开始知道自己会预判，也就是说开始知道提前准备，它们第一次制作出要在未来使用的、有明确用途的、相当精良的工具。也就是从那时起，在自然环境中出现了所谓以工具为象征的文化环境。但这个文化环境的成长在相当长的时间内是悄无声息的，几乎是处于隐秘、潜伏的状态。结果，在早期，人类自然进化的势头不减，文化发展却相当缓慢，落后于生物进化。

最终，文化"暗暗地"赶上了生物进化并且完成超越，前者迅猛发展，把后者"钉在了原地"！现今的状况依然如此：应对环境的各种挑战，文化的回应要比人的进化快得多。

文化进化的速度超过生物进化的速度这个现象大概仅仅开始于 10 万年前，我称这个时间点为"反转点"，而两者的进化史却已有 300 万年！这个反转显然意味着后天战胜了先天，人身上出现了新悖论。这个悖论的充分发展定义了人，人越来越自由，责任也随之而来，无处不在，新的困扰出现，因为人既要保护物种，也要保护自己。

第六章

停　泊

待弓满,始放矢。

　　那是在乔治-蓬皮杜医院,我马上要接受手术。人已经在手术室了,光着身子,等着有人给我盖上点什么,麻醉师给我打了针猛药,一位年轻的女护士走近"切割"台,她从头到脚都被轻薄的织物包裹着,颜色不是绿的就是蓝的,我想不起来了。她突然认出了我,她显然知道我曾乘坐客轮、帆船航行世界,于是便低声发出灵魂之问:"我说,伊夫·柯本斯,您这是上岸了吗?"那针麻醉药可是力道不小,我赶在昏睡前,轻声回了句:"没! 就是抛个锚!"后来我再也没见过她。

　　在做了二十多年田野考古后,我不得不回国(乍得内战,毛里塔尼亚陷入领土争端,埃塞俄比亚和厄立特里亚为独立而战),当然我也需要新的机遇来让我的"异域炎"发作,所以我停船巴黎,拉弓搭箭,蓄势待发。

　　国家人类博物馆有人类学、人种学、史前史 3 个教授教席,3 位教授之间的关系不是那么融洽。罗贝尔·热桑曾是整个博物馆的负责人,之后他只是人类学研究的负责人;让·吉亚尔是人种学研究负责人,这个专业规模最大,有多个部门;莱昂内尔·巴卢是史前史实验室主任,他似乎获得过官方认可的总务领导权,但我记不得了。因为博物馆运转有些问题,所以这几位重量级人物商量了一下,决定设个新岗——"总务协调员",这样他们就会心平气和,相处融洽。这个职位,我称之为"大协调员"。我接手这个工作时还是个副职,那是在 1979 年!

之后没多久,在 1980 年,72 岁的热桑退休了,他的人类学教席①就空了出来,我自荐接班,申请在同年 3 月获得批准,这样我就成为国家自然历史博物馆的一级教授②,兼任人类学实验室主任,依然负责协调整个博物馆的工作。"我是个非常教授",我可没说我是个顶呱呱③的教授。此后,我成了人类学教席的教授(这是我射出的第一支箭)。我是第 18 位执掌这个教席的教授,它的前身是"外科与解剖示范"教席,1635年,马兰·屈罗·德·拉尚布尔④开启了这个教席。我痴迷于它的历史

---

① "职位"已经开始代替"教席",前者可以蛊惑人心,意思是能使高位的人降级,低位的人升级。

② 就在那个时候,旧体制下的"讲师"(我从 1969 年起就是"讲师")都变成了新体制下的"教授"(二级),也就是说,我从 1969 年起就是国家自然博物馆的教授了,而我自己并不知道这个变化。后来,我当面跟高等教育部部长艾丽斯·索尼耶-塞伊特说,她的新规矩分级很"铁路"!(法国国铁的客车以前有三个等级,后来分为两个等级。——译者)

③ "super"作为名词前缀有"非常""超级"之意,作为形容词有"极好"之意。——译者

④ 马兰·屈罗·德·拉尚布尔(1594—1669),17 世纪的法国医生和哲学家,勒内·笛卡尔的亲密朋友和通信往来的对象。——译者

和"厚重感",能得到这个教席让我非常高兴和自豪。

后来,有份邀请"悄然"来到我的手上,我再次来到塞纳河对岸,到法兰西公学院去自荐①,收到这样的邀请完全出乎我的意料(我从未规划过职业)。公学院的人类学教授雅克·吕菲耶鼓励我去自荐,我也获得让·多塞、弗朗索瓦·雅各布和让·勒克朗等几位朋友的支持。只要公学院的教席令我感兴趣,我就会考虑自荐。法兰西公学院加聘新教授需要两个步骤:教授大会首先要讨论是否引进新学科,但大会不会提及相关的教授,只有在教授大会投票同意引进新学科后,遴选程序才能进入下一个步骤,也就是自荐人向公学院推荐自己,最后教授大会就此讨论。

在博物馆,我身兼两职,实验室的工作和总务协调员的工作,这让我有些疲惫,所以公学院的邀请让我眼前一亮。博物馆的同事让·吉亚尔请我去餐馆吃饭,他对我说:"我感觉您不太开心。"实际上,别人看到的只是冰山一角:我要管理250个人(其实并不多),要处理许多鸡毛蒜皮的矛盾,每天要签署50封信……我的确不是富有激情的管理者。谢谢吉亚尔,他的话让我下了决心!

于是我便开始考虑教席的名头,我想到了"古人类学",这个名字有点新,源于美国,涵盖研究人类化石的体质人类学和人类史前史,但我还是想加上"史前史"一词,这个漂亮的名字诞生于法国,在法国享有极高

---

① 法兰西公学院是由学院教授自行加聘新教授的。

的声誉。对于外国人,尤其那些说英语的外国人,"古人类学"和"史前史"这两个概念可能略有交集,但我不想再纠结了:我向法兰西公学院建议用"古人类学和史前史"作为新学科的名称,当然我是先接受了公学院的邀请,然后才自荐的。

我在1982年的秋天开始拜访公学院的各位教授。在别人的建议下,我首先拜访了公学院的院长(院长是公学院的教授,任期3年,可连任1次),然后就开始一轮又一轮的"同心圆"拜访,先从我最熟悉的教授开始。我很喜欢拜访这些大家,这让我涨了不少知识,因为在这样的会面中交流多于自我介绍。每位交谈者的性格不同,见面地点也因人而异,米歇尔·福柯是在法兰西公学院的办公室里,弗朗索瓦·雅各布①是在他原先供职的巴斯德研究所的实验室里,雅克·蒂利耶②邀请我到一家餐厅里和他共进午餐,埃马纽埃尔·勒鲁瓦·拉迪里③则和我共乘了一段地铁。

按照惯例,决定是否设立"古人类学和史前史"教席的法兰西公学院教授大会于1982年11月的最后一个星期天召开,会议议题全票通过。按流程,教授大会的投票结果在《官方通告》上公示。到了这一步,

---

① 弗朗索瓦·雅各布(1920—2013),法国生物学家,他与雅克·莫诺发现了酶在原核生物转录作用调控中的角色,两人与安德列·利沃夫共同获得1965年的诺贝尔生理学或医学奖。——译者
② 雅克·蒂利耶(1928—2011),法国艺术史学家。——译者
③ 埃马纽埃尔·勒鲁瓦·拉迪里(1929—   ),法国历史学家,著作中译本有《蒙塔尤:1297—1324年奥克西坦尼的一个山村》《历史学家的思想与方法》。——译者

我就得公开申请这个向社会开放的职位。我请求去拜访其实我已经见过的那些公学院的教授，也就是做做样子，但这是规矩。两位未来的同事配合我演戏，我第二次拜访了他们。这是个官宣的空缺教职，这个专业的高校学者虽然没有被公学院选中，但也可以自荐接受遴选，公学院内部称这些人为"布谷鸟"，我担心这些"布谷鸟"出现。整个2月份都忐忑不安，不断给院长伊夫·拉波特打电话，他倒是不慌。我给他打了很多次电话，后来他拿起听筒，没等我开口说话，就告诉我说："没有邮件，亲爱的同事，请放心，今天早上没有收到'布谷鸟'的邮件！"法兰西公学院教授决议大会一般在3月份召开，但这次却在2月份的最后一个星期天举行，会议决定由我担任法兰西公学院"古人类学和史前史"教授（这是我射出的第二支箭），如果不算那张空白票的话，我的申请得了全票。院长还是那么彬彬有礼，他向我宣布了投票结果，跟我说，不要在意那张空白票，肯定是有位教授忘了带笔！要把表决结果呈给科学院才能最终生效，《官方通告》于1983年4月公布了批准我在公学院履职的消息。其实，自2月投票那天起，我就在公学院工作了，此后我一直在那儿。①

①　法兰西公学院的前身诞生于1530年，是弗朗索瓦一世受姐姐玛格丽特·德·纳瓦尔和国王图书馆馆长纪尧姆·比代的启发而提出建立的。其时，文艺复兴之风已经从意大利吹到法兰西，但巴黎大学对此并未有所反应。为了绕过巴黎大学，弗朗索瓦一世设立了6个专属国王的教师职位，2位负责希腊语，3位负责希伯来语，1位负责数学，4年后又设立了第7个负责拉丁文雄辩术的教职！正是这个国王讲授团日后建立了法兰西王家学院。

图 26 伊夫·柯本斯,1983 年在法兰西公学院首日课上。

法兰西公学院是不讲接班的,理论上每个教席都是新设的,但 1983 年由我创立的"古人类学和史前史"教席,与亨利·步日耶神父在 1929 年创立的教席、安德烈·勒鲁瓦-古朗在 1969 年创立的教席是有学脉关系的。在首日课上,我过多地强调了第三个传承,也就是德日进的研究,德日进本来有机会在步日耶之后、勒鲁瓦-古朗之前在法兰西公学院有个教席,但耶稣会会长没有允许令人尊敬的德日进神父接受这个职位,这就成全了乔治·杜梅吉尔①。

至于我入选科学院的事,我还是从头讲起吧。

我的父亲生于 1910 年,是瓦讷朱尔-西蒙高中的物理、化学教师。他在 1939 年当然是应征入伍了,后在阿登-埃纳前线被俘,在威悉河河畔的宁堡战俘营关了 9 个月。因为是卫生兵的缘故,他于 1942 年重获自由,敌方可能没把他当作战斗人员(战争初期大家还是讲点老规矩的)。回国后,他先是在克莱蒙特-德洛瓦兹的卡西尼中学任教,后来回到了瓦讷高中。他边教书,边做研究,很快就拾起之前被迫中断的学业。他在索邦大学攻读博士学位,研究核物理,导师是伊雷娜·约里奥-居里②。父亲那段时间给我的印象,是他似乎总在用一台简易的显微镜数铀或钍的 α、β、γ 射线,因为它们的长度不同,铀和钍是岩石薄片留在伊尔福感光片(英国制造)上的。我对那时的父亲的另外一个记忆是他常

---

① 乔治·杜梅吉尔(1898—1986),法国语言学家、宗教历史学家和人类学家。——译者
② 伊雷娜·约里奥-居里(1897—1956),法国物理学家、化学家,居里夫妇的长女,于 1935 年与丈夫弗雷德里克·约里奥一起获得诺贝尔化学奖。——译者

去巴黎，他去矿业大学，去镭研究所，去塞纳河畔沙蒂永。父亲去塞纳河畔沙蒂永是去看一位名叫佐伊的年轻女子，对于 1940 年出生的妹妹和1934 年出生的我来说，那女子就是个远远的身影，模糊，怪异！我日后见到了那位我们常念叨的佐伊，因为她不用再躲着我们了，说实话，我更喜欢先前那种神秘感！父亲当然说起过伊雷娜·约里奥-居里，也说起过弗雷德里克·约里奥、让·维亚尔、弗朗西斯·佩兰，后来我和佩兰成了朋友。他还说起过马赛尔·鲁博、安德烈·德迈、索邦大学、矿业大学、法兰西公学院、国家科学研究中心、法国原子能委员会，他当然和我说起过法兰西科学院。

对我而言，父亲的举动已在我幼小的心灵中埋下了在科学院登堂入室的种子。每有发现，父亲都会给科学院这个著名学术机构的《简报》发一份用打字机打的"笔记"。科学院会把印好的好多份"笔记"单行本寄给他。这一来一往可迷住了我，太有仪式感了，这个印刷出来的"笔记"是他的同行、国际学界对其优秀研究成果的高度认可。我渴望拥有那样的荣耀！我后来梦想成为科学家，那种氛围肯定起到了作用，至少起到了部分作用。

我的志趣在大方向上和家父的研究同属一个范畴，但我不想子承父业（那是当然），考古学（我的"古物炎"）对我的吸引力实在是太大了，和考古学有联系的史前史、人类学、古生物学在当年被称为"自然"科学，这些学科让我激动不已，所以我就往这些方面使劲，我想有所发现，而且必须是重大发现，我想成为"大家"，我要写我的"笔记"，把它寄给科学院的《简报》。

父亲在索邦大学通过了博士论文答辩,答辩后的答谢酒会非常随意,就在学府街上的一家叫巴尔扎克的传奇餐馆里举行,大家在老旧的长椅上落座(那时椅子很旧),有伊雷娜·约里奥-居里、怀亚特、奥赛尔,家母和胞妹也来了。我很为父亲自豪,我应该是——我记不起来了——喝了杯"庆功"果汁!

父亲因为有博士学位进了大学,他先是讲师,后晋升为教授。在南锡的矿业勘探和地质大学,马赛尔·鲁伯很有权威,他扩充研究团队,需要放射地质学的专家。这样父亲就离开中学,来到大学工作。

我在那段时间里先是拿到了雷恩大学自然科学的学士学位,随后来到索邦大学进行人类古生物学及脊椎动物古生物学博士阶段的学习。不难想象,我先是来往于雷恩和南锡,后在巴黎和南锡之间穿梭。在洛林,因为经济拮据,也因为我总想四处勘探,我就搭顺风车,不是去寻陶片,就是去找化石。一天,我从默兹的采石场带回一些小结节,父亲和蔼地告诉我说,这些"磷灰结核"含有丰富的磷酸盐,并且很可能有放射性,他是以测量放射性为乐的。出于父爱,他写完"笔记"后,把我的名字加了上去,其实,我只是无意中搜集到那些奇怪的小圆球,这样我就有了份署有我名字的科学院"笔记"。就这样,我初登大雅之堂,科学院的刊物对那时的我来说可是殿堂级的。

对于科学院,我心依旧,依然对它情有独钟。我把我最为重要的研究成果发表在其刊物上,其中当然包括从未发表的成果,比如首次披露发现"露西"的文章(有配图)。五十多年来,通过我的努力,有许多同行、学生、国外的学者在这个了不起的科研机构的刊物上发表研究成果，比如《简报》的"笔记"、《科学生活》《古生物学》的"笔记"和主题分册。此外，我还审核过好几百篇同行写的"笔记"，我给这些文章做担保，这是惯例。我一直都是这些和我专业有关的学术刊物的编辑。

但是后来情况有了变化，重要的描述和宣布几乎被几份英美期刊垄断。时代在变，脚步不停，但辉煌的法兰西科学院依然稳固，令人羡慕，它隶属法兰西学会，走过350年的光荣历程，不是所有的科研机构都有它那样的历史，不是每份学术刊物都有那样的分量。

总之，科学院是个大家庭。它选择保持完整，选择保留足够的弹性，以便让自己有能力改变自身，甚至扩大规模，以适应科学和技术的迅猛发展；它选择老欧洲的谦恭作派（也许不应该这样），如此，它只奖励那些不是科学院院士的外国学者或法国学者；它选择严格遴选，认真完成各个委员会的工作，对于政府委托给它的撰写报告的任务尤其认真。

法兰西科学院声名远播，受人尊敬，成果斐然，但因为上面提到的原因，其影响力有所降低。

1983年，我被选为法兰西科学院的通讯院士（我的第三支箭）。1985年，我成为法兰西科学院院士。这样我就成了"学会一员"①，对此，

---

① 法兰西学会（l'Institut de France）下设五院，历史最久的是法兰西学术院，于1635年由红衣主教黎塞留建立。受佛罗伦萨学院的启发，它享有独特的地位，获得过国王路易十三的支持。路易十三也同样支持过皇家药草园（le Muséum）的建立。在库尔贝的提议下，法兰西科学院于1666年建立，我们在2016年庆祝它成立350年。

我一直引以为豪,我也就进入了科学界的"兄弟会"(听上去有些滑稽,但我们在科学院里确实被称为"同会兄弟"或"同会姐妹")。

1984 年,我人生旅途的第二段似乎结束了,和居维叶一样,我有两个职位,一个是国家自然历史博物馆的生物人类学教席,另一个是法兰西公学院的古人类学和史前史教席,对于这两个教席,我深以为荣(居维叶可以身兼数职,可我不行),当时我还是法兰西科学院的通讯院士。离开锚地,船入巴黎港!

结 语

　　我在乍得科考了 7 年，在埃塞俄比亚田野调查了 11 年，去过南非、肯尼亚和坦桑尼亚的大部分地区，去过吉布提的很多地方，去过马格里布和毛里塔尼亚，去过中非和西非；我搜集了数吨重的脊椎动物化石；6 个新人科①和我有关，或是我单独署名，或是我和别人联合署名（世界纪录）；我还研究了人类的起源，确定了起源年代，弄清了诞生地、出现的原因、

————————

① 　下面是和我有关的发现以及我的署名和联合署名，有意思的是，其先后顺序和人科地质年代由远及近的顺序吻合！

　　——乍得猿人：柯本斯，1965 年，距今约 1 万 ~ 10 万年；

　　——埃塞俄比亚傍人：阿朗堡和柯本斯，1967 年，距今 260 万年；

　　——阿法南方古猿：约翰松、怀特、柯本斯，1978 年，距今 320 万年；

　　——羚羊河南方古猿：布吕内、博维兰、柯本斯、海因茨、穆塔亚、皮尔比姆，1996 年，距今 360 万年；

　　——图根原人：塞努特、皮克福德、戈梅里、米恩、切布瓦，柯本斯，2001 年，距今 600 万年；

　　——乍得沙赫人：布吕内、居伊、皮尔比姆、麦凯、利基厄斯、阿洪塔、博维兰、布隆德尔、博谢伦斯、布瓦瑟里、德博尼斯、柯本斯，2002 年，距今 700 万年。

说来有趣：乍得科考始于 1960 年，1961 年发现乍得猿人；埃塞俄比亚奥莫河谷科考始于 1967 年，1967 年发现埃塞俄比亚傍人；埃塞俄比亚阿法尔科考始于 1972 年，1974 年发现阿法南方古猿。是洞察力使然？还是运气使然？

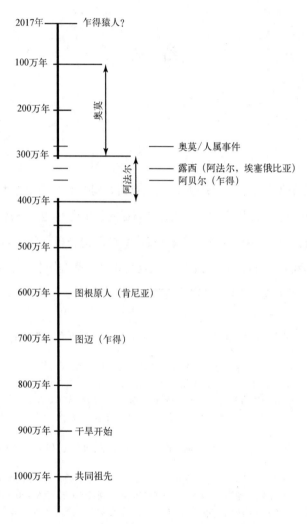

图27 非洲热带地区标志性考古发现（距今 1 000 万年以来）和前
面提及的前人类化石的年代标尺

出现时的形态……

　　非洲是那样迷人，教人怎能不爱？她有明亮的光线、绚丽的颜色、别样的姿态、独有的气息。那里的人民自尊，慷慨，幽默，勇于创新，风度翩翩。

　　抛锚于塞纳河，我已经有了"入港许可证"。5 年时间里，不经意间，我在两岸高速行驶，终于从右岸的人类历史博物馆（1980 年就职）来到左岸的法兰西公学院（1983 年就职），我从法兰西学会的通讯院士（1983当选）变成了它的院士（1985 年当选），我上一次横渡塞纳河是在 1969年，从左岸到右岸。巴黎这座温柔之城，不爱上她真是太难了。

肖 像

拉马克,达尔文,行动者①

没人见过自己的头盖骨,谁都有需要别人帮助的时候。

——富拉尼人谚语

在这第二篇的结尾,我要讲讲和我专业有关的两位重量级人物和一位朋友,前两位我已经多次提到过,他们俩是举足轻重的大家。我那位朋友是和我一起做田野考古的同事,他略年长于我,很多机缘使我们成了挚友。

我先说一说卡米耶·阿朗堡这位大家。他是法国人,住在奥兰,家里是种葡萄的,而他却非常喜欢古生物学。他开始想子承父业,先后考入阿尔及尔农业大学和巴黎农业大学。他在给家里的葡萄找水源时,发现了鱼化石。他找到了水源,完成了任务,从那以后就再也没离开过化

---

① 原文为拉丁文"*Homo faber*"。——译者

石,每次来巴黎都会去国家自然历史博物馆古生物实验室的图书室。1936 年,他出人意料地接替了马塞兰·布勒,获得博物馆的古生物学教授教职。

阿朗堡退休时我们才相识,让-皮埃尔·莱曼接替了他。我离开索邦,追随莱曼来到国家自然历史博物馆,离开了那些闷在书斋里的人,离开了那些爱冥思苦想的人,却在博物馆里遇到了"好战分子"!我真是大喜过望!我读过德日进的书,了解他在非洲和中国的非凡经历,其经历全都和古生物研究有关,在博物馆里站在我面前的这个人和德日进气质相同。我羡慕阿朗堡的生活,他不是去异国他乡找化石,就是把自己关在巴黎的实验室里研究带回来的东西。我期待与他偶遇,因为不敢请求他见我。机会很快就来了,我没让它溜掉:勒内·拉沃卡请我去乍得替他解决一个勘探问题。我第一次去热带地区是孤独的冒险,阿朗堡肯定注意到了。我不情愿地去了乍得,在那个地方开展工作可真不容易,结果我完成任务回到了巴黎!在那之前,阿朗堡不觉得有收门徒的必要,我从乍得回来,他就"收"了我。我前面讲过他那个令人惊讶的举动,在他 80 岁生日那天,他把珍藏的化石赠给了我。

阿朗堡在考古现场是什么样子的呢?他做事有军人风格,勇敢无畏,甚至可以说胆大妄为,他会在天气恶劣时拼命工作,忘我地发掘、勘探,也会享受一下,喝上两杯威士忌,甚至情急之下爆个粗口。我们在南埃塞俄比亚田调那会儿,他已经 84 岁了,我们俩的帐篷相距不远,我开着越野路虎猛冲时,他就坐在我的身边。我一直都很敬佩他,他的工作热情和行为方式对我来说一点都不奇怪。他那样的人会被称为导师，阿朗堡就是我的导师。

路易·李基可不简单，他是英国人，很英国，是个海外英国人。他在肯尼亚出生，非常喜欢说自己的母语是基库尤语①！我在巴黎见过他，就在国家自然历史博物馆，他常常在肯尼亚-大不列颠-美国这条航线上来回奔波，他那次来巴黎是来看我在乍得发现的猿人化石。那次见面后，他就一直支持我的研究，他写信给国家科研中心帮助我申请经费，邀请我去肯尼亚和坦桑尼亚，亲自带我去参观内罗毕博物馆、肯尼亚的考古遗址和偏远的奥杜瓦伊峡谷。

李基精力充沛，让人惊讶。他总是焦躁不安，气喘吁吁。他常开怀大笑，声如洪钟，当他的发现否定了成见时，他就笑得更厉害了。他总是去见人，见完了这个见那个，下了路虎乘飞机，这一趟，那一趟，天天为经费的事操心。阿朗堡性格内敛，在野外工作时不苟言笑；李基惹事捣乱，不安躁动，完全是个异常活跃的"世界村居民"。

阿朗堡负责组织实地勘探，其田野考古范围明确，方法传统，那些化石，有的是他一个人搜集到的，有的是和别人一起找到的，回到实验室后，他耐心地观察、描述、比较，然后写出论文发表。李基的工作节奏疯狂，他举办讲座，和记者见面，筹措经费，组织科考，在忙碌中思考，在旅途中写作。李基是我的另类导师、另类榜样，他尽管整天忙忙碌碌，但还

---

① 基库尤语属于班图语族，主要使用者为肯尼亚的基库尤人。——译者

是抽出时间带我参观遗址，让我了解他的想法，安排我在他的指导下工作。

下面我要讲的人叫让·沙瓦永。

沙瓦永是我在巴黎的同事和朋友（他的实验室在默东-贝勒维），我们一起旅行（1963 年，我们一起去的美国），后来，我们在埃塞俄比亚奥莫河谷和迈卡尔·昆图遗址一起工作了十多年。他有才华，快活乐天，常有办法让人开心。他在艰难时刻洒脱、坚韧、无畏，是个可以信赖的人。

他是科班出身的药剂师。他跟我说自己对人文学科和自然科学都很感兴趣。他研究使用植物的经验方法，也就是所谓的民族植物学，因为世界各地的人都承认植物的功效，都在使用它们并获得成功。他后来"偏离"了专业，转向第四纪地质学研究，后来又转向史前史研究。他先是在玛丽-亨丽埃特·阿利芒那里研究撒哈拉沙漠，后来命运安排他去了埃塞俄比亚，继续热拉尔·巴尤对迈卡尔·昆图遗址的研究。1967年，阿朗堡和我受邀组建奥莫（埃塞俄比亚西南）国际科考法国队时，我们就想到（真会想）请沙瓦永来科考队做地质专家。考古现场的地质情况看上去并不复杂，但实际上暗藏很多断层，沙瓦永很快就胜任了工作。我们俩自第二次科考起（1968 年），就着手绘制第一张顺古拉露头的地质图（很大的一张折叠图），我们把这张图发表在法国科学院的刊物上。就是这次绘图的创举让他发现并识别出那些明显被打制过的石头，那些小小的初级石英工具有两百多万年的历史！针对这些石器，沙瓦永发表了第一批研究成果。

我前面讲过，我们曾陷入困境，多亏了沙瓦永的冷静才没酿成大祸。那天，直升飞机在距营地50公里处"摔坏"了，无法返回，是他稳住了军心，让我们50人的团队镇定下来，随后他果断领着大家向营地进发。很显然，正是通过这些突发事件，我们才意识到平日里按部就班、运转良好的研究、发掘、后勤保障会一下子危机四伏。当然也正是在危急关头，才能看出一个团队是否临危不乱，是否品格卓越。我同沙瓦永一起度过了很多美好时光，我们一道严谨认真，一起"随心放肆"，所有这一切只让我们的关系更加紧密，我们一直都这样，直到他不久前离世。

下 篇
城里的博学家

漫长回忆录第三篇的最后一部分和第四篇的一小部分

（一九八五—二〇一七）

是他人成就了我。

——马里谚语

献给马蒂娜和康坦。他们总是对我深情款款，宽容大度，我支配时间的方式异于常人，往往盘桓远方，无法归巢，而他们不曾抱怨。

　　我首先要感谢奥迪勒，她总是宽厚大度，不大会失去耐心，偶尔"为了把事情办好"不留情面，我对她的友情"永不生锈"。

　　在这里我要向前辈致谢，他们都有不辞辛劳、主动助人的好品格，他们是：雅克·吕菲耶、安德烈·托马斯、让·贝尔纳、让·昂比尔热、乔治·米约、雅克·米约、西蒙娜·德尔迪卡、雅克利娜·德罗米伊、居伊·拉佐尔特、塞尔日·巴拉霍夫斯基、特乌库·雅各布、吴汝康、萨斯特罗阿米佐约·萨尔托诺、埃里克·卡西诺、尼德·东、莫里斯·桑、安妮·斯普瑞……我还要感谢那些依然健在的朋友，他们也曾无私帮助，也曾热情陪伴，他们是：雅克·希拉克、米歇尔·赛尔、克洛德·杜斯、弗朗切斯科·班达林、努里亚·桑、若昂·皮涅罗-佛朗哥、马塞洛·桑切斯-索龙多、皮埃尔·莱纳、弗雷德里克·奥卡萨、杰弗里·莱特曼、阿卜杜勒-萨马德·森哈吉-拉齐、莫里斯·塔斯勒、帕特里克·加耶、洛朗斯·加耶、洛朗斯·加里埃尔、米歇尔·德斯诺斯、菲奥伦佐·法基尼……

序

　　说某某是博学家,大家马上觉得夸张。其实有时候是,有时候不是!不过这多多少少让"博学家"这个词失宠了,咬文嚼字的话,这个词会让人觉得可笑,因为它过时了。我认为它原有的那个"自命不凡"的色彩不那么强烈了。词虽旧陈,诗意尚存,不失魅力!从今往后谁还敢斗胆称自己是博学家呢?科学家队伍庞大,人数不断增加,"博学家"已经被"科学家"和"研究员"替代,只不过后两个称谓味道寡淡,不甚优雅,多出许多枯涩、冰冷之气。最后我还是用了"博学家"这个词,其实我是受了《科学与未来》推出的《2016 知识巡航》的启发,后者果断地采用了"城里的博学家"这个标题,我就大大方方地"借用"了。我得到《科学与未来》主编多米妮克·勒格鲁的首肯,我诚挚地向她表示问候。

　　当有人问起我平日里的时间安排,我常说那是个"三重奏",我要花心思协调好。我把三分之一的时间花在研究上,这是我的人生根本:田野考古,分析实物,并对其进行整理、诠释、年代推断,如果出土的是化石,还要对其进行谱系年代学分析。行政工作做起来看似零敲碎打,但实际上花费了我很多时间:和学生或年轻的研究员谈话,指导他们做研究,确定他们的研究方向,给他们的研究成果写推荐文章或介绍,给他们的博士论文写评语,给他们写推荐信,给他们写证明(也就是为他们辩护);分配岗位,晋升职位,申请项目,申请调研,申请资金,这些都需要我亲笔来写。实际上,我没有一周不写推荐信的,推荐对象有年轻的同事、研究员、研究生,他们当中有的来自法国,有的来自美国,有的来自其他法语国家,有的来自其他英语国家,有的来自非法语、非英语国家。我的外国同事总跟我说,一份有外国专家签名的推荐信似乎能给候选人增添不容忽视的"额外分量"。我把三分之一的时间花在了传播知识上,比如教学、出书、录唱片、开讲座、做电台和电视台的特邀嘉宾、写入门读物、做参展嘉宾,等等。当你不去聆听同行的高论、参加专家之间的研讨,你就得去面对大众了,各种科普活动会耗去你大量时间。我常说我把三分之一的时间花在家庭上,其实不完全是这样。还有一些事情花去了我五分之一的时间,我不会在这里讲,我会在一个我直截了当起名为"闲敲棋子"的小章节里讲那么一点点,那是些和我的专业能力毫不相干的荣誉,虽然面对这些馈赠我总是战战兢兢,最后我还是没少收获意外惊喜。

开 篇

走出非洲①

虽然没什么大不了,但是这一步非常关键,那就是亲见。

——皮埃尔-吉勒·德热纳②,1995

我"最近"一次去西伯利亚是在 1999 年,算是再续前缘,这个缘是 40 余年前和蒙多及大利亚霍夫岛上的猛犸象结下的。

在离莫斯科 4 000 公里远的地方有个叫泰梅尔的半岛,其脚下有个叫哈坦加的小城,贝尔纳·布伊格斯这位了不起的极地专家很早就在这座小城里建立起了大本营,他从那里出发奔向北冰洋,奔向"浮冰",奔向北极,去探险,去科考,去远征。

那是在 1997 年,冬季还未到来,布伊格斯在哈坦加为下一季的远征

---

① 原文为英文"Out of Africa"。——译者
② 皮埃尔-吉勒·德热纳(1932—2007),法国物理学家,1991 年获诺贝尔物理学奖,诺贝尔奖评审委员会称他为"世界性人才、当代之牛顿"。——译者

做准备,市长和民航主管邀请他去参加一个冻原"野餐"。那个地方经济落后,交通不便,两位东道主意在让法国探险家注意到困在冻土里的猛犸象,认为这个外国人也许有办法让那些远古巨兽造福地方。直升飞机从哈坦加起飞,飞了一个半小时才到达"野餐"地点,不久前正是在那个地方,一位年轻的多尔干游牧人从一个头盖骨上拔下了一对象牙。这样的邀请相当奇特,法国人就地拿到一块骨头,他非常好奇,想知道这到底是怎么回事。俄罗斯的名流显贵很了解布伊格斯,这次他们押对了。在 1998 年的春天,法国探险家和"宝藏的发现者"取得了联系,多尔干人主动给他看了那对漂亮的象牙,又带他去了发现象牙的地方(布伊格斯"野餐"时去过)。这次法国探险家为保险起见做了卫星定位,因为那个传奇巨兽可能就困在下面的沉积冻土里。

　　布伊格斯是个行动巨人,各项工作马上开展起来,他迅速决定组建一支猛犸象科考队,一个相关网站也建了起来,俄罗斯最高层了解到情况并对此事表现出浓厚的兴趣。[①] 也就在那时,布伊格斯给我写了封信,鉴于我是"猛犸象专家"并在猛犸象研究领域有所建树,他诚邀我支持他们去科考。我给他写了回信,措辞热烈,欣然同意了他的请求。他后来常和我说,我的回信让他又惊又喜。我于 1998 年秋参加了他在人类古生物研究院举行的记者招待会,那是我第一次见到他本人。我们一拍即合,决定合作,我要在西伯利亚和他会合并担任科考队的专

---

① 　比如猛犸象研究领域的元老级人物——圣彼得堡的尼古拉·韦列夏金老教授。

业技术领队。

一架没什么乘客的"老伊尔 18"姗姗来迟,把我从莫斯科送到诺里尔斯克,一架同样老旧但机身要小得多的"安 24"又把我从诺里尔斯克送到哈坦加(北纬 72°),那天是 1999 年 6 月 26 日星期六。我先是在"城里"住了几天,见过必须见的人,然后乘坐一架橘黄色的重型直升飞机飞抵离哈坦加 250 公里远的目的地。下了飞机我就赶往发掘现场,那是广袤的冻土地带,朵朵小花点缀在苔原上,两万年前的猛犸象就在那里,多亏了布伊格斯,我才有幸得以亲见它在地下天然冰柜里的样子。

大巴拉赫尼亚河南面 12 公里处有条支流(北纬 73°32′,东经 105°49′),河水涓涓流淌,右岸的缓坡便是发掘现场了。布伊格斯把这头猛犸象命名为"雅尔科夫",那是发现者的名字。"雅尔科夫"就在那里,头在河的上游方向,倒卧在坡的斜面上,几乎与小河平行。它的一根门牙露出地面约 15 厘米,稍有破损,也正是这根门牙引起了格纳迪·雅尔科夫的注意。雅尔科夫离开后又返回,在妻子奥莉加和哥哥加夫里尔的协助下拔出了那根刺出地面的象牙,接着他们发现了另一根象牙,也把它给拔了下来,两根象牙脱离了牙槽,象的颅骨当然遭到了破坏。"请原谅,"奥莉加后来说,"是我用靴子把它的脑袋给踩烂了,我是想拆下它的角①,哪儿知道闯了祸!"说什么好呢?我还是跟她解释了一下,她称为"角"的那个东西是象牙,哪儿有什么"象角"啊!因为我在科考队

---

① 原话如此。

图 28 1999 年，西伯利亚，我和贝尔纳·布伊格斯、格纳迪·雅尔科夫以及猛犸象"雅科夫"的两根牙合影。

里的身份是"教授",所以不管我说什么,大家都听得很认真,这里面当然有善意,当然我也能看出来他们有疑惑。眼前是公象的一对门牙,从外侧测量,右牙长 2.94 米,左牙长 2.98 米,重量分别为 45 公斤和 47 公斤。这对象牙弧度娴娜,曼妙迷人,长度惊人,直径不大,右牙直径 13.5～14.5 厘米,左牙直径 13.5～14.6 厘米,这一点和多数同类象牙有所不同。"雅尔科夫"有 4 颗智牙,从磨损程度来推断,它们的主人大概有 50 岁,"雅尔科夫"残留的颅骨和颌骨从 1998 年春天起就被布伊格斯和他的合作伙伴小心翼翼地收集到了一起,他们把它们放到位于哈坦加的泰梅尔自然保护区博物馆里(那里也是泰梅尔自然保护区领导机构所在地)。我在北极那个初夏时节里的任务就是研究已经解冻的那层土(70～100 厘米厚),我要从中分离出属于猛犸象尸体的那部分,最终要找到保存于永久冻土层里的那部分尸体并确定其轮廓,"雅尔科夫"的那部分身体自埋入沉积层后就没解冻过,岁月悠悠,从那时起,约两万年过去了。

我们要做的事在 1999 年 7 月初就完成了。"雅尔科夫"的颅骨已碎,里面的蜂窝状隔骨、几片肋骨、椎骨被收集起来。它的被毛相当漂亮,短绒毛细密,柔软,呈浅褐色;厚厚的长毛浓密坚硬,颜色悦目,呈赤褐色,像浓茶,有些毛真的是太长、太硬、太浓密了。我抚摸着它的被毛,心情自然是无比激动,它曾冰封于地下那么久!有人告诉我,"雅尔科夫"的被毛本来就是漂亮的红棕色,直到后来毛发专家给我看了显微镜下保存完好的色素颗粒,我才相信这一说法。

1999 年的 9 月、10 月转瞬即至。我们的设想是,按照我 7 月份划定的虚线先将被认为包裹着"雅尔科夫"躯体①的巨大冻土块剥离出来,然后在气温降到永久冻土温度以下时(通常为-15℃)把冻土块整体运走,这样冷链就不会中断。惊魂的空运之后是陆运,我们打算把"雅尔科夫"运到在小城哈坦加山脚下挖好的地洞里。那里是永久冻土层,就在那样的温度条件下,我们的猛犸象大概被困了两万年之久。这样的计划听起来太不靠谱,然而却被一丝不苟地执行并最终成功。项目领导人布伊格斯信念坚定,果敢顽强,厥功至伟,从"挖土工"到科学家,从飞行员到机械师无不折服于他的人格魅力。

我们用风镐实施切割,颇费了一番周折,最后剥离出来的冻土块的边长约两米。我们按要求把整块冻土裹好扎牢。俄罗斯舰队祭出重器——一架有 8 片旋翼叶片的"米 26",这架直升机从克拉斯诺亚尔斯克起飞,将剥离出来的冻土块从发掘现场空运到哈坦加机场,整个过程当然没有说的那么轻松。3 月,一辆重卡从机场开到不远处的哈坦加河河边,把这件奇货卸到山崖脚下的地洞入口处,"雅尔科夫"抵达终点。上搬运车,走铁轨,冻土块被安放在地洞深处一隅,洞壁晶莹,地面光滑,真是座奇异冰宫。这架"大钢琴"以前被埋在-15℃的地方,我们在-20℃时将其剥离出来。它有 5 个月的时间处于-20℃到-50℃的环境中,也许这期间的温度还要低些,可我感觉没那么低。最后它回到了-15℃的环境中。"琴"已到位,只欠"琴师"。

———————————
① 头部和脖子因解冻只剩下了骨骼。

何为永久冻土层？永久冻土层不是冰，而是冰冻的沉积层。"雅尔科夫"肯定是在陡坡上滑倒后很快就被冻住了，不然它的肉和被毛不可能保存下来。包裹它的沉积层在其遇难时就在了，边上那条小河在当时也许是干涸的。如果"雅尔科夫"从那天起就再也没解冻过，那么它所处的环境、包裹它的冻土和它的躯体本身同样具有重要研究价值。

所以第一批"琴师"是生物学家、昆虫学家、微生物学家这些人，他们或受邀前来，或收到沉积层的土样。花粉、蘑菇、藻类、果实、种子、花朵、苔藓、昆虫之类的实物被收集起来做鉴定。研究表明"雅尔科夫"当时的生存环境里有属于大草原的植被（篙属和罂粟属），有大面积铺有石卵（因为发现了苔藓）和沙子的干燥地表，也有面积不大较为湿润的地表（因为发现了藻类）。可以确定的是，"雅尔科夫"当时肯定不是生活在冻土地带。随后受邀前来的"琴师"是牙齿专家，他们对象牙进行了打孔取样，象牙的生长纹、氧同位素、碳同位素和氮同位素分析还原了"雅尔科夫"最后4年的生活轨迹：它在4年中两次向着草木更为茂盛的南方迁移，但它从未真正遭遇过降雪，这说明当时的天气比现在温和得多。我们这头猛犸象的生命结束于冬季将尽之际、草木即将再度欣荣之时，它身上的厚厚被毛佐证了我们的结论。

此次发掘成功令大家信心倍增，科考激情更是让大家欲罢不能，"猛犸象行动"突破原始框架，发掘范围从"雅尔科夫"的发现地扩展至整个半岛，发掘对象从两万年前的猛犸象扩大到各个时期的猛犸象以及与之关联密切的大型哺乳动物。

　　科考队又去发掘另一头猛犸象的剩余骨骼。那是头老年公象,也是两万年前的,和"雅尔科夫"生活在同一时代,不过它沉睡于更北的地方,在泰梅尔湖附近的泰梅尔河河口处(北纬 74°08′,东经 99°38′)。1978 年一位哈坦加的钓鱼人发现了它,他的鱼钩钩上来一团象毛。它在 1992 年被交给了日本科考队(缺了象牙,被卖掉了),这支日本科考队曾于 1992 年和 1993 年先后两次来到现场发掘,他们带走了象的皮毛和肌肉,把头骨、椎骨、肋骨、肩胛骨、肱骨和尺骨留在了哈坦加。我们的猛犸象科考队于 2000 年和 2001 年先后两次来到现场,发现了象的毛、肌肉、部分脊柱(腰椎)和部分骨盆。我们也从现场剥离出一整块冻土(比"雅尔科夫"那块要小),我们把它放到平板上,由卡车径直运到哈坦加那个有名的"阿里·贝尔纳洞穴"。真是难以置信,我们居然在土块里发现了猛犸象完整的胃和部分肠子。"鱼钩猛犸象"[1]的胃内容物很快就被交到了目光敏锐的植物学家手中,分析表明胃里有花、树叶、种子、鞘翅目昆虫、旅鼠的粪便以及草和苔藓的黏稠混合物。那个完整的胃是意外惊喜,胃内容物表明"鱼钩猛犸象"的生活环境开阔,较为湿润,有些地方更接近于草原而非干草原,草原边缘有灌木(落叶松)、小树(桤木、柳树)和岩石地表。[2]

---

[1]　我们后来用"鱼钩猛犸象"来称呼它,以此来表明它是如何被发现的。

[2]　另外我还先后还参与了猛犸象"亚加基尔"(作为学术委员会成员)、猛犸象幼崽"柳芭"(2007 年作为圣彼得堡动物研究院学术委员会成员)和猛犸象"克洛玛"的发掘工作,2010 年在普伊-昂韦莱举行的猛犸象研究年会借用并解剖了"克洛玛",会议是由我和其他学者共同主持的。

科学家后来对更新世，甚至是全新世的大型动物进行了全方位的发掘，取得了丰硕成果。我无意在这里总结那些发现，我只是想告诉大家，如果我们听从内心，躬身细查，就会发现脚下的大地蕴藏着人类丰富的记忆。截至 2001 年底，发掘出的动物遗骸种类与数量如下：猛犸象（332 具）、麝牛（72 具）、马（26 具）、野牛（19 具）、驯鹿（6 具）、驼鹿（4 具）、狼（2 具）、熊（1 具）、狐狸（1 具）。这些遗骸的历史大致在 4 000 年（1 具驼鹿的遗骸）至 4 万年（1 具猛犸象的遗骸）之间。

西伯利亚广袤无垠，那里有奔跑的驯鹿、长眠的猛犸象、好客的游牧人和茫茫的冻土地，我想多了解它们，于是，在 2016 年我重回堪察加。从白令海到彼得罗巴甫洛夫斯克（堪察加东临白令海，以彼得罗巴甫洛夫斯克为首府），这个奇异的半岛（对面是美洲大陆）成了西伯利亚和俄罗斯在东部疆域的收束之地，它从高纬度向低纬度伸展，完美展示了地貌是如何从冻土渐渐过渡到泰加森林的，这样的风光渐变在西伯利亚并不常见。太平洋板块以惊人的速度潜没到堪察加半岛下面，在这个闻名遐迩的半岛上，南北向的山脉串起了一座座喷发方式各异的活火山。此地居民的习俗和北西伯利亚人的相似，我曾步入他们的奇异圣殿（鲸的肋骨和半个额骨插入冻土），据说圣殿下面是储藏肉类的仓库。我见到了乌斯基（Uski），那是有名的史前遗址，约有 1.5 万年的历史，其主人肯定是那些人——他们在冰期跨过结了冰的白令海峡，不知道那彼岸便是美洲大陆。在堪察加半岛，我见到过许多棕熊，真的！肯定还有许许多多的棕熊，我没看到它们，它们却看到了我！

　　和猛犸象不同，蒙古是个"不速之客"。2006 年的一天，皮埃尔·亨利·吉斯卡尔和达木丁苏伦·策文登杰"驾临"我在乌尔姆街①的法兰西公学院办公室，前者长期在蒙古国从事原始史时期的考古发掘工作，后者是乌兰巴托考古博物馆馆长。他们拿出一沓照片给我看，说是在蒙古国东北部的金矿碎石里发现了人属头盖骨。这个发现也是源于一连串的偶然：一个业余勘探者发现了遗骨，把它带回到蒙古包，他在乌兰巴托有个上学的妹妹，女孩把它拿给达木丁苏伦·策文登杰教授看并把它送给了教授，教授联系了吉斯卡尔，吉斯卡尔联系了乌尔姆街的柯本斯。

　　照片上的头盖骨特征明显，骨壁厚，额头后倾，正中有矢状脊，该有的差不多都有了。蒙古同行热情地请我调查它的身世。我欣然同意并理所当然地提出要去看看实物和现场，他们爽快地答应了。我按计划于 2007 年抵达蒙古国的首都。乌兰巴托是座水泥建筑随处可见的大都市，有大量新潮蒙古包，也有精美的古风庙宇。

　　我仔细研究了头盖骨，马上把它介绍给一场考古研讨会。后勤保障就绪（四驱越野车、野外宿营装备、食品，还有……伏特加），我们一行 6 人清晨出发，穿越大草原，就是那有名的中亚大草原，成吉思汗曾经策马扬鞭的地方，我是第一次亲见它的容颜，当然要好好欣赏一番。车队一直驶到蒙古国边境，甚至越过中国古代边防城墙的遗址（边防城墙会随

---

① 因法国人文思想的重镇"巴黎高师"也在这条街上（45 号），所以乌尔姆街对法国人来说有特殊含义。——译者

着双方在政治、军事上的博弈而进退）。

几天里，我们在路上邂逅了蒙古包组成的游牧村落，问候天性好客的蒙古人，喝马奶，大口吃肥腻的野味肉（我从没吃过那么腻的肉），品尝新鲜的旱獭肉（连皮带肉一起煎烤，压上炙热的石块，佐料得以入味，脂肪得以保留），我们驶过一片墓地（似乎常有人来，但附近没有居民，我以前从未留意过此类场所，显然它们是不能迁移的）。我们终于抵达那座口口相传的金矿，那里差不多和中俄接壤了。接待气氛冰冷至极，迎接我们的是淘金守护人，他左右手各持一把左轮手枪，接着又围拢过来几个气势汹汹的家伙。策文登杰和司机一道同持枪卫士商量了好一阵子之后，我们才得以进入"淘金区"。我们能理解对方的担忧，我们说要住在他们那儿，要和他们一起在矿上干活，找到的片状金归他们，发现的人骨归我们。我们花了很长时间才打消淘金者的疑虑，最后在他们不安的目光的注视下，我们终于找到了我们想要的。那期间，大概 24 小时都有人在盯着我们，其实那些人是同行，因为他们的工作和地质研究沾边。

头盖骨可以说十分漂亮，前额部分无可挑剔！它真是太美了！发育良好，非常像是智人的，但又有直立人的特征，这种情况在远东国家并不罕见，有人认为它是智人、直立人的混合，是由直立人演化为智人的，很长时间以来我也是这么认为的。古遗传学学者则认为这种有混合特征的人来自非洲大陆（还是非洲），是智人在 10 万年前又一次走出"黑"非洲的结果（《〈走出非洲〉第二季》），我现在和他们的观点一致。那么远东那些略有智人特征的猿人是怎么回事呢？也许是当地的直立猿人进化为更高级的直立猿人，后者脑量更大，头骨骨壁更薄，牙齿更纤细，也就是说发生了常见的平行进化。爪哇直立猿人的确是在一个封闭环境中进化为梭罗直立人的，后者常被称为梭罗人或昂栋人，并且因头大，刚发现时被称为智人。和我们亲缘关系更近些的尼安德特人的脑量也同样增大，因此它们过去被很多人称为智人尼安德特亚种，现在还有人这么叫，如果严格以亚种来界定，尼安德特人应该被叫作尼安德特直立猿人。其实开枝散叶的人类本为同根生，虽然不同的生存环境、互不往来的生活方式塑造了不同的人类，但他们依然保留有一小部分共同的遗传密码和进化特征：头部变大，身体变得纤细。

再说说蒙古朋友。它的历史大概在 2500 年到 3 万年之间，我们发现了与之共存的属于旧石器时代早期的工具。这些工具非常罕见，极具考古价值，它们被包裹在冲积层里含金的砾石中，散落于旁边的洞穴和藏身处。

后来我邀请策文登杰教授来巴黎讲学，他作为访问学者 1 个月内在法兰西公学院用俄语讲了 4 次课，由我的朋友勒卢克斯的妻子，来自哈萨克斯坦的卡米拉·巴伊萨帕罗娃做法文翻译。一天，我们在圣热讷维耶沃山街的一位意大利朋友那儿吃午饭，席间，策文登杰教授把一条非常大的蓝色围巾围在我的脖子上，我想他是在向我表达敬意。围巾真是太大了，吃完饭戴着它回法兰西公学院可是个力气活。

中国，20 世纪 90 年代。中国中科院希望外国专家协助保护周口店遗址。1920—1930 年,考古专家在周口店发现了著名的"北京人"遗骨化石,那里并不是中国历史最久的古人类遗址①,因为它离首都只有 50 公里,被联合国教科文组织列为世界文化遗产,是中华民族悠久历史的见证,所以它极具象征意义。遗址是个 40 米左右深的巨坑,人由梯子爬下,再走过羊肠小路才下到坑底。雨水夹带种子入坑,种子在坑底、坑壁生根发芽,到处生长,坑底、坑沿杂草丛生,坑沿崩塌毁坏。为了保护遗址,也是为了筹集维护经费,中国中科院向联合国教科文组织求助,后者出面寻找资助人。安联集团做出回应并为此组建了名叫"种族救助"的机构,该机构得到法国国家电力公司的赞助。保护遗址的三方合作伙伴就项目实施达成一致并于 1994 年在位于巴黎的联合国教科文总部签署了合作协议。

联合国教科文和"种族救助"签署了协议并把我选为项目专家,于是北京从 1995 年起就成了我的出差到达地。第一次现场调研后,我写报告建议搭建一个透明、轻薄、避雨的顶棚,使雨水远离坑口,另外我还建议重启遗址的发掘和研究,因为一个处于发掘中的遗址会被保护得更好,会更具有生机活力。随后几年我多次来北京调研(1996 年,1998 年,1999 年,2003 年,2004 年,2005 年),我承诺在中国同行重启发掘之前先进行非侵入性勘察并撰写关于遗址博物馆的报告(其石器工业展览资源尤其丰富,建好的博物馆和我在报告中描述的一样)。我多次陪同法国

---

① 在中国发现的最古老的人类化石距今 70 万年。

路桥大学、法国国家电力公司的工程师来到周口店：1996 年 9 月陪同法国国家电力公司和法国地球物理勘探研究所的专家，2003 年 11 月陪同法国国家电力公司基金会和法国路桥大学中心实验室地球物理与勘测组的专家，2004 年 10 月陪同北京勘察设计研究院、法国路桥大学中心实验室和法国国家电力公司基金会的专家。在 1996 年，我们只能用磁测、微重力测量和磁化系数等老方法来测量遗址现场岩土的密度、电阻率、电导率和磁场梯度。到了 2003 年，物理探测技术有了进步，我们又采用了地震法、电测法、地质雷达法和地电断层 X 线摄影法等技术。最后 2004 年在对遗址进行大规模勘探时，我们又增加了几项地球物理探测技术（最终我还是和中国同行一道进行了侵入性勘探）。

　　合作成果丰硕，其中最重要的有：弄清了遗址所在山坡的结构（这对于后续工作极为重要），发现了洞穴的塌陷入口（尚未出露），了解了遗址堆积层 40 米以下、10~15 米的情况（40 米以上已经发掘，40 米以下专家之前估计有发掘价值，但未确定），在 1902 年至 1903 年的发掘现场以北发现一个长 70 米、2~6 米高的洞穴，以南发现长达 80 米的复杂结构以及多个 2~2.5 米高的洞穴（如果当时这些洞穴在谷底或通向谷底，猿人可能光顾过它们，甚至有可能在里面住过）。

　　中国是个有行动力的国家，建议迅速得到回应。我们总是得到中国同行的盛情款待，他们认真听取我们的建议，全力以赴配合我们的工作。中方一旦做出决定（不会很快），具体落实就会体现中国速度，雷厉风行，令人惊叹。上文提到，我曾撰写报告建议中方用先进技术翻修博

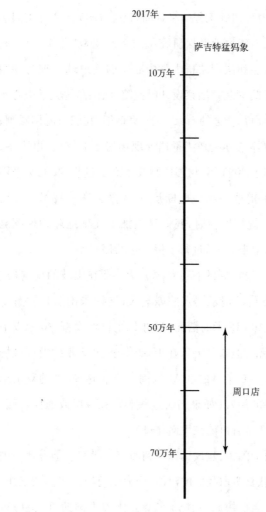

图29　本章讲的猛犸象和周
口店遗址之间的时间关系轴

物馆并重启发掘勘探,那只不过是专业人士的建议和设想,出乎我意料的是,中国人关闭了石灰石采石场(是给水泥厂提供原料的),搬迁了村庄,整修了遗址入口,拆除了旧博物馆并将展品运至北京的中科院双古所的博物馆,作为史前及古人类展览内容同公众见面,这个临展在新博物馆落成后才结束,新馆按先前的规划建在遗址旁,面积为 5 000 平方米。中国同行和朋友重启了发掘工作,这让我们非常高兴。

　　我曾多次访问上文提到过的中国中科院双古所,在那儿我鉴定了龙骨坡出土的石器,它们有打制痕迹,有 2 400 万年的历史,我认为它们是古人类的石器。我为自己做的这个鉴定而感到骄傲。让我感到无上荣光的是,我被邀请到人民大会堂,在金色大厅给科学家和政府官员做报告。我应邀为于 1999 年在北京召开的古人类学大会的论文集作序。

　　我喜欢一个人东游西逛,到了历史悠久的北京也是一样。我下馆子,拿起菜单像模像样地点菜,专挑名字长的点,其实我啥也不懂;我吃到了用两种"调味汁"烧制的蛇肉(味道鲜美,嚼起来居然很脆),那是条粗大的黄蛇。我和我那些工程师同事不一样,这个有必要说明,我总是独来独往,而他们则喜欢星级宾馆里的标准菜肴和早睡早起!

第一章

此处的他土,别处的异县

未学,远游。

——非洲谚语

已学,远游!

亚洲和美洲:沙漏倒置①

东之极为西。

——老子②

---

① 地球上的人类起源于非洲大陆,人类走出非洲来到欧亚大陆(其迁移态势如同沙漏),
接着从欧亚大陆来到美洲大陆,先是抵达北美洲,后来南下南美洲(其迁移态势如倒
置沙漏,倒置方能将其顶端充满)。

② 法国学者喜欢引用中国古代圣贤的语句,但有时候我们无法找到相对应的汉语原文,
因为我们的先哲根本就没有说过那些话。——译者

白令海峡这边的亚细亚幅员辽阔(4 400 万平方千米)，那边的美洲大陆莽莽苍苍(4 200 万平方千米)。亚洲地理复杂，西起阿拉伯半岛，该岛在地理上属于非洲；美洲北起格陵兰岛，该岛在政治上属于欧洲。

亚洲

我不太了解阿拉伯半岛，没在那儿田调过，只是在也门、阿联酋和沙特阿拉伯小住过。我比较了解小亚细亚(我们称之为远东，也有人叫它中东)，说到了解，也只是观光客的了解。我当然是去参观史前和古生物遗址，说是参观，也就是个走马观花。我去过以色列(是内盖夫本-古里安大学法国之友协会荣誉委员会成员①)、黎巴嫩、叙利亚和土耳其，再往东去过伊朗和印度(在那儿获得科普奖)，我还去过亚洲热带国家，说起来已经是远东了。像印尼、越南、泰国和菲律宾这些亚洲热带国家(我喜爱热带国家，觉得它们得天独厚)，我较为了解，在这些非凡、美丽的国家中，我对印尼和菲律宾的了解多些。

先说说菲律宾。我不经意间听人说起，有人在吕宋岛北部发现了和北京猿人同时期的人科遗骨。阿尔贝·费尔②说得对，研究者总想成为

① 内盖夫本-古里安(1886—1973)，以色列政治家，以色列第一任总理，任职长达 15 年。——译者
② 阿尔贝·费尔(1938—)，法国物理学家，2007 年以巨磁阻效应与德国物理学家彼得·格林贝格共同获得诺贝尔物理学奖。——译者

第一个发现者，我听到消息后马上赶到法航求人买飞往马尼拉的机票（两张）。机票到手，我登机飞向遥远美丽的菲律宾群岛，心里想的是要尽快见到"菲律宾人"，那是在 1973 年。我其实没有其他航班可选，飞机起起降降（现在不这样了），先后降落在贝鲁特、德黑兰、孟买（现在叫"Mumbai"，以前叫"Bombay"）、曼谷、西贡（今胡志明市），最后抵达马尼拉。这样的航班叫人抓狂，简单的早餐、不错的午餐、丰盛的晚餐循环往复，把人吃得找不到北。马尼拉大学的埃里克·卡西诺教授来机场接我，登机前我联系过他。教授很高兴我能来，我们刚聊了几句，我就从他的话里得知，很可能是有人在北方的史前古生物地层中发现了北京猿人属猿人遗骨……优柔寡断是错，鲁莽从事也是错。东道主兴奋至极，匆忙组织了科考队，这正合我意。我们乘坐四驱越野车从马尼拉出发赶往土格加劳，在有名的卡加延遗址搜寻了一番，搜集到许多化石和石器，将来很可能真的会在此处发现那传说中的……

　　在菲律宾可不止一次空欢喜。有一回，美国的某个基金会找到我，急如星火，请我出马鉴定一块人科头骨。飞机，直升飞机，万事俱备；基金会和遗骸发现者就等着我宣布好消息了。我多了个心眼，提出要先看看照片。我记不清照片是怎么送到我手上的，那时候还没有电邮，反正我很快就拿到了照片。唉，我一眼就看出那是块乌龟壳，不仔细看的话，真的会误认为那是人的头盖骨，二者弧度、骨壁厚度都相似，但结构和骨缝不同。

　　我于 1997 年再次来到菲律宾，是到宿务做讲座，乘坐的飞机是"梅尔莫兹"号①，这一次又被没完没了的起降给"犒劳"了一番，先是降落在漆黑一片的棉兰老岛（难道有海盗?），然后降落在摩鹿加群岛和印尼的几个岛（苏拉威西岛、龙目岛、科莫多岛和巴厘岛）。

　　说来惭愧，我在菲律宾的重要发现是和吃有关，那个东西叫"芭露特"②，看上去像是煮熟的鸭蛋，但壳里面是小鸭的胚胎。当然这个国家的风光让我大饱眼福，我犹记那水稻梯田美如画卷，令人啧啧称奇。

　　我多次应邀前往印尼。印尼是爪哇直立猿人的摇篮，19 世纪结束前在这个国家出土了特征独特的直立猿人的化石，那可是件大事。在20 世纪 70 年代，雅加达的拉登·潘杰·苏约诺是该国史前研究界的泰斗，而万隆的萨斯特罗阿米佐约·萨尔托诺和日惹的特乌库·雅各布（两位均已去世）互为古生物学研究上的竞争对手。万隆和日惹的这两位都不去现场发掘，他们在各自的实验室里等着那些"土著"上门拿化石换酬金。一个化石出土时会碎成两块或几块，有的碎片去了万隆，有的碎片去了日惹，要花一番功夫才能把它们合在一起。

　　我第一次到印尼是在 1976 年。我在万隆和萨尔托诺会合，这一次我们俩痛痛快快地做了回田调（跑了 2 000 公里），去了特里尼尔、三吉岭、梭罗等 3 个非常重要的史前和古人类遗址。我发现化石成了当地人的钱袋子，它们被胡乱地堆在一起，压根就没什么发掘记录，真是让人痛心。在特里尼尔，我"娱乐"了一回，通知当地人可以拿化石和石器跟我

---

① 让·梅尔莫兹（1901—1936），法国传奇飞行员。——译者
② "balout"，词尾的 t 发音。

换钱,到了傍晚,我眼前便堆起了一小堆,物有所归,我把它们都留给了当地的博物馆。真正意义上的考古发掘是后来由弗朗索瓦·塞马和他的妻子安妮-玛丽做的,他们的发掘工作弄清了遗址的猿人化石和猿人工具(非常少)的分布情况,他们也想了办法不让当地人再野蛮挖掘。

我于 1989 年又来到日惹,这一次是应特乌库·雅各布的邀请来纪念欧仁·杜布瓦于 1889 年在克东布鲁布斯首次发现人科化石。纪念活动令人愉悦,但非常低调,应邀前来的只有我和一位澳大利亚同行。晚饭时间,店铺打烊,我们席地而坐,在人行道上吃起了"大餐",鳄梨就巧克力,那真叫一个美!

我于 1997 年第三次来到印尼,这次是作为一个专门委员会的成员来处理行政纠纷的。三吉岭遗址被联合国教科文组织列为世界文化遗产,但该遗址行政上隶属于两个"市"(行政地位相当于"市"),一个表示要把遗址保护起来,另一个把它当成垃圾场! 让它们意见统一可不那么容易!

印尼让我着迷的是什么呢? 印尼的一切我都喜欢: 纳西戈伦(就是印尼炒饭,1 天 3 顿,吃不够!),满盘子的奇异水果,烤狐蝠,村庄里少不了的巡回木偶剧表演,随处可见的寺庙(最壮观的当然是婆罗浮屠)。我喜欢沿着河流找寻地质剖面和拱出的地层,会下到及腰深的水里欣赏它们,置身其中方见真颜。我非常喜欢印尼的热带雨林气候,那里要比我的非洲热带"老家"潮湿多了。

在离开印度洋之前,我要和梦幻群岛塞舌尔打声招呼,塞舌尔的特别之处（我不敢说最特别）在于它们是花岗岩，而和它们遥遥相望的马斯克林群岛则是火山岩。

如果真有巨人，那么他从印度洋往东北方向一跃就到了韩国。

2006 年的一天，巴黎的一位女士打来电话，要求见面。女士名叫阿努克·勒让德尔，是"Xtu"建筑事务所的建筑师，事务所参加了韩国史前博物馆设计方案的竞标。参与竞标是建筑事务所的日常工作，没想到居然中标了。女建筑师当时是这样跟我说的："建筑设计我是内行，但决定给公众看什么需要您赐教。"我欣然同意。在这之后，勒让德尔陆续收到韩方提供的各种信息，我和她、她的团队不停地跟进讨论。我们了解到遗址的情况（在全谷里，约有 40 万年的历史）、遗址的周边环境、韩方学者对博物馆的期望以及他们对具体展出方式的设想（这个我特别想知道）。在确定了建筑风格和结构之后，建筑师需要去现场敲定细节。我委派我的学生法布里斯·德梅特尔代表我和勒让德尔一起去韩国，于是他们俩就成了全谷里的常客。他们最终和韩国政府及韩国专家就博物馆的细节达成一致意见，意见涉及博物馆的造型以及里面的餐厅、工作室、工作坊、常设展厅、临时展厅和阶梯报告厅。虽然双方在沟通中遇到重重困难，但他们最终大功告成，史前博物馆与自然环境和谐共生，于2011 年向公众开放。

联合国教科文组织世界遗产中心主任弗朗切斯科·班达林认为史前和古生物遗址在遗产保护名录上的比重过小，应该增加新的遗址。他让中心助理努丽娅·桑斯来负责此事。努丽娅是西班牙人，能力超群，她专门设立了一个极富创意的项目并将其命名为"海智"（"HEADS"，意为"人类进化、适应、散居及社会发展"）。以这个项目为平台，世遗中心要在各大洲组织研讨会，与会者为相关区域的知名史前学学者或古生物学学者，他们像讨论学术问题那样自由讨论，确定可能进入世遗保护名录的候选遗址，他们还可以给候选遗址排名。

努丽娅既不是史前学学者，也不是古生物学学者，但她身后有一支国际"卫队"，它由五六名来自这两个学科的专家组成，我一直到今天都是这个"卫队"（专家委员会）的成员。"海智"项目名下的大洲研讨会定期召开，高效务实，不曾懈怠，从欧洲（布尔戈斯）开到非洲（亚的斯亚贝巴），又从亚洲（首尔）开到美洲（墨西哥的普埃布拉），相关论文集的出版工作也毫不逊色。大家努力的结果是：现在教科文组织手上有了那份录有全球最重要的史前人类遗址和古生物遗址的名录。这些活动我当然是全程参与，在确定亚非遗址的过程中，我更是投入了大量时间和精力，应邀参加了研讨会并做了发言。在亚的斯亚贝巴和首尔举行的研讨会上，我致开幕词并主持了部分讨论。首尔研讨会是在全谷里举行的，这完全出乎我的意料。2012 年 9 月，韩国代表亚洲把大家请到东道主最为现代化的史前博物馆（馆长是裴基同教授）开研讨会，可谓别出心裁。全谷里史前博物馆，当初为它出谋划策，让远离韩国的我费了不少心思，能在这里开会研讨令我大喜过望。这场有关亚洲史前遗址和古生物遗址的研讨会由我宣布开幕，出席开幕式的有京畿道的政府官员和专家学者，勒让德尔和德梅特尔可没少同他们打交道，这回是由我来出力,我参加了为期 8 天的研讨。那么博物馆到底怎样? 它给我的印象是: 远观,不显眼;近看,不惊艳。但实际上建筑师不负所托,完成了一件杰作。那展馆蜿蜒于两丘之上,有峭壁悬桥之感,不远处有小河喧嚣奔涌。此馆缘起于远古遗址,又与遗址相交相融。展厅宽敞舒展,空间配置巧妙,设计上无可挑剔。展出内容丰富,讲述了人类的总体演化史和韩国自己的史前史。

全谷里史前博物馆实现了建筑与环境的完美融合,堪称建筑设计的典范之作,这引起了玛加丽·雷耶布瓦的极大兴趣,她在我的指导下以这个博物馆为题撰写了毕业论文,她于 2007 年通过答辩并获得巴黎拉维莱特国立高等建筑学院文凭。

我后来于 2016 年在首尔做了短暂停留。

我与日本初次邂逅是在保罗·杜美大街①。那是 20 世纪 70 年代的一个夜晚,我离开由我负责协调("领导")各部门工作的人类博物馆时,已经是晚上 8 点了,我和侄子约好了一起吃晚饭。我来到经常等车的那个出租车停靠点,没见有车,一位女士已经先于我在那里等车了。等了好一会儿,终于来了辆出租车,我不能再等了,便一把抓住那位女士的胳膊,把她推进车里,嘴里说道:"一起走,我们肯定是同一个方向!"她并未拒绝,这样我们两个人就都坐在了车的后座,司机一脸懵,不知就里。我转头对身边的年轻女士说:"我叫伊夫·柯本斯,是旁边人类博物馆

---

① 保罗·杜美(1857—1932),法兰西第三共和国第十四任总统。——译者

的,我约了人,8点钟在马莱那儿见面,我怕让人等急了,请您理解。"女士转过头,满脸笑意,说了句:"我叫俊美,日本制造①"。我一时蒙住了,但还是礼貌地问她要去哪儿。她原来是要去圣日耳曼德佩那儿参加画廊的开业仪式,我们正好同路……和女士一番交谈之后,我才有机会和司机讲话:"先把这位女士送到圣日耳曼德佩,然后我们去马莱,我会告诉您我在哪儿下。"我们到了圣日耳曼德佩,"日本制造的俊美"兴致很高,她想请我参加开业仪式,然后再把我送到马莱(甘蓝桥街,我侄子正在那儿望眼欲穿)……打那以后,我们就经常见面叙谈。石井俊美是杰出的日本雕塑家,多次获得国际大奖。她先是在蒙马特高地脚下的一个艺术村里住(图尔拉克街),后来搬到毕加索在首役街上的工作室,她为能在大师的旧居里创作而感到非常自豪。就这样,我和石井俊美成了挚友。当然了,我们俩都觉得我们相识的方式很特别,令人莞尔。

实际上我认识的日本人可不少,有同行,有朋友,有的同行和我成了朋友。我常收到他们的邀请,但由于事务缠身,一直没能成行。直到1999年我才第一次踏上日本的土地,灵长类专家石田英美邀请我来犬山小城参加以"猿猴的进化及人类的起源"为主题的研讨会。京都大学灵长类研究所就在犬山,研究所里饲养着灵长类动物。我对日本的初步印象:秩序良好,精致清雅,国民遵规守纪,宗教气氛浓厚,传统文化尚

①　原文为英文"made in Japan"。——译者

未失落，所谓料理难以下咽（对我而言）。我于2005年8月再次来到日本，是来参加爱知世博会的。田村爱这位年轻的日本朋友为我参展的事多方奔走，最终使得公众在"全球之家"见到了"露西"的骨骼和一头来自雅库特的猛犸象的头部骸骨，展出6个月，参观人数2 000万！这次我开始有点儿喜欢日餐了，吃这个料理要先做个入门培训才行（还是对我而言）。2005年8月的最后一天，我约了日本同行马场久雄教授在东京的一家餐厅里共进晚餐。鬼使神差，那天晚上见了教授后我竟然跟他说，8月31号是我的最后一个工作日，次日回到法国时我就已经退休了（从行政上来讲）。教授听完便包下整个餐厅，打电话叫来同事、学生……我们彻夜畅饮，庆祝一件本来没啥可庆祝的事。第二天我回到巴黎，一身清酒味儿，当然也有点疲惫。那天确实是个大日子，我本来打算让它平平淡淡地过去，没错，友情和气氛会让某个日子变得极为不同。

美洲

美洲大陆南北纵横1.5万公里，北起小代奥米德岛，南到火地岛南端的合恩角，小代奥米德岛和西北面的俄罗斯的大代奥米德岛隔海相望，合恩角和南极洲大陆的清冷海岸隔海相对。智利人说起合恩角时会说："世界尽头，魔鬼丢了斗篷。"①那实际上说的是南纬40°至50°之间那

---

① 原文为西班牙语。──译者

令人胆寒的咆哮西风,有时力道之大使绕过合恩角的航行变得极为凶险,以至于"合恩角征服者"成了航海人的殊荣,我得到了这个称号,非常自豪。那是在2007年,我搭乘的"金刚石"号邮轮成功绕过了合恩角,船长是布列塔尼人,名叫让-菲利普·勒梅尔。曾经有那么一天,在滨海拉特里尼泰码头,有个人跟我说:"看,那是你表哥,他叫勒鲁齐克,不,叫勒戈夫,也不是,可能叫勒古埃夫吧,那可是个人物,过了合恩角哩。"听这话时,我还是个孩子,我当时真的被震住了,愣在原地,满脸崇拜。我从小就梦想成为"合恩角征服者"(那是我的"病",叫"异域炎"),我"表哥"那些人可是乘帆船绕过去的(布列塔尼人嘴里的表哥是指比远亲还远的亲戚,但也不是随便说的)!

美洲的北端,一侧是阿拉斯加,另一侧是格陵兰岛(冰岛的一部分在地理上属于美洲,其人类起源也可能和美洲有关),中间是幅员辽阔的加拿大。北临北冰洋,南抵五大湖(水源来自第四纪冰川),东临太平洋,西望大西洋,这片大陆莽莽苍苍,无边无垠,它曾凭借那套"绿色丛书"在我儿时的想象里展开。我曾多次在阿拉斯加海边徜徉,想象当年先民的样子:他们追牛逐象,跨过路桥,无意间登上新大陆,不期然闯入新世界。每每想到这个场景,我便心潮澎湃!白令海峡没有宽过100公里的地方,也没有深过100米的水域,那个大冰川①稍一发力收纳海水,就能使白令路桥变成从北纬60°铺展至北纬70°的辽阔草原(南北纵横1 500

---

① 有时化为两个小冰川,西侧的叫高勒帝耶隆,东侧的叫罗朗帝德或科瓦旦。

公里)。假说需要考古遗存来证明，有人在温哥华附近地下 50 米处发掘到了打制石器。

加拿大我了解不多，我特意去法语区美美地走了一趟。我搭乘的"圣洛朗"号邮轮溯流而上，从纽芬兰出发，中途停靠加斯佩、魁北克，最后抵达蒙特利尔。我很欣赏格陵兰岛 5 000 年的史前史，邮轮沿它的东西两岸航行，沿西海岸多一些，东海岸少一些。格陵兰岛上先后出现了三批人类：古爱斯基摩人背弓挎箭，中生代爱斯基摩人用起了滑雪板，新爱斯基摩人发明了狗拉雪橇和栓有浮标的标枪(浮标可以让猎人定位好不容易用标枪刺中的海豹)。这三批爱斯基摩人都熟练地掌握了猎杀海洋哺乳动物的本领，他们中的一部人可能是在岛内进化的，但他们的始祖肯定来自阿拉斯加，甚至来自那个遥远的地方——远东。

我非常了解冰岛，它其实是大西洋中脊①突兀升起的结果，在地理上，西部属于美洲，东部属于欧洲。有人在岛的西南地区发现了燧石打制石器(它被称为楔形石器，因为它是先民用特别的方法敲击制成的)。这类石器，考古专家在阿拉斯加发现过(1 万年的历史)，在西伯利亚发现过，在蒙古发现过(3 万年的历史)！这个燧石石器是否意味着当初有那么一群人凭着勇气从阿拉斯加出发，闯入格陵兰，最后抵达冰岛而成为岛上最早的居民呢？或许它是被某位收藏者从别处带入冰岛并被遗

---

① 大西洋中脊是分布在大洋海底的巨大山岭，从北冰洋一直延伸到非洲南端附近，长约 16 000 公里。——译者

失在岛上的。

北美的冰川融化后，便形成了马更些河谷，通往南方的通道也就被打通了，当然是通往北美的南方。

在南面与加拿大接壤的就是美国的主要领土了，美利坚合众国常简称为"美利坚"，上文提到过的阿拉斯加就已经让我们感受到了些许"美利坚"气势了。我之所以说"主要领土"，是因为阿拉斯加属于美国，位于太平洋中部的夏威夷群岛也属于美国（我曾两次去过太平洋，在1999年到达汤加，在2000年离开，那是另一个人生插曲了）。美国饱受批评，美国人的食品、政治和生活方式等均遭人诟病。为什么会这样？原因很简单：长久以来，尤其自第一次世界大战起，全世界都在嫉妒美国！人性如此！美国聚集了来自世界各地的移民，利用人才优势，最终成为举世瞩目的超级大国。美国的税收政策符合国情，确保了对科研的投入，使美国完成了全球70%的基础研究。其刊物受到追捧，其艺术产品行销全球（音乐、舞蹈、电影、绘画和雕塑等），其技术世界领先。美国人非常关注欧洲和非洲，这里面有纯粹的好奇，有浓厚的兴趣，甚至有复杂的情结，各种心态杂糅其中，着实有趣。确实，很多美国人的根或在欧洲，或在非洲，人人都需要知道自己的来处。需要指出的是，"美利坚"充满智慧，却往往被忽略。在这个国家，恪守职业道德成为风尚，大家精益求精，常止于至善，他们虽背井离乡，却常念再现祖上风范，以超越前辈来勉励自己。史蒂夫·乔布斯的领域和我的专业毫不搭界，但这完全不影响我敬佩他。

我这本书不是美国辩护书，但我还是想表达我的观点：美国遭受诟责问难，它惹人不快，但要承认它在诸多方面堪称楷模。

　　我从 1965 年起便深入美国。我先去了丹佛、博尔德，然后再从这两座大城市出发了解了科罗拉多、德克萨斯、新奥尔良、亚利桑那和新墨西哥。此后，我便经常造访这个令人着迷的国家，我先是在克利夫兰大学和唐纳德·约翰松共事，然后去了芝加哥大学，再后来在伯克利大学与弗兰西斯·克拉克·豪厄尔合作过（我获得芝加哥大学的名誉博士学位，我对此很是自豪），我在纽约工作过（是美国国家博物馆的副研究员和西奈山医学中心、西奈山医学院的客座教授），我常去洛杉矶，参加了对拉布雷亚牧场古生物博物馆①的抢救工作，为在旧金山金门公园的科学院博物馆举办的人类起源展提了些建议，我去过好几次华盛顿州的西雅图和华盛顿特区，我在东汉普顿的罗斯私立高中教过书，我最近一次去纽约是在 2015 年应联合国的邀请去讲……"进步"！履历上的这些亮点只对我个人有意义，我就此打住。

　　说到中美洲，我先说说马提尼克（我是 1993 年去的），再讲讲加勒比海。我了解马提尼克，那是个非常迷人的地方，在那里我欣赏到刻画在石壁上的作品（露出地面的岩石上的雕刻和几何线条）和用贝壳制成的工具——人类适应能力极强，善于利用周遭的一切——说起马提尼克，可别忘了小潘趣酒！1981 年我到了墨西哥，坐长途汽车转了转，这个国家也令我着迷，它先前有好多个酋长管辖区（奥尔梅克，特奥蒂瓦坎，密

_____

① 拉布雷亚牧场是在洛杉矶的天然沥青坑，里面累积了大量的动物骸骨。——译者

斯特克,托尔特克,阿兹特克,萨波特克,玛雅),后来它们成为一个个独立的城邦并共同创造了广义上的"玛雅"文化。"玛雅"文化着实令人惊叹:建筑艺术辉煌,雕塑技艺精湛,文字书写独特。除了墨西哥(3 000年前),人类的早期文字还在美索不达米亚(5 400年前)、古埃及(5 200年前)和古代中国(3 400年前)等3个地区先后出现。有个小小的个人经历,我两次到墨西哥,回去都途经纽约,我乘坐的是"协和"飞机(当然是赠票),从那以后,每次坐长途飞机我都琢磨,明明飞机能每小时飞上两三千公里,为啥它要以每小时低于一千公里的速度"龟行"? 冥冥中似有安排,我在墨西哥经历过一次地震,没有人员损失,按照著名的里克特提出的那个同样有名的地震震级标度,那次的震级是里氏7级。当时我和德国专家在宾馆休息,开始我们都以为是我俩"喝大了"(刚参加了鸡尾酒会,就在那个著名的人类博物馆),后来墨西哥人开始在门梁下狂奔,巨大的锻铁吊灯悠来荡去,摇摇欲坠,我们这才醒悟,地震了,那场景我终生难忘。

一条细细的"脐带"把中美洲和南美洲连在一起,向南走过"脐带"尽头便进入了另一个美洲,一个和中美洲同样树木茂盛的美洲,一个拥有潘帕斯草原的美洲——南美洲。北美的落基山脉向南延伸后形成的偏移脊柱在南美洲接上了安第斯山脉。在委内瑞拉境内,我有幸骑马登上安第斯山脉海拔5 000米的山峰,等到了墨西哥的梅里达,我胯下那匹可怜的登山马已经精疲力竭了。那是在1992年,我已经不像当年在非洲"南征北战"时那样"轻盈"了。

图30　1992年，安第斯山脉，胯下骑着小登山马。

到目前为止（从1991年起），我去过次数最多的南美国家无疑是巴西，我从贝伦、玛瑙斯的森林出发，最后抵达巴拉圭（伊瓜苏大瀑布）、乌拉圭、阿根廷的边境。累西腓是座美妙的热带港口城市，连空气中都有蔗糖的味道，我从那里出发沿巴西的东海岸一直航行到圣保罗的外港——桑托斯。我最喜欢停靠的港口是里约，当然了，萨尔瓦多也不错。最后我到了圣保罗，这座城市庞大、危险、繁荣，它太吸引我了，结果我成了圣保罗医学科学院的首位外国院士。

我在巴西东北的皮奥伊州逗留的时间最长，因为我受邀到该州的佩德拉富拉达勘探史前遗址，请我来的是考古学家尼埃德·吉东，她有法国、巴西双重国籍。这个史前遗址非常有名，其岩画复制品出现在里约热内卢夏季奥运会的闭幕式上。这个州有丰富的史前考古资源，它们分属不同时期，最重要的当然是史前石器遗址，因为有的碳-14测年结果竟达到5万年，这对于美洲意义非凡。好几个实验室做了大量的年代测定，专家显然对断代意见不一，很多专家认为这些遗址的历史没那么长。即使没有5万年，其历史对于美洲而言也是够长的，据此，吉东认为，虽然大多数美洲先民是从白令海峡过来的，但皮奥伊州的美洲先民却来自西方，他们横渡大西洋从欧洲或非洲来到美洲，到目前为止，她的这一看法依然还是人类学的一个假说。结束在巴西的考察后，我得到了一个不敢奢望的荣誉，巴西高等教育部门在2004年决定在巴西伯南布哥联邦大学①设立

①　在圣弗朗西斯科山谷和累西腓市。

"伊夫·柯本斯考古学教席"!我的几个同事获得了该项目的资助①,从他们口中我得知我获此殊荣。我自己却无权使用这个项目的资金,荣誉和金钱有时不可兼得!

我曾沿着阿根廷的长长的海岸线航行,从布宜诺斯艾利斯出发,穿过拉普拉塔河(当地人称之为"水洼"),最后在乌拉圭的蒙得维的亚登船。我也曾沿着智利那漫长的海岸线航行,最后抵达首都圣地亚哥,那是在2007年。阿根廷和智利这两个南美大国并列雄踞于南美洲富饶的南部狭长地带,在两个国家都出土了大量的石器,大陆南端出土的石器有1万~1.5万年的历史!如果美洲的先民是在距今3万~4万年期间通过西北面的白令海峡来到这片土地上的,那么这些出土的石器表明,人类在美洲大陆的迁徙速度非常快。人类到达美洲的时间可能会更早,加利福尼亚刚刚出土的骸骨化石有确切的去肉痕迹,它们可能有13万年的历史!

再往南,就是那个南极冰帽了。南极洲上覆盖有厚达3 000米的冰层,很多人都在等着冰盖消融,好去实地勘探。有人把南极洲当作真正的大陆(第六大陆)。我没去过南极洲,我刚才讲过,我到过的最南的地方是合恩角,不过我自1999年起就是法属南部和南极领地(TAAF)的"文化与历史遗产事物"顾问。如果乘船从留尼旺岛出发,先一一拜访

---

① 里昂的克洛德·介朗去巴西研究史前贫齿类巨型动物的化石,很久以来美洲在考古研究中被认为是孤岛。

凯尔盖朗群岛、克罗泽群岛、圣保罗岛、阿姆斯特丹岛、阿德利地,然后再回到留尼旺岛,正好是转了一圈,这些岛屿我都没去过,我想去!

欧洲和大洋洲:天差地别

> 万有拱绕大地,万物绕水而居。
> ——据雅克·普莱维尔①

欧洲

1978 年,诺贝尔基金会邀请我和 18 名考古界的专家参加研讨会(我们被认为是古生物学界的代表人物)。会议组织者热心科普,别出心裁,安排半天时间让专家在斯德哥尔摩的一家剧院里与公众交流。18把小椅子一个挨一个排在舞台深处的大幕前,一个小麦克风孤零零地立在舞台边缘靠近乐池的地方。规则是这样的:观众提问,问题涉及哪个专家的领域,哪个专家就出列作答。那天主持人先用瑞典语做了简要介绍,然后活动进入听众提问环节。第一个问题是一般性的:"在非洲大陆的最新考古发现是什么?"我快步走到麦克风前自豪地讲述了在奥杜瓦伊峡谷、图尔卡纳、奥莫河谷、阿法尔进行的科考以及最新的研究成果。我讲完便坐回到小椅子上。第二个问题:"在亚洲的最新考古发现是什

---

① 雅克·普莱维尔(1900—1977),法国诗人,剧作家。——译者

么?"这回是中国同行吴汝康①教授上前回答,他是专程来参加这次学术盛会的。他讲述了中国近 40 年来取得的考古成就。他不善言辞,他的英语里夹杂着笑声。吴教授刚回到座位,还没等有人提出第三个问题,我脑海中便闪过一个念头,这个念头也许来得太快了,我觉得应该由我或其他在场的西方学者出面加以说明。所谓的"铁幕"阻碍了东西方学者之间的直接对话和交流,多年来我们是第一次听到来自远东的考古专家讲述欧亚大陆尽头的考古发现。我说道:"让我们向吴汝康教授致敬,感谢他介绍了如此重要的研究成果并尝试把非洲的考古发现和亚洲的考古发现联系在一起。"我当时不知是怎么想的,是想做个概括吧,我又加了一句:"但是很遗憾,吴教授应该和我们讲讲欧洲,好让我们更好地了解那个被称为旧世界的大陆。"我的话音刚落,吴教授迅疾起身,快步走到麦克风前一字一顿地说道:"欧洲是亚洲的一部分。"我只好把我那小小的欧洲半岛咽回到肚子里,好让听众继续提问。欧洲地位问题一锤定音! 其实保尔·瓦莱里②早就说过:"欧洲——亚洲大陆的一个蕞尔岬角。"

除了列支敦士登,从我前面讲到过的冰岛和格陵兰岛（它们只是

---

① Woo Rukang,以前写作 Woo Yu Kang。(吴汝康[1916—2006],中国人类学家、考古学家,中国体质人类学和古人类学研究的奠基人。他在古人类研究、旧石器时代考古学等领域贡献突出,对自 1949 年以来在中国发现的绝大多数人类化石都做过深入研究。编号为 317452 的小行星被命名为"吴汝康星"。——译者)

② 保尔·瓦莱里(1871—1945),法国象征主义诗人,有诗句"起风了,要努力生活"(Le vent se lève, il faut tenter de vivre)。——译者

在政治上属于欧洲）到土耳其（它很快就会完全融入欧洲大陆），我连欧洲半岛的犄角旮旯都了解。诚然，欧洲（1万平方公里）是多样多元的，历史错综复杂，充满冲突。学校并没有把欧洲史教好，欧洲看上去虽然不是铁板一块，但它比大众想象的、比它自己显现出来的还要更加同质。想要真切地看清它，必须远离它，当你置身于撒哈拉沙漠的腹地或辽阔的冻土带（这两样我都做过），你才能理解和体会欧洲方方面面的一致性：思想，文化，信仰（不完全一致），人口（相对一致），生活方式，饮食习惯，以及居民的行为（当然是和其他地区相比较而言）。

　　人类在2 500万年前第一次走出非洲后，就开始在欧洲大陆繁衍了，我指的是能人。到目前为止，在欧洲发现的人类工具（意大利的皮罗诺德）没有超过1 600万年历史的，遗骨化石（西班牙的阿塔普尔卡）没有超过1 200万年历史的，但我坚信人类在欧洲生息繁衍的历史要更为久远。或许除了地中海沿岸和东北大平原外，欧洲大陆上的人类迁移受到了接二连三出现的冰期的影响。间冰期发生的洪水把里海、黑海、地中海连在了一起，形成了波罗的海，这同样延阻了人类的迁徙。但是人类生性灵活，善于克服险阻，一旦有机会，他们便挺进了欧洲的最西端（在讲英国时，我描述了有100万年历史的人类脚印），（很快）抵达欧洲的最南端，（较快地）踏上了欧洲的最北端。人类一旦定居在欧洲便被周期性的气候变化困在那里。之后出现了遗传漂变，产生了让人大书特书的古人类——尼安德特人。由于独特的尼人是逐渐显示出其特点的，所以考古界不敢断言阿塔普埃卡人（距今 80 万年）、托塔韦人、博克斯格鲁夫人（距今 50 万年）已经有了尼安德特人的雏形，但实际上尼安德特人很早就在孕育中了。后来尼安德特人又回流到近东，一直回退到阿尔泰，与智人发生了有限的遗传交换，这就给尼安德特人蒙上了一层神秘的面纱：他们矮小粗壮，头发可能是金黄色的，甚至是红棕色的，肤色在世人的想象中经常是青铜色的。

智人抵达欧洲的时间并不十分久远，大概在 5 万年前。他们在智力上和艺术上具有奇特的潜质，在欧洲落脚后，才智马上得以发挥。从遗传学上讲，尼安德特人在大约距今 2.5 万~2.8 万年之间应该几乎消失。如此说来，智人很有可能邀请尼安德特人来参加在肖维-蓬达尔克洞穴中举行的"画廊"（距今约 3.5 万年）开幕仪式①，更有可能在施瓦本汝拉山②的洞穴中选出一座体态丰满的女性小雕像（距今约 4.5 万年）赠给尼安德特人。

除了我不大去的高海拔地区（我出生的地区是零度海拔），我到欧洲各地去做讲座，参加教学活动，出席各种学术会议和非学术会议。我是博洛尼亚大学的客座教授。我在比利时的自由大学做了好几年教授。我是博洛尼亚大学、烈日大学和蒙斯大学的名誉博士。我在 2001 年成了瑞士一家博物馆③的宣传大使（其他 3 位宣传大使都是瑞士人：瑞士

---

① 肖维-蓬达尔克洞穴位于法国东南阿尔代什省，洞壁上绘有上千幅史前壁画，2014 年被列为世界文化遗产。——译者
② 施瓦本汝拉山位于德国的巴登-符腾堡州。——译者
③ 纳沙泰尔的拉坦诺文化遗址博物馆。

联邦前主席勒内·费尔伯、宇航员克洛德·尼科利埃和深海探险家雅克·皮卡尔）。另外，我赠送给这家博物馆一些用于收集海盐的小陶器（类似淘金槽），这些陶器来自法国的莫尔比昂，是拉坦诺文化时期的出土文物（拉坦诺文化的遗址在纳沙泰尔湖畔，该文化以曾居住此地的部落的名字命名，故遗址博物馆的名字为拉坦诺博物馆）。我在博洛尼亚、罗马、都灵、布鲁塞尔、伦敦和布尔诺组织过展览，和在意大利、西班牙、瑞士的编辑委员会有过合作。我在英国、德国、瑞典、比利时和意大利（格拉巴奖，诺尼诺酒庄①设立的）获得过奖章、奖励、荣誉称号。就这些吧，昔日的辉煌我不想讲太多。

　　总在那儿唠叨自己往日的荣光会让别人打瞌睡，我还是讲一个和欧洲古生物有关的事吧。1957 年秋天，让·皮孚陀打电话交给我一项"肯定让我激动"的任务。事情是这样的，他的瑞士同事约翰内斯·许尔策勒在托斯卡纳的格罗赛托的矿里发现了高级灵长类动物的部分（也许是全部）骨架，许尔策勒觉得这副遗骨属于人类。他带着"猎物"回到了巴塞尔，请皮孚陀派一位年轻的助手来协助他"拾掇猎物"。许尔策勒是巴塞尔自然历史博物馆的古生物专家，专门研究猴子，当然也研究人类的先祖。我接受了任务，兴奋不已，马上飞到瑞士德语区。巴塞尔的自然历史博物馆非常漂亮，馆况良好，布局用心，内容丰富，有很多来自法

---

① 诺尼诺酒庄由诺尼诺家族创建于 1897 年，是意大利历史最悠久、最传统的格拉巴蒸馏酒生产商。诺尼诺家族于 2009 年创立"诺尼诺国际文学奖"，中国作家钟阿城（1992年）、莫言（2005 年）、杨炼（2012 年）曾获此奖。——译者

国的脊椎动物化石(中央高原出土的尤其多),它们是历任名声显赫的馆长(斯特林,肖布)买来的。许尔策勒接待了我,很是热情,他马上领我去看了我们俩要"拾掇"的东西:一块黑色的长石,几块椎骨清晰地嵌在里面。我们得把裹在石头里的神秘来客给剥离出来,当然希望那不是个等闲之辈。

清理骨架需要极大的耐心,要仔细剥离上面的附着物使骨架显露出来。我和许尔策勒在巴塞尔的一位助手马上投入了工作,我们把自己关在工作室里,锁上门,因为许尔策勒不想让别人知道我们在做什么,尤其不想让他的同事知道!那几块椎骨无疑是属于灵长类动物的,它们或许和 19 世纪末发现的那副有名的骨架——山猿化石——有关。许尔策勒研究过山猿的牙齿和颌骨,他的解释不同于山猿科的命名者和其他前辈专家。山猿被认为属于猴科,但许尔策勒认为它很有可能属于人科。所以那块石头对他来说意义重大,他希望在里面找到能佐证其观点的证据(至少找到外露椎骨的剩余部分)。

我们把石头里的椎骨一块一块剥离出来,一旁的许尔策勒满怀希望,急不可耐。几天后,惊喜来了,我们见到了颅底!颅骨看上去保存完好,并且似乎是整个都在,它一点一点从褐煤中露了出来,就这样被褐煤包裹着穿越近千万年的时光来到我们面前。许尔策勒喜不自禁——颅骨呈现的特点符合他的预期。当看到特别脆弱的鼻骨完好无损并且高出脸的侧面轮廓时,他非常兴奋,因为这说明这个灵长类动物的脸有可能是扁平的,也可能说明它平时是站立的。许尔策勒当时激动的样子,我记忆犹新。那天，工作室依然是大门紧闭，许尔策勒从大衣橱里拿出一瓶格罗赛托的西昂蒂葡萄酒，我们仨高兴地喝了起来，举杯祝愿山猿这个人类可能的亲属身体健康。翌日，我们继续我们的"钟表匠"工作，（入乡随俗，这是在瑞士！）我们慢慢剥离出一块肱骨，第三天又是肱骨，第四天依然是肱骨。空欢喜，许尔策勒的脸拉得和山猿的上肢一样长！山猿，林间居士（所以为褐煤所困），也许有和人类相同的特点（时不时地挺直腰身），尽管如此，它依然是树栖动物，依然需要用双臂让自己在树枝间悠过来荡过去。瑞士朋友的希望落空，最初的喜悦随风飘散。尽管许尔策勒的解剖工作十分出色，他的观察无可挑剔，山猿还是让他失望透顶。他至今也没能完全摆脱掉那次前喜后悲带给他的心理阴影。对我来说，即便结果没有和预期完全相符，我也有幸在许尔策勒身边亲历了古人类研究和灵长类研究的重要时刻。

我再把一些趣事打包在一起讲讲。在"铁幕"时期，不知为什么（肯定和政治无关）我常被请到当时被称为东德的那个国家参加研讨会（我获得过维滕贝格-路德城的城市勋章）。从西柏林开始，乘坐地铁通过柏林墙，到东柏林，一路上我都被"近身保护"。我常被请到摩尔多瓦（当时的捷克斯洛伐克）①和苏联做展览或做博物馆的特邀嘉宾，多次被邀请到莫斯科做电视访谈，那是个叫"现实超越想象"的系列节目，主持人

---

① 原文如此。——译者

是谢尔盖·卡皮查[1]。我在马耳他见识过数不清的教堂和巨石神庙；我曾在锡拉库萨和阿格里真托古城的古希腊神庙中穿行，寻找神秘的西库洛猿（Siculopithecus）；我曾在设得兰群岛抚摸过小马（岛屿侏儒现象的活化石）；我曾在塞浦路斯见到了侏儒河马化石（同为岛屿侏儒现象）；我常去罗弗敦群岛，那里风高浪急，堪比莫尔比昂湾；我曾先后在圣托里尼岛和彼得罗巴甫洛夫斯克的破火山口中航行；我非常了解欧洲那几个袖珍国，在梵蒂冈和摩纳哥我都被委以职务，在安道尔我做过讲座，在圣马力诺我参加过许多研讨会，在意大利的里米尼来听我（和其他专家）讲课的有万人之多，创下了纪录！法兰西幅员有限，但不失伟岸，我走遍了她的山山水水，其间不寻常的经历多不可数，我就不在这里叙述了。

　　欧洲半岛我就讲到这里。它远离美洲，却与非洲成为近邻。土耳其像个楔子打入欧洲，把我的出生地布列塔尼推向远方，推进了大西洋，推进了那片绿色水域。接下来我要讲的是大洋洲。大洋洲由国土辽阔的澳大利亚和分散在浩瀚海洋中的无数个小岛组成。

大洋洲

　　跨世纪可是件大事，虽然有人为炒作的成分，但象征意义还是很大的，人类进入新千年的象征意义就更大了。1999 年的 12 月 31 日成为见证历

---

[1] 谢尔盖·卡皮查（1928—2012），俄罗斯物理学家，以在低温物理学和超导领域的研究闻名，是诺贝尔奖得主彼得·卡皮查的儿子。——译者

史的日子,之前的两三个月,妻子、孩子和我就开始筹划,我想很多家庭和我们一样,我们想用一种特别的方式来度过格里历这特别的一夜。日子自然在忙碌中一天天过去,我们并未拿定主意。(想法倒是有,但都不靠谱!)1999 年 12 月初的一天,法国电视 2 台打来电话,邀请我加入电视台的一个特别节目组,他们将前往浩瀚的太平洋,在一个合适的时区(因为他们要成为最早的问候人)通过电波向全世界,尤其是向法国致以千禧年的问候! 我马上在电话里说:"我去,可是我这儿一共有 3 个人。"事情马上就定了下来,我们一家三口在鲁瓦西机场乘坐加拿大的包机飞往汤加。

行程可不短,35 小时……想要转播成功,不能没有卫星天线,我们在巴黎费了很大劲儿才把巨大的天线装上飞机,随即又把它给卸了下来,把行李和食物"塞进"飞机后再把天线弄进了飞机。我们飞往加拿大。因为载重过多,没法加满油,所以途中加了两次油(一次是在深夜的温尼伯,那是座边界清晰的小城,银装素裹,寒气逼人,整个城市似乎蜷缩成一团在努力抗争着)。飞机在夏威夷降落,我们饱餐一顿后,飞往汤加的首都。我们乘船在海上转了转(本来是要省掉这一环节的),这让我们知道了汤加有多美,那真叫美不胜收啊……我们换了小船穿过珊瑚链,登上"我们的"阿塔塔岛(汤加有很多这样的岛),用木板和椰子树叶搭建的简易小屋就立在沙滩边上。

汤加是个王国,国王凭头上的王冠、手中的吉他(他发行唱片)和奇思妙想闻名全国。他为了使汤加在同一时区的国家中脱颖而出竟拨快了时钟! 我弄不清他的王国进入的是夏令时还是冬令时,反正当时汤加的时间比法国的时间不是快了 12 小时,而是快了 13 小时! 转播顺利进行。应邀参加活动的还有精神抖擞的列昂诺夫①、宇航员鲍德雷②、埃里克·格巴利、达妮埃拉·隆布罗索、玛丽·菲甘、安托万·科尔梅里、洛利塔·琅碧卡和恩佐·恩佐③等名流。活动由杰拉尔德·奥尔茨主持,照明出了故障,他一下子就把"露西"骨骼化石的复制品给打碎了(幸好是复制品),那是我为烘托气氛大老远带过来的。就这样,21 世纪的第一缕阳光撒向了身处浩瀚大洋中的我们。

　　在大西洋的另一次奇妙之旅是去石头岛④(从科伦坡起飞经悉尼需27 个小时)。它身姿细长,色彩温和,据考古专家讲,岛上在大约 3 000 年前就有了居民,有的是定居,有的是海上游民。我有幸见证了一件"拉皮塔"陶器被收藏进努美阿博物馆,拉皮塔文化的陶罐容量很大,应该是用于祭祀而非日常生活,它们成了漂亮的路标,就像小拇指一路撒下的石子,标明了拉皮塔文化先民一路走来的路线,他们好奇,勇敢,坚韧,我们各个阶段的先祖莫不如此,人类从来如此。先民先后踏上美拉尼西亚、密克罗尼西亚和波利尼西亚这三大群岛,他们的足迹每百年就扩展一千公里。我虽然落脚在努美阿,可我没少在新喀里多尼亚四处"溜

---

① 　他是第一个完成太空行走的人。
② 　帕特里克·鲍德里(1946—　　),法国第二位进入太空的宇航员。——译者
③ 　恩佐·恩佐(1959—　　),法国著名女歌手。——译者
④ 　格朗特尔岛是新喀里多尼亚最大的岛屿,故被称为"大地"(Grande Terre),长 500 公里,宽 50 公里,所以又被昵称为"石头"(Le Caillou),2008 年被联合国教科文组织列为世界遗产。——译者

达",甚至去了趟梦幻小岛——松树岛。

辽阔的澳大利亚显然是个另类,5万年前(这种说法是为了取个整数,实际的历史稍短),有人乘坐竹筏到达此地,在过去漫长的岁月里,印尼南部岛屿的南岸和澳大利亚的北岸之间有近百公里的距离。在距今70万到90万年之间,海平面下降(显然是由于海水在别处被吸纳),这样人类就有可能从爪哇经过巴厘岛、龙目岛、松巴哇岛到达弗洛勒斯岛,曾经有人据此认为这期间发生了人类的首次航海,但这个说法没有被学界认可。说到新西兰,很令人疑惑,它很晚才被发现,比澳大利亚晚得多。

我由东进入汤加,由西进入努美阿,那次我还差不到1 000公里就完成环球旅行了。倒是最近的堪察加之行(2016年9月)让我实现了这个心愿:在巴黎乘飞机出发降落西雅图,后从西雅图乘飞机抵达阿拉斯加的诺姆,再乘邮轮横渡白令海峡,最后乘飞机从俄罗斯的彼得罗巴甫洛夫斯克出发经首尔回到巴黎。用现代化的交通工具走完这一圈也要花很多时间。据说空间站的宇航员绕地球一圈需要90分钟。

我就这样满世界乱跑,我是不是对旅行上瘾?但实际上有比我还"疯"的。说到旅行狂人,我要"爆个料",我的好几位朋友都是重量级的:尼古拉·于洛[1]是当之无愧的冠军;扬·阿蒂斯·贝特朗[2]、雅

---

[1] 尼古拉·于洛(1955—),法国记者、电视节目主持人、环保人士,曾任法国生态、可持续发展与能源部部长。——译者

[2] 扬·阿蒂斯·贝特朗(1946—),法国摄影师、记者、环保人士,代表作为《鸟瞰地球》。——译者

克·贝汉[1]也十分了得;你转身的工夫,米歇尔·布吕内就可能到了喀麦隆、乍得或智利;帕特里克·博德里和吕西安·拉卢姆两人都是"旅行达人"成员(这个有趣的协会是由突尼斯人拉希德·特里梅什创立的,后来协会更名为"国际旅行达人俱乐部",特里梅什是旅游杂志《星盘》的发行人)。我也是"旅行达人"成员,可我的"战绩"平平,去过的国家超过一百才有资格成为令人羡慕的会员! 在法国,我当然是"探险家协会"[2]的活跃分子;在美国,我是纽约"探险家俱乐部"(1904 年创立)的成员。我是在东比利牛斯省举行的"安格勒探险与冒险节"的主席,并在 2001 年获得金奖;在 2003 年我成了"远征探险协会"组织的"探险银幕"活动的主席,类似的事情还有很多很多。

---

[1] 雅克·贝汉(1941—2022),法国演员、制片人、纪录片导演,曾出演电影《天堂电影院》,是电影《放牛班的春天》的制片人、纪录片《海洋》的导演。——译者
[2] 1937 年创立,后来因为要低调些就改名为"法国探险家旅行家协会"。

第二章

缺失的一环

培养一个人,不是填满一个罐子,而是点燃火焰。

——亚里士多德

有人这样说过,"孩子不是你的谈资,是你的经历",这句话让我想了很多,我深以为然。

孩子实为天赐的礼物,这个章节很短,因为我不好意思讲太多,我要讲的对于为人父母者而言都是寻常事!有些人说的不对,孩子不只是在某个年龄段可爱,孩子在所有的年龄段都可爱,不论他(她)是婴儿、儿童、少年,还是青年(康坦在还没成为少年之前称自己是"anolescent"①)。说到照顾小孩,我全程参与,亲力亲为,斗志昂扬:喂奶,换纸尿裤,等着他打完长饱嗝,整夜守候不眠不休,品尝成功后的得意(常常是短暂

①　意思是小康坦说不好"adolescent"(少年)这个法语词。——译者

的）。当孩子还是婴幼儿时，家长肯定是作息时间紊乱，昼夜颠倒，但这并不是什么艰难之事。

康坦于 1995 年 8 月 22 日在巴黎的硝石库慈善医院出生，他的出生证明是巴黎十三区开的，所以他是个小巴黎人。他出生时，我守在医院，极度紧张，但并未感到焦虑。医生、助产士、护士和护工进进出出，阵势可不小，他们个个焦虑不安，我觉得他们关注我比关注小康坦要多，大概是出于好奇吧，因为这是我的第一个孩子，而我已经 60 岁了。小康坦顺利到来，就如同 140 亿前的宇宙光子，他不早不晚的啼哭让产房里的人都松了口气。孩子随后被年轻的护士抱到水龙头那儿去经历他人生的第一次洗浴，小康坦似乎很喜欢女孩凉凉的手臂（这是他父亲的想象）。幼小的灵长类动物还十分柔弱，但护士毫不怯场，动作利落，看得我目瞪口呆。洗好后，婴儿就被抱到妈妈那儿，母子正式相见。

在医院的两天里，我总是担心护士抱错孩子（晚上新生儿和母亲分开，都集中到一个房间里睡觉），这才是真正让我焦虑的。两天后，母子出院，我们要把孩子带回家，医生、护士不会再帮我们，突然间，我们感受到这个小生命给我们带来的责任，我感到了肩上的担子，因为我要开车带一家人回家。孩子在婴儿篮里，和他妈妈在车的后座，我一个人在车的前排开车。我们家离医院其实并不远，但是那天我觉得回家的路很长、很长，且充满不测（驾车的种种风险我平时是不在乎的）。归程顺利，但我又开始焦虑起来。小家伙整天手舞足蹈，在他自己家里"喜滋滋的"，可是除了他的父母，没人再来帮他！我的当务之急当然是找到一位体贴、医术好、善解人意的儿科医生,还真让我给找到了。女医生主动来访,特意为小康坦跑了一趟,(尤其)是为了让孩子的老父亲心神安定下来,因为孩子稍一打嗝,我就手忙脚乱。孩子的健康记录本里有很多这位医生的印章和签名,它们是她辛勤工作的证明。

为人父,非常美妙;老年得子,当然惬意,但是忧虑倍增。由于我们没有时间在家照看小康坦,同时我们也想让他早一点感受"社交"生活,小康坦从1995年11月起就开始去托儿所。托儿所就在我们住宅楼的底层,这可是可遇不可求的事!他很快就显露出个性。早上,他非常高兴能和小伙伴重逢,但又难以接受我们离开。晚上,我们去接他时,他把这种不满流露出来,假装没看见我们并转过身去!

世上就没有什么教育法则,即便是有,我也不大会拿那些条条框框当回事儿。我和他母亲都认为,他首先应该学会尊重人、泛爱众,但他不能因此失掉批判精神和对人的判断力;他要知道人与人交往会产生友情,这种情感是生活的日常,至于如何定义亲友、朋友、好友、密友,那是他自己的事。他开始知行合一。一天,在上小学的他问我有没有可以站4个人的领奖台,原来他私下里圈定了4位自己青睐的小伙伴(女生),他没办法取舍,这可把他给难住了!

在幽默方面,我和小康坦、和其他人都不在同一个频道上。我跟他幽默过几回,我得承认效果不佳,比如,我讲了个"冷笑话",善良的小康坦以他的方式回应,可他完全没接住我抛给他的"球",我很是忧伤!后来他渐渐地找到了准星。一天,他用手指着个人让我看,我就和他说:

图 31 父与子，1998 年（摄影：马蒂娜·罗森斯蒂埃尔）。

"康坦,不要用手指人。"听了我了责备,他没吭声,收手曲臂用肘指向那个人。从那天起,我就再也不为他是否有幽默感的事担心了。

我和他妈妈后来想到,孩子是棵小树,根深才能不怕风摇动。阿登的茂密森林雄浑如父,布列塔尼长长的沙滩温柔如母,它们共同给巴黎的这株小苗增添了生命力。巴黎、阿登、布列塔尼都是小康坦的挚爱。来自布基纳法索的朋友约瑟夫·基泽尔博①曾写道:"根深方能纳万物。"孩子的根有了,该去吸收养分了,他要学会远行,这是我们的任务。康坦很小就开始旅行,去很远的地方,有时和我去,有时和他妈妈去,有时我们一家三口一起去。当然康坦现在可以独自旅行,他这么做已经有一段时间了。

除了真实的旅行(一直就没停过),我还领着小康坦在想象中漫游。在他还是孩童时,我就每天晚上给他讲故事,这很快就成了我的习惯,听故事可以让他集中精力,睡前故事后来成了我们俩的固定仪式。我的故事涉及 6 个方面:非洲大草原(康坦当然一点也不了解)、野生动物、猴子(这个我单独讲)、飞机、军事(我 18 个月军旅生活的片段以及我遇到的和军事有关的人和事),和史前史以及古人类史有关的田野考察(这个肯定要讲)。通常是这样:小康坦躺在床上,手里拿着装有巧克力的奶瓶,他要听什么,我就讲什么,我讲的时候,他举着奶瓶,一声不吭。故事讲完必有犒劳——两个灵魂拷问:"讲完了吗? 爸爸";"是真的吗?

---

① 约瑟夫·基泽尔博(1922—2006),布基纳法索历史学家、政治家。——译者

爸爸"。在听到肯定的回答后,他便和我道声"晚安"(肯定是要亲亲面颊的),接着就舒舒服服地躺下来,转过身去享用他的热巧克力。我想,他喝完了就会进入甜甜的梦乡,我刚刚讲的故事会呈现为画卷,一幅一幅地在他的梦里展开。

有人父亲去世了,很懊悔:"我本该花时间和他多说说话!"这样的话我常听到。我是个高龄父亲,时间安排自由,我充分利用了这两个优势。当康坦还是个幼儿时,我就一个人带着他到处跑(第一次带他出门时,他还戴着围嘴,我租了辆后排装有儿童安全座椅的车)。算起来,一年我和他要在外面飘上一个多星期。父子俩的二人世界对我来说无比美妙,康坦亦乐在其中,只不过他早就习以为常。两个人的玩法和三个人的玩法不同,更何况两个玩伴都是男性,并不是哪个好、哪个不好的问题,事实如此。

说起康坦,故事有的是。一天,我跟他说(没敢早说,怕给他造成心理阴影),"康坦"(Quentin)拉丁文的意思是"第五个",他并不是我的第五个孩子,起这个名字,是因为在他出生前我和四副有代表性的古人类遗骨打过交道①,他是我的第五副"骨架",他这副"骨架"可是有血有肉的! 实际上根本不是这么回事! 我和马蒂娜之所以给他起这个名字,完全是因为我们觉得"康坦"这个名字好听。所谓第五副"骨架"的说法就

---

① 1965 年的乍得南方古猿,1967 年的埃塞俄比亚傍人,1978 年的阿法南方古猿,1994 年的羚羊河南方古猿,这里面有我独自发现的,有我和别人一起发现的,有我和别人联合签名认定的。

是个玩笑,虽是玩笑,却在考古圈流传甚广,美国同行直到今天还经常问起:"您家那位老五,他还好吧?"这个玩笑对我们家"老五"可不灵!

康坦长成了大小伙子,免不了要"出去耍耍"(说到这事,大家都用这个词!)①,我就让他读拉迪亚德·吉卜林写的那首荡气回肠的诗——《你将成为男子汉,我的孩子》,给他讲了诗歌的创作背景、20 世纪初的局势和当时英国人在印度的状况:

> 如果你能用六十秒冲刺,
>
> 填满那无情流逝的一分钟,
>
> 那么你将拥有世界。
>
> 更重要的是,我的孩子,
>
> 你将成为一名男子汉。②

康坦把这首诗贴在他卧室的墙上,当然是用英文写的。我又教给他两条"格言",希望它们能陪伴他自由年轻的岁月。一条是"别太理智,理智的生活是遗憾的,但要永远听从理智";另一条是"不要让你的人生变短,不要让你的人生负重!"我心里清楚这样有些做作,甚至有些附庸风雅,但大家都明白这样的格言上口、好记。

我想,带着这些叮嘱,船就可以起锚航行了。康坦的船已经出海,正扬帆远航。

---

① 说的是法语"sortir"这个动词,有"出去""玩耍""约会""谈恋爱"等义。——译者
② 原文为英文。——译者

　　一说起康坦，我就会滔滔不绝，再讲一个就打住。康坦兴趣广泛，很少有他不想了解的事。他当然对史前史感兴趣，他怎么可能不了解史前史呢？我不大愿意在他的同学面前抛头露面，但他从上幼儿园一直到读大学（巴黎九大），每年至少一次把我请到他的学校。我给他的同学做讲座、做报告、办展览、放电影，和他们座谈、讨论。做这些最初是为了给学校筹集学生每年出游的经费，后来就成了我的乐子——一位从事研究、喜欢探险的老先生和莘莘学子交流的乐趣。康坦现在的专业和化石无关，他选择了别的方向，最初大概是因为不大想生活在他父亲的影子里，这我理解，同时也是出于个人兴趣（幸好是这样），我为他的独立而感到欣慰。

　　诸位应该懂了，说来说去，康坦才是我最珍贵的发现。

第三章

建设与管理

聚集即为开始。

——亨利·福特

"建设"和"博学家"这两个词均有狂傲之气。至于什么"管理",就不要在这里讲了吧!之所以用"建设与管理"作为标题,只是为了和下一章的"吸引与传播"有个呼应。

我有意让这一章的内容和下一章的内容贯通融汇,比如,我在这两个章节里都会讲到我做论文答辩评委的事,我做过两百次答辩评委,想炫耀一下,同样,类似我做学术编委的事,我也会在这两个章节里讲到。我将在"建设与管理"里讲我个人的活动,在"吸引与传播"里讲团队活动,这是大体上的安排。

我在很多学术委员会任过职,下面我就挑几个主要的讲一讲。那些职务,有的我乐于担任,但其中有很多我是没法拒绝的,属于我前面说的

"城里的陷阱"。作为研究员，我怎么可能辞掉国家科学研究中心的国家科学研究委员会的工作呢？作为史前史研究专家，我又怎么能拒绝给国内外的发掘项目签发许可证的任务呢？需要我专门抽出时间来处理的事务有很多，比如调研、准备资料、撰写报告、约人谈话，等等。另外，以汇报、讨论、投票为主题的会议是避免不了的。

　　我两度入选隶属法国国家科研中心的国家科学研究委员会，任期近10年，因为我总会有延期的"优待"！我从1979年起就是文化部考古研究高级别委员会的成员（负责国内考古事务），从1980年起就是外交部（当时叫对外关系部）法国考古域外研究咨询委员会成员。设立这些委员会是必要的，资深研究员当然有义务在这些机构中任职，然而，学者可以在25岁或30岁时专注研究，在35岁或40时则要兼顾科研和行政（学者年龄越大兼职行政的机会就越多），比较这两个年龄段的学者用在研究上的时间之后得出的结论是令人忧伤和震惊的：行政占用时间太多了。但是要知道"会议狂"是各个时期、各个国家、各个机构的通病。我认识很多学者，他们到了一定年龄或做过一段时间基础研究后就想转到行政岗位，这种角色转变是客观需要，对于这些人就不存在陷阱或行政事务占用时间的问题。我也认识一些终生从事研究的学者，而法国正好有让学者终身投入研究的机构，这是法国让人羡慕的地方，而我就在这样的机构里从事研究工作。

　　我讲讲那些和我有关的重要机构。咨询过我的机构很多，如果我像写下一章那样将其一一罗列出来，那我就得列出一百多个，所以我就挑几个重要的：成为联合国教科文组织总干事费德里科·马悦尔（2001年）的古生物和史前史顾问，我对此感到骄傲，虽然我一直不太明白我的具体职责，但我是经常被"咨询"的。我参与了路易·李基非洲史前史国际研究所的创立工作（我前面提到过），1992年在内罗毕，我成为该研究所咨询委员会成员，这个咨询委员会对于研究和保护肯尼亚的史前和古人类化石起到了重要作用。我是肯尼亚博物馆行业协会委员会成员，约翰内斯堡大学斯泰克方丹遗址国际委员会咨询委员会成员，比勒陀利亚博物馆人类起源与古代环境项目（"希望"）的荣誉研究员（英语的"honorary"不等同于法语的"honoraire"，后者是"名誉的"，前者是"荣誉的"）。我从1977年起就是伦敦的路易·李基基金会的理事和该基金会的遴选委员会成员，从1986年起成为该基金会在加州帕萨迪纳的专家委员会成员，从1991年起成为该基金会在奥克兰的专家委员会成员，从1983年起成为在纽约的人类起源研究基金会执行部成员，后成为该基金会的执行部主任，从1980年起是欧洲科学基金会人文委员会成员（法国代表），从1990年起是在柏林的东德科学院人类研究所成员[1]，从2001年起是硅谷安逸星球基金会成员……我好像是在写简历！

　　我在国外的任职太多，我还是挑一个近期接受的重要职位来讲讲吧，它和人类起源研究项目的学术委员会有关。这个委员会2004年在伯克利成立，负责监管美国国家自然基金会有关古人类的研究，由4名

---

[1]　原文如此。——译者

专家组成,除了我其他3名专家都是美国人。当我第一次去伯克利大学与3位美国专家会面时,我"谦虚"地自我介绍说:"我就是世界!"(I am the World)。

在法国,尤其是巴黎,在几个主要博物馆的决策机构我几乎都有任职:国家自然历史博物馆召开的管理委员会和学术委员会,人类博物馆的所有决策部门,凯布朗利博物馆的管理委员会。在我的呼吁下,在圣日耳曼昂莱的国家考古博物馆设立了后来为人熟知的皮耶特展厅,在那里展出了迷人的布拉森普伊维纳斯,还举行过各种展出活动,比如"史前之月"。① 我也在地球科学委员会、发现宫管理委员会、科学与工业城,以及后来成立的大科学中心、巴黎高师学术委员会、巴黎高等研究实践学院学术委员会②、国家文物委员会、法兰西基金会学术委员会、社会分析委员会、世界科学责任运动理事会和技术委员会③任职。当然了,我还在很多科学院任职:法兰西学会的法兰西科学院、外省科学院、国家医学院(由于抽不出时间,我经常缺席它的委员会会议)。

我当然记得我曾给很多机构的奖项做过评委,有法兰西科学院的,有法兰西公学院的,有大学公署的,有法国科学进步协会的,有国家医学

① 我在2017年获得法国国家考古博物馆建馆150周年纪念奖章。

② 维基百科弄错了,我从未在这个学校担任过科研负责人。

③ 我在1983年当选,在1984年我成为该委员会的副主席,主席是让·多赛。(让·多赛,法国免疫学家,于1980年和斯内尔、贝纳赛拉夫共同获得诺贝尔生理学或医学奖。——译者)

研究院的医学及研究奖（应评奖委员会的要求，我接替了让·贝尔纳[1]），有在布鲁塞尔的欧盟委员会设立的"笛卡尔科研优秀大奖"（从2004年起），等等。每次评奖都要处理一大堆文件，审核申报书，阅读报告，排名，确认获奖名单。

我曾先后负责过好几个研究小组和实验室，有的在考古现场，有的在巴黎，有的在"外地"（我们的行话），要开很多会，因为要决策，但也是为了不时地消解团队迅速积累的负面情绪。在我担任人类博物馆"馆长"期间[2]，大家不用约时间，就可以随时来见我，跟我说一说他们的不满、他们的困难和听到的传言。当年去奥莫河谷的是支庞大的科考队，"后勤大队"由坎巴人组成（厨师、司机、助手、发掘工长），他们时不时地来找我交谈，为的是"清除暗雷"。我们会聚在一起聊上一整夜，第二天的工作气氛就会明显变好，变得更轻松、更愉悦，因为夜里的交流消除了一些顾虑、误解和怨结。有些事情在他们看来是不公正的，小怨久积会酿成大患，所以隔段时间就要沟通一下。

我的工作关系在索邦、人类博物馆和国家自然历史博物馆（植物园），这些地方的实验室在我去之前就开展了对外合作，我自己也推动了一些合作，有项目合作、专项合作、专题合作、合办实验室等形式，比如和UPR（波多黎各大学）、URA（美国大学研究协会）、UA（阿拉巴马大学）、

---

① 让·贝尔纳（1907—2006），法国医生，血液学专家，法兰西学会院士。——译者
② 实际上不叫"馆长"，但做的是馆长的工作，因为人类博物馆隶属于国家自然历史博物馆，所以它没有自己的馆长。

UMR(明尼苏达大学罗切斯特分校)和 ANR(国家科研署)等机构(还有一大堆缩写词可以罗列)。

　　说到政治,我不偏不倚,我深信科学研究不能有政治倾向。我在 1989 年为研究与技术高级别委员会工作(时任研究与技术部部长的是于贝尔·居里安),在 2000 年为法兰西共和国国际合作高级别委员会工作(时任总理的是利昂内尔·若斯潘)。我在 2002 年和 2003 年担任《环境宪章》委员会主席(时任环保及可持续发展部部长的是罗丝琳·巴舍洛),又在 2006 年成为研究与技术高级别委员会成员(时任总统的是雅克·希拉克),当然这期间我的主要工作是起草《环境宪章》。

　　事情始于 6 个电话。第一个电话在周一晚 9 点(2002 年 6 月 3 日)打到我家里,我回家后回了电话(罗丝琳·巴舍洛部长请我担任《环境宪章》委员会主席,我请求给我 1 周左右的时间考虑,她只给我 24 小时)。第三个电话在第二天中午(6 月 4 日周二)打到了法兰西公学院,打电话的是巴舍洛的办公室主任吉勒·皮皮安,接电话的是我的助手阿娜伊斯·斯塔蒂安,办公室主任想知道我的决定,我回电话说恕难从命。第四个电话是在那天下午三四点的时候打来的,还是打到了法兰西公学院,还是我的助手接的,打电话的是法兰西共和国总统本人!我的助手说我在上课不方便接电话!第五个电话,是我在下午 5 点下课后打给总统的,我并未慌乱,但我感觉自己已被“套牢”。而我完全没想到,总统这么急着给我打电话是为了第二天的国务会议！总统秘书处马上把电话转给了总统,总统在电话里竭力说服我,他认为我是……最佳人选。就像那天答复巴舍洛部长那样,我跟总统说让我考虑考虑。总统很是大度,让我几个小时以后再答复他！他说:"我19时45分离开爱丽舍宫,20时30分回来,您可以在我离开之前给我打电话,也可以在我回来之后打电话。"紧接着他又加了一句:"如果您想在我回来之后打电话,您就在我出去之前打电话告诉我！"第六个电话是我从家里打给总统的,时间是19时30分,我在电话里说:"我接受任命！"总统回答:"谢谢！"

6月5日周三召开的国务会议通过了对我的任命,我去塞居尔大街上的环保及可持续发展部报到,巴舍洛女士热情地接待了我,我以非洲人的方式称呼她——"我的部长女士"。不出所料,情况似曾相识,我要负责的那个委员会尚未诞生,我得平地起楼,招兵买马,制定规章,建立机制,找好办公地点！巴舍洛部长从行政法院调来德尔菲娜·埃达里审查官来负责一切与起草《环境宪章》相关的行政事务,审查官效率极高,在她的协助下,建立委员会的各项工作迅速落实(在这个圈子,一切都快)。我的这个委员会不大不小(加上我共有18人),便于管理和推进工作,只能说这些委员大致代表了法国社会和民众的政治倾向(流行说法)。关于委员人选,我听了很多建议,但最后是我拍板。委员名单确定后我们就开始联系入选的知名人士。起草委员会于6月26日在环保及可持续发展部召开了第一次工作会议,会议气氛庄重,总理让·皮埃尔·拉法兰出席了会议,不用说,他是代表官方来认可委员会的。我们马上就投入工作中,工作地点就在直接领导我们的环保及可持续发展部。

我的办公室宽敞,气派,巨大的圆形玻璃窗外就是塞居尔大街,隔壁一侧是审查官的办公室,另一侧是内政部派过来协助我们工作的省长的办公室和临时聘用的年轻人的办公室,年轻人负责整理通过调查、问卷、听证和讨论得到的反馈意见。万事开头难,委员会的工作在夏季到来之前缓缓启动,这样我们就可以在秋季步入正轨。由于法国有夏长假,我们不得不快马加鞭,这个经过深思熟虑的安排后来被证明是很巧妙的。巴舍洛部长在 2002 年 7 月 8 日就给我写了封公函,她在信中勾画出我未来工作的路线图(工作的阶段性任务是我们一起确定的),信的主要段落如下:

> 您已经接受领导为起草《环境宪章》而开展的前期思考和调研工作。共和国总统很重视这个文件,它要在宪法框架内给法国人提供一个宪章。总理在他的施政讲话中强调,该宪章是政府工作的重点。
>
> 在欧洲、在国际上,法国签署了很多协议、公约来承诺推动可持续的、互助的发展模式和保持经济、社会、环境的平衡发展。法国颁布的法律包含有很多保护环境的技术标准,但是法国在环境保护方面还是缺少总体性框架和顶层基本原则。我们要做的就是让有关保护环境的原则具有宪法效力以使人人遵守之。以上就是《环境宪章》的缘起,您要为它的起草做准备工作。该宪章要在整体上协调

法国在环境保护方面的法律并要表达法国对正义与互助的追求,这个正义与互助是民众之间的,是各代法国人之间的……

在2002年6月5日召开的国务会议上,我向共和国总统提交了委员会的工作安排和工作形式,总统批准了我的报告并任命您为《环境宪章》起草委员会主席。这样就由您来负责这个委员会的工作……

在征求各方意见并加以分析后,您要在2003年3月21日提交委员会的结论报告和宪章草案。

您主张对环境要有人文关怀,您在工作中不知疲倦,严谨认真,我相信您的个人风格会给起草宪章工作带来必要的动力和活力,并有助于我们最终落实这一令人瞩目的、顺应民意的计划。

教授先生,您接受了任命,我对此表示感谢,我向您致以崇高的敬意。

罗丝琳·巴舍洛-纳尔坎

我的委员会就这样扬帆启航,一直航行到2003年春天。起航时船上出现过零星的过激意见,最后船是带着些许的喧嚣靠岸,可以说委员会圆满地完成了任务。关于委员会的运转,我是这样表述的:

鉴于人类给地球带来的破坏,为了防患于未然,共和国总统要求起草《环境宪章》。

当得知政府有意让我出任起草委员会主席后,我便着手组建

图 32　柯本斯《环境宪章》起草委员会报告的封面

工作,委员会于 2002 年成立。接着又成立了几个小组,有科学小组、司法小组、伦理小组,以便加大调研力度、搜集更多的信息。我们建了网站,设计了调查问卷并将其发放给非常关心环境问题的人群中的 55 000 人;2003 年 1 月至 3 月间,在法国本土、海外省和海外领地召开了 14 场地方代表大会(共和国总统参加了 1 月 29 日在南特召开的大会,总理参加了 3 月 25 日在塞吉-蓬图瓦兹召开的大会),每次会议有 500 人至 800 人出席,会议讨论了和环境有关的问题,特别是本地区的环境问题;2003 年 3 月 13 日举行了主题为"《环境宪章》——科学与司法"的研讨会,会上的意见成为起草委员会前一阶段工作的补充,充实了《环境宪章》的内容。

所有反映上来的意见和情绪,委员会是边收集边整理的,也就是说起草委员会在起草宪章过程中是在第一时间掌握全部反馈信息的。

下面是报告的序言:

首先,我要向国家的决策高层表示感谢,尤其要感谢共和国总统希拉克先生和可持续发展与生态部部长罗丝琳·巴舍洛-纳尔坎女士,感谢他们让我来领导《环境宪章》起草委员会的工作。我要感谢所有协助我完成任务的人,他们主动,高效,令人难忘,委员会的首要工作——《环境宪章》的起草准备是在行政法院审查官德尔菲娜·埃达里女士的直接领导下完成的,委员会的工作尤其得到了专区区长伊夫·迪吕夫莱先生、菲利普·伊万先生和可持续发展与生态部各个部门的大力协助。

在各个工作小组反复征求意见和思考的基础上，委员会在 2003 年 4 月 8 日星期三向罗丝琳·巴舍洛-纳尔坎女士提交了她在 2002 年 6 月要求委员会撰写的宪章建议报告，而这个宪章将具有宪法效力。我要在这里说明一下《环境宪章》预备委员会的工作原则和运行机制，因为我是这个委员会的负责人。

我当然对委员会的 17 位社会代表一视同仁，不管会上还是会下，我都会倾听他们的意见，让他们畅所欲言，这样在委员会使命结束前我搜集到他们的全部意见并将其写进报告里。不设禁区的反复讨论当然是完成报告的关键，此外，报告里提到的问题已经被充分分析和讨论过，所以很容易被表述出来并被大家接受，民众和专家的反馈也证明了这一点。

21 世纪已经到来，人类历史上首次出现了保护环境的责任意识，大家意识到要保护他们赖以生存的环境，要兼顾经济发展和持续改善人民生活质量。

我真心希望我们的工作能结出硕果，使《环境宪章》成为具有宪法效力的文件。

伊夫·柯本斯

2003 年 4 月我们把报告呈给了共和国总统，5 月提交行政法院审议，6 月提交国务会议审议。它由汇报人、司法部部长娜塔莉·科希丘什科-莫里泽女士提交国民议会审议并获一读通过,后提交参议院审议,接着再次提交国民议会审议并于 2004 年获二读通过,最后于 2005 年 2 月 28 日在凡尔赛提交两院联席会议审议并作为宪法条文获得通过,从此《环境宪章》进入法兰西宪法序言。

萨科齐的环境协商会议和奥朗德的巴黎气候峰会显然是以这个宪章为基础的,以下是该宪章的内容:

2005 年 3 月 1 日通过的与《环境宪章》相关的第 2005－205 号宪法性法律

共和国总统颁布了该法律,其内容如下:

条款 1. 宪法序言的第一段加上"及二〇〇四年《环境宪章》中规定的权利和义务"。

条款 2. 二〇〇四年《环境宪章》内容如下:

法兰西人民,

鉴于

自然资源和大自然的平衡左右过人类的诞生,

人类的未来、人类的生存本身和人类的自然环境息息相关,

环境属于人类共同继承的财产,

人类持续地对生命的状况和人类自身的发展施加影响,

生物多样性、人自身的充分发展和人类社会的进步受到某些生产或消费方式以及对自然资源过度开发的影响,

保护环境应该和法兰西民族的其他基本利益一样成为我们追

求的目标,

为了保证可持续发展,鉴于满足当前需求的选择不应损害后代及其他人民满足他们自身需求的能力,

宣告如下:

1. 人人享有生活在一个平衡且不损害健康的环境中的权利。

2. 保护环境,改善环境,人人有责。

3. 在遵守法律的前提下,人人有义务防止自身对环境造成损害,或在无法防止的情况下,减少造成的损害。

4. 在遵守法律的前提下,人人有义务弥补对环境造成的损害。

5. 当损害有可能会对环境造成严重的、不可逆转的影响时,尽管根据现有的科学知识,这种损害是不确定的,政府应当实施预防原则,在其职权范围内进行风险评估和采取临时的、相应的措施来防止损害发生。

6. 公共政策应当促进可持续发展,为此,它们要协调环境保护和环境开发、经济和社会进步。

7. 在法律允许的范围内和条件下,人人有权获得由政府掌握的、和环境有关的信息,有权参加会对环境造成影响的公共决策。

8. 对公民的环保教育和培训应当有助于落实本宪章所规定的权利和义务。

9. 科研与创新应当为保护环境和利用环境助力。

10. 本宪章是法国在欧洲、在国际上有关环境问题的行动指南。

条款 3. 在宪法的第三十四款的第十五行后面加上如下文字：

"环境保护的"

本宪章将作为国家法律实施。

二〇〇五年三月一日　巴黎

共和国总统希拉克

总理拉法兰

司法部部长多米尼克·佩尔邦

可持续发展与生态部部长赛尔日·勒佩尔蒂埃

2005 年 10 月 30 日,巴舍洛部长在布里斯托尔酒店召集了起草宪章委员会的全体成员(我称他们为宪章之友),向我们的工作和工作成果表达了敬意,她认为被征询意见的人数约有 50 万之多。她跟我说:"谢谢！你们给我们上了一堂非常好的参与式民主课！"她的话让我非常惊讶,我不懂政治,关于《环境宪章》的话题,我就讲这么多吧。

最后,我讲几个我依然在里面担任职务的委员会。我要讲 4 个我花了很多心血的委员会:拉斯科国际专家委员会,基伯龙湾和莫尔比昂湾卡尔纳克巨石建筑国际专家委员会,摩纳哥公国史前人类博物馆国际专家委员会,沙漠及草原研究院专家委员会。

我上文已经提到过莫尔比昂的巨石建筑、基伯龙湾和莫尔比昂湾卡尔纳克巨石建筑国际专家委员会。① 从 2003 年起,卡尔纳克市市长和莫

---

① 　现在叫卡尔纳克及莫尔比昂沿岸巨石建筑专家委员会。

尔比昂省省长就开始和我接触,他们想要成立一个将来由我担任主席、负责卡尔纳克及周边巨石建筑的委员会。我们是在滨海拉特里尼泰的市政府里商讨的这件事,我后来在这里获得了这个美妙海港城市授予的"荣誉市民"称号(这是该市第一次授予这个荣誉称号)。我于 2004 年被任命为卡尔纳克巨石建筑国际专家委员会主席,之后就没了下文。雷恩的布列塔尼大区文化事务局对于本地区这么珍贵的文化遗产缺乏监管很是忧虑,他们的持续努力终于使事情有了转机。2006 年,我被任命为一个新机构的主席——文化事务公共利益集团"莫尔比昂巨石记忆"专家委员会主席,由我选好委员会成员。在布列塔尼大区文化事务局的斯特凡纳·德尚的倡议下,委员会于 2007 年在位于瓦讷的莫尔比昂省政府开了一次会,然后就没了下文。2012 年卡尔纳克市市长雅克·布吕诺接管了那些"巨石柱",成立了一个叫"巨石景观"的协会,由我担任名誉主席(协会条例就是这么写的),又成立了一个由我担任主席的(不是名誉的)国际专家委员会。布列塔尼大区文化事务局的斯特凡纳·德尚(和其他人,比如克里斯蒂娜·布若)一直在奔走、推动,在德尚的协助下,我组建好了这个要由我来领导的专家委员会。我经常会被任命为某个委员会的主席,而这个由我领导的委员会还未诞生,这次也不例外。尽管和大区文化事务局在协调关系上有些问题(这样的事情经常发生),我的委员会总算运转起来了。

政府想要使矗立在埃泰勒河和吕伊斯半岛(涉及 26 个市)之间的巨石建筑列入联合国教科文组织的世界遗产名录,成立这个专家委员会的

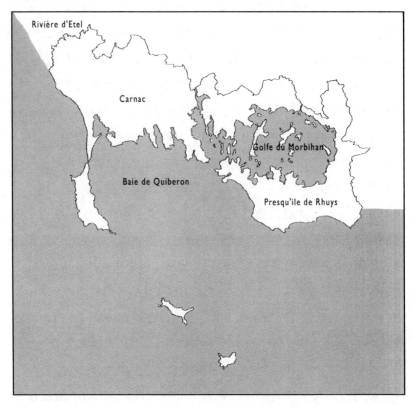

图33 由我们负责管理的巨石建筑的分布图,有巨石建筑的地方是本地区的"圣地",这些建筑分布在卡尔纳克、基伯龙湾和莫尔比昂湾,它们是全世界巨石建筑最为密集的地方。

目的就是为"申遗"准备文件。另一个未公开的目的(至少是我个人的目的)是想通过这次"申遗"(成功前和成功后),把那些巨大、庄严的圣所(庙宇和墓地)真正地、用心地、妥善地保护起来,它们属于首批阿摩里克农耕者,那些建筑数量多,质量好,风格多样,多呈雄伟之势,是世界上独一无二的巨石建筑群。现在是"三驾马车"在推动"申遗"这个事,"马车"整体运转良好,第一驾是我前文提到过的国际专家委员会(克里斯蒂娜·布若是副主席,伊夫·梅内是执行秘书);第二驾是巨石景观协会(由现在的卡尔纳克市市长奥利维耶·勒皮克任主席,让-巴蒂斯特·古拉尔任常驻代表);第三驾是由省长任主席的统筹委员会。目标尚未达成,但我敢说已经有了眉目,因为这么多年来,它一直处于"加热"状态。

我和摩纳哥的缘分完全是由于兰尼埃三世亲王殿下那出人意料且十分诱人的召唤。摩纳哥公国史前人类博物馆馆长苏珊·西蒙娜女士退休,亲王殿下很在意国家的影响力,希望海洋博物馆和阿尔贝一世亲王建立的这个馆藏文物丰富的史前人类博物馆能在这方面发挥更大的作用。摩纳哥最有名的博物馆是它的海洋博物馆,知道那个史前人类博物馆的人并不多。它被简称为 MAP,其史前、古生物和古人类文物非常丰富,因为历代馆长都是很杰出的考古专家,那些文物都是他们从摩纳哥及周边地区(意大利的利古里亚)发掘到的。博物馆的这些宝藏为考古圈内的专家所熟知,但由于博物馆在奇异花园的上面,位置隐秘,自带神秘色彩,大众并不了解它。

最初我到摩纳哥的身份差不多就是个"顾问"，我被任命为摩纳哥史前人类博物馆国际专家指导委员会的主席。2002年在同摩纳哥文化事务官员会谈中，我们讨论了博物馆的未来，他们征求我对任命新馆长以及招聘工作人员的意见（人家这么做是出于礼貌）。接下来就确定由我牵头组建一个国际专家委员会，目的是使博物馆在国内受到关注、在国外有更大影响。和以往一样，我得自己组建我要领导的委员会。摩纳哥是个完全意义上的国家，可不是科特迪瓦的一部分，我尽量使委员会的组成国际化，考古专家（史前，古生物，古人类）和博物馆专家之间的人员比例平衡。后来我们慢慢养成了这样一个习惯：国际专家委员会出面（请国际知名专家来摩纳哥）组织展览和研讨会等学术活动；围绕研讨会和展览，委员会出版一本名为《摩纳哥史前考古博物馆志特刊》的杂志（最近一期是2016年出版的，内容是2014年10月举行的主题为"史前时期——人类、动物及气候"的研讨会的论文，在会议召开期间，博物馆举办了主题为"一头猛犸象在摩纳哥"的展览）。

阿尔贝二世亲王殿下登基后非常希望能将他父亲兰尼埃三世亲王创立的事业传承下去，他大力支持我们的工作，委员会的每次会议他都拨冗出席。委员会每三年一届，已经五届了，每次换届都会有人员上的调整。接替苏珊·西蒙娜女士担任馆长的是帕特里克·西蒙先生，他极具创新精神，其团队素质高，能力强，成员人数一直在缓慢增加。

我于1986年成为沙漠研究院的名誉成员，后来任所长的考古专家皮埃尔·亨利·吉斯卡尔任命我为名誉主席。吉斯卡尔在成立这个研究院前在撒哈拉工作,是泰奥多尔·莫诺任命他为研究院负责人的。莫诺去世后,出于安全考虑,研究所终止了对撒哈拉的研究,吉斯卡尔去蒙古工作并把研究所的名字改为"沙漠与草原研究院"。2007 年,他请我担任研究院的名誉负责人,这还不够,从 2009 年起,我同时又担任研究院学术委员会的主席,这回可不是名誉主席。吉斯卡尔在蒙古的研究圆满收尾,他宣布找到了成吉思汗的陵墓。在蒙古的研究告一段落后,他回到南非,回到他的南非大草原。他来到约翰内斯堡附近的克罗姆德拉伊,和一名来自图卢兹的年轻学者一起做研究,年轻人名叫若泽·布拉加,是我介绍给吉斯卡尔的。吉斯卡尔在南非的研究涉及时间上的巨大跨越(不再是跨度为几百年、几千年的考古研究了,而是跨度为几百万年的史前生物学和史前人类学研究),有鉴于此,我只是担任研究院的负责人满足不了他的胃口,这回他干脆以我的名字命名了研究院,研究院的名字不再冗长,那是 2017 年的事。

　　说到我目前担任的各种职务,拉斯科是绝对不能遗漏的。大家知道,拉斯科岩洞保存有绘画(1 000 幅)和雕刻(1 500 处),作品艺术价值极高,大致完成于 1.7 万年前。这个艺术圣殿于 1940 年被发现,最初几年,为了准备向公众开放,岩洞没有得到很好的保护。马虎的维护和蜂拥而来的游客很快就给洞穴带来了风险,时任文化部长的安德烈·马尔罗便着手处理此事,他成立了监管岩洞的专家委员会,让专家出谋划策,希望能排除隐患、避免损害。专家做了许多研究,洞里安装了设备,希望能最大限度地避免水、空气、温度、动植物以及游客身上的微生物对洞穴造成侵害。洞穴内的情况相对稳定了一段时间,但只要没查清造成破坏的原因,险情在维修之后肯定还会出现。联合国教科文组织很快就把拉斯科洞穴列为文化遗产(1979 年 10 月起),然后就开始担忧岩洞的脆弱状况,并在外界的影响下表示怀疑法国(即文化部)保护洞穴的能力。教科文组织警告法国说,要把拉斯科洞窟列为濒危世界遗产,也有人指责政府成立的负责监管洞穴的专家委员会远离现场、干预力度不够。局势紧迫,弗雷德里克·密特朗①被任命为法国文化部部长。新部长着手扭转困局,他要成立一个新的、(更加)独立的专家委员会来替代那个过于依从于文化部的专家委员会,并宣布他要任命一位"远古人"来担任专家委员会的主席(反正我听到的是这样)!

　　我接到部长的电话,他问我是否愿意担任专家委员会的主席,按我的理解,他在问我是否愿意像以前那样去领导一个尚未成立的机构……我接受任命,着手组建团队。委员会规模不大(14 名成员),当然里面有不少国外专家,他们都是各自领域里的顶尖人物:地理专家、岩溶专家、细菌专家和水文地质专家。随着工作的深入,陆续有新成员加入团队,当然都是一流的专家(土壤专家、昆虫专家等)。

　　我和密特朗见了面,可我不敢跟他说"远古人"是史前史专家要研究的那类"人"。2010 年 1 月,我们第一次去了拉斯科岩洞,2010 年 2 月是第二次,接着我就正式被任命为拉斯科洞穴专家委员会主席,任期 3 年。

---

① 　弗雷德里克·密特朗(1947—　　),法国总统弗朗索瓦·密特朗的侄子。——译者

图 34　拉斯科洞穴内的雕刻（共有 1 500 处）之一——鹿，距今 1.7 万年。

2013 年,3 年任期结束,法国文化与交流部部长奥雷莉·菲莉佩蒂又将我的第二个任期延长了 1 年,我直到 2017 年才卸任,这样我就连续担任了 7 年拉斯科洞穴专家委员会主席。我很高兴以自己的努力让教科文组织不再为岩洞担心,让法国文化部重获尊严,让拉斯科岩洞恢复"安宁"。

这个委员会 7 年来都是两条腿走路的,专家委员会"扎根"在巴黎的文化部,施工组"驻扎"在波尔多的阿基坦大区文化事务局。专家出谋划策,施工组落实方案,后者当然要在征询前者的意见后才能行动,前者要向后者了解洞穴的情况和要解决的问题,显然两者是相互依存的关系。巴黎和波尔多的两个团队都归拉斯科洞穴保护工作负责人米丽埃尔·莫里亚克领导,她作为洞穴保护工作负责人参与施工组的工作,作为观察员列席专家委员会的会议。

在这 7 年中,专家委员会一直在竭力弄清楚一件事:处于和环境相互影响状态下的岩洞的状况。我们要研究洞穴上方及外部的情况(土壤、植被、气候);洞穴本身的情况(地质、水文地质、地球物理);洞穴里面的情况(小气候、微生物的生态以及其他生物的生态,比如植物的、节肢动物的)。为此,我们向委员会以外的专家征询意见,邀请他们来商量对策或组织他们展开讨论。为了深入了解某个问题,我们向社会征集课题研究成果(比如博士论文);我们借鉴其他洞穴的保护经验、国外的做法和其他类型遗址的保护措施。有人说拉斯科洞穴肯定是被研究得最多的壁画岩洞,这个赞誉我们欣然接受。借助专家对洞穴的全方位研究,施工组很容易做到有的放矢,他们多次进入岩洞开展保护工作(更换设备、更换通风方式……),效果很好,也就是说,我们的行动"没让它发脾气",以前它可是发过脾气的。7 年的艰苦工作,成果可圈可点;每年开两三次会,每次会时长 48 小时,每次大会之前必有很多专题小会;专家委员会的成员、施工组的成员、特邀的法国专家和外国专家,他们相互间通过各种渠道沟通。我感谢大家的辛苦付出,尤其要感谢"我的"副主席让·雅克·德拉努瓦。①

我第一次和弗雷德里克·密特朗部长见面时,他跟我说(口头吩咐,没有书面文件),我的职责当然是保护好岩洞里的壁画和雕刻,除此之外,由于岩洞将停止对公众开放,我还应当设法完成原始洞穴的复制工作。我完全同意他的意见,因为知识应为人类所共享。我们完成了他交给的任务。其实在 2010 年就已经有了"拉斯科 2 号"复制岩洞,它完美地再现了原始洞穴里的大厅(牛厅)和壁画、雕刻数量最多的第一条走廊(轴线上的小过道),但复制并不完整,并且离原始洞穴很近,非常近。鉴于"拉斯科 2 号"的这两个缺点,我们在多尔多捏省议会主席、参议员贝尔纳·卡佐先生的建议下,相继推出了"拉斯科 3 号"和"拉斯科 4 号"。"拉斯科 3 号"是巡展项目,复制了原始洞穴的井和另外一条走廊(过道、半圆形厅、长形大厅和猫科动物厅)。"拉斯科 4 号"建在离原始

---

① "美丽的女子——拉斯科"专题研讨会于 2017 年 10 月 17 日和 18 日在联合国教科文组织召开。研讨会由我发起,由我确定主题并主持,旨在交流拉斯科专家委员会在 7年当中完成的研究成果。

洞穴较远的山脚处,前者是对后者的完全复刻。

2012 年,我在波尔多主持了"拉斯科 3 号"的启动仪式(奥雷莉·菲莉佩蒂部长无法莅临,省长没来,提出最初设想的参议员卡佐不喜欢出风头)。我随"拉斯科 3 号"到过芝加哥(2013 年),没跟它去休斯顿、蒙特利尔和布鲁塞尔这 3 个城市,但跟它一起去了巴黎(2015 年)和日内瓦(2015 年)。我没和它一起去韩国、日本和中国(它此时[2017 年]在中国)。我从 2010 年起担任"拉斯科 4 号"岩洞博物馆科学与艺术指导委员会的主席。我见证了"拉斯科 4 号"的诞生过程:洛德文化事务所负责工程,在莱赛济举行筹款研讨会,菲莉佩蒂部长参加奠基典礼(她画了第一笔)并参观原始岩洞,奥朗德总统主持揭幕(2016 年 12 月)。"拉斯科 4 号"采用最先进的技术复刻了"拉斯科 1 号"洞穴里的艺术作品,效果令人惊叹。

我可能要去参加科斯凯洞穴①的复制工作。提出这个设想的是建筑师安德烈·斯特恩,他建议由我来领导那个将来必须有的国际专家委员会。我跟他说,这次我就担任名誉主席吧!

---

① 在法国马赛附近,洞穴入口位于水下 37 米处,以发现它的潜水员的名字命名。——译者

第四章

吸引与传播

知识的话语可写可画。

——受德博纳尔德启发①

我喜欢列清单。

我小时候就喜欢列各种清单,比如"我的物品""走过的人"。(那是在瓦讷,我住在一幢大房子里,有点偏,没什么人,所以清单上没记几个人!)

我一直有这个怪癖,这也许是神经官能症的表现,服饰用品店和日化用品店(巴黎人叫杂货店)的老板就是这么记账的。这种流水账让我喜欢,让我着迷。我做的讲座、参与的节目、组织的展览等这些活动,我统统记了下来。我不会把这些流水账拿出来折磨诸位读者,但这一章我

① 路易·德博纳尔德(1754—1804),法国哲学家,保守主义者,反对法国大革命。——译者

要讲讲我参与过的"公共"活动（受众包括本科生、研究生、同行、儿童、中小学生和社会大众），我得让诸位有个数量上的概念。

我发表的学术文章数以千计。巴斯德研究所有位叫让·安德烈·托马斯的教授，我很欣赏他的睿智，他常说："一名发表了一千多篇文章的研究员毫无价值！"他说的没错，但我的情况不同（我要为自己辩护！）。实际上，我完成了三四百篇学术论文，剩下的文章就是一长串（法国人爱这么说）的评语、介绍、序言和科普文章。当你的专业变成热门后，会不断有人找上门来请你写这些东西。

"序"在我这儿可是道风景，从 20 世纪 80 年代起，我就常年"欠"别人六七篇序言，当然我也不是谁的请求都答应。我不明白为什么会有那么多人来找我写序。我想了想觉得可能是这样，我每次都把人家写的东西全部认真读完，我写的序概括多于分析，是图省事吧，而作者非常喜欢我的"开场白"，因为我会在序里提及作者写的全部内容并且溢美之词多于批评指正！我把这类序言汇集到 3 本书里，每册有一百来篇，3 本书 300 篇，这样就省得列清单了。这 3 本书是《前-言》《前-书》和《前-奏》（奥迪勒·雅各布出版社，分别于 1998 年、2011 年、2014 年出版）。

我参与的电台、电视节目也是数以千计。如果你发现了一种新的马科动物或长鼻目动物，没人理你。可是如果你发现了一块平平常常的人科遗骨或一枚其貌不扬的人科牙齿，那可就了不得了，各路媒体蜂拥而至，你当然得出面接待，还得行动迅速，趁热打铁，因为第二天你那块骨头、那枚牙就过期了。在我头四次参与的节目中，两次是电台的，两次是电视台的。1961 年，我上了富朗索瓦·勒利奥奈在法兰西文化电台主持的一档非常棒的节目，节目叫"科学进行时"，我是用法语讲的。1962 年，我上了雷蒙德·达特在南非电台主持的一档节目，节目叫"超越古代"，我是用英语讲的。1965 年 5 月 27 日，我接受了法国国营广播电视台"13 点新闻"的采访（采访人是哈策先生），7 月 24 日，我接受了这家电视台的让·拉利耶的"未来签证"栏目的采访（参访人是罗贝尔·克拉克），采访画面到现在都会清晰地浮现在我的脑海里。

我再随便举些例子，就说最近的吧（截至 2017 年 6 月中旬，那之后还有一些电台、电视台的活动）：2017 年 6 月 8 日法兰西新闻广播电台的"早间新闻"（采访人是法比耶娜·辛特斯），2017 年 6 月 10 日摩纳哥国家广播电视国际频道（采访人是卢布纳·德拉吉），2017 年 6 月 6 日接受"阿尔特"频道和法兰西电视的新闻采访（6 月 7 日晚播出）。

让我在电台发声、在电视上露面的骸骨化石当然是我在考古生涯中最早发现的人科遗骨。一块是 1961 年被发现的（我接受电台采访），它在 1965 年被命名为乍得南方古猿（我接受电视采访）；另一块是在杰贝尔依罗发现的颌骨化石，让·雅克·于布兰和阿卜杜拉赫德·本·纳赛尔在 2017 年认为它属于智人，有 30 万年的历史。

所以我说的没错，人还是对人感兴趣。

我这里还要讲一讲和法兰西新闻广播电台的合作。它的负责人米歇尔·波拉科邀请我做个以考古、史前史和古生物为主题的专栏节目，但有个条件,选题必须有"新闻性",因为是新闻台的节目。这样的要求完全出乎我的意料,我想知道个究竟,就接受了挑战!这是个每周一次的节目,每次两分半钟(就给这么点儿时间!),要讲一个和"旧事"有关的新闻。我的新同事在广播大厦第八层宽敞的圆形采编大厅里彬彬有礼地向我表示了欢迎,他们跟我说,我成了签约演员并且幸运地成为"时间终结者",我想了很久都没弄明白其中的含义!其实"时间终结者"的意思是:如果需要,我可以延长节目时间,而这并不会影响后面的节目,也就是说电台对节目时间的把控对我的节目约束不大。栏目在 2003 年 7 月开播,名字叫"人史"(是米歇尔·波拉科起的名字),这一播就是 11 年。后来我把"口述"过的内容转换成书面叙述(可不容易),栏目的全部内容最终形成 4 本书:《过去现在时》《过去现在时的平方》《史前点滴》和《过去现在时之四》。这 4 本书由奥迪勒·雅各布和法兰西新闻广播电台分别于 2009 年、2010 年、2013 年和 2016 年共同出版。

我生性腼腆,所以考虑了好一阵子后才决定与公众面对面交流,结果一发不可收拾。我喜欢听众,我喜欢和他们说说话,哪怕我讲的是科学上的事,我喜欢他们听我讲,喜欢他们听懂了我讲的,喜欢他们喜欢我。有点儿"人来疯"了!这一切多亏了罗贝尔·热桑的鼓励,他是人类博物馆的馆长(1969 年至 1980 年),我的上司,后来我接替他担任了馆长一职。我首次出现在公众面前是在 1970 年,是给巴黎五大的社会科学专业的学生讲课。从那以后,讲课、开讲座,我就没停过,1970 年在人类古生物学研究院,1972 年在海外科学院。后来我去了伯克利大学的人类学实验室工作,所以在1972年我又开了些英文讲座,地点在加利福尼亚、伯克利、洛杉矶和旧金山,那些讲座我有点勉强。我完成的讲座、演讲和公开课这些活动也是数以千计。当然,有些讲座让我名声远播(在蒙特利尔的法语和英语大学,在魁北克、纽约、伦敦、法兰克福、斯德哥尔摩和比勒陀利亚),也有很多基调演讲,即主题报告,本应产生很大反响,结果在许多国家不甚为人知晓,影响有限。

　　我还想讲讲发生在我身上的一件趣事。好多医学界的重要学术会议都请我去做主题报告。为什么会这样呢?因为我的专业背景与医学相关(解剖学、人类学和化石病理学),我可不是凭空被选为法国国家医学学院院士、比利时国家医学学院院士和巴西国家医学学院院士的,另外我的专业知识丰富、冷僻,可以让与会者在深入探讨他们专业上的“尖端”问题前拓展思维,扩大视野。下面我就罗列一下邀请我去做过主题报告的各种医学学术大会,权当解闷吧:世界医学日大会(布鲁塞尔,1986年)、神经生物学大会(1989年)、矫形外科大会(1993年)、兽医学大会(1995年)、外科学大会(1997年)、口腔外科大会(2000年)、足病学大会(2001年)、物理疗法大会(比利时,2001年)、牙医学大会(2001年)、正牙学大会(2002年)、糖尿病学大会(2003年)、皮肤病学及性病学大会(2005年)、手外科医生大会(2006年)、心脏病学大会(2007年)、麻醉学及重症学大会(2008年)、更年期专家大会(2008年)、皮质运动传导专家大会(2008年)、肺病学大会(2009年)、兽医学大会(2010年)、牙颌面矫形专家大会(2011年)、矫形及创伤外科医生大会(2012年)、外科医生大会(比利时,2012年)、整骨医生大会(2012年)、妇产科医生大会(2012年)、内分泌科医生大会(2014年)、矫形外科医生大会(2014年)、帕金森病专家大会(2014年)、脊柱外科专家大会(2015年)、兽医大会(2015年)、心脏病学专家大会(意大利,2015年)……另外,我曾经是"传染病的演变及传染病的古流行病学国际大会"的主席,会议1993年在土伦召开,主题为梅毒;1997年在布达佩斯召开,主题为结核病;2001年在马赛召开,主题为鼠疫……不过还好,我没得上传染病!

有一类讲座当属奇葩,就是那种邮轮上的讲座。我想让大家开心一下,更是想让我自己开怀一笑,就数了数,结果发现我竟经历过30余次航行。航行中的趣事自然是少不了的,比如,报告不时地被轮船的雾笛声打断;讲座在黑暗中进行,因为船经过的水域有海盗出没;会场里的人东倒西歪,跟踉跄跄,挤在一起,半数晕船或全部晕船!我不晕船,风高浪急我也不怕,所以有一次被抓差救急。那艘邮轮叫"碧蓝"号,航行在亚得里亚海,我被叫去救场(此次航行系列演讲的主题是百科知识),原本安排的是古希腊学者雅克·拉卡里埃讲古希腊,结果他躺倒在船舱里,看上去一时半会儿起不来,我临时抓了个考古方面的题目就上去讲。讲座安排在位于船体底部、没有舷窗的船舱内进行,真的就在船底了,挑战有点大,那里倒是不那么晃,要是能看见大海就好了。负责乘客"文化生活"的马克·索吉尔还没见识过这种风格,这对他而言可是宝贵的经历,从那以后,他就没"放过"我,我继续在他的邀请下乘风破浪。8年前我和马克·索吉尔,还有多米妮克·勒格鲁一道组织了每年一次的、主题为"科学与未来"的航行。

再讲一些有趣的讲座体验。有一次我竟然跑到安德尔的圣莫尔监狱里给一帮被判了"无期"徒刑的犯人讲人类的起源。我是在一座小教堂里讲的,他们也没别的地方可用,气氛还不错,到了问答环节,抛上来的第一个问题是:"您来到我们这些人中间感觉如何?"我在别的教堂里也做过讲座,教堂有大有小,有还在布道的,有改作他用的,但我从来没在讲坛上做过报告。我经常到剧院里做报告,有一次去参与一个叫"王宫月曜日"的演出活动,地点在一个美轮美奂的小剧院,剧院历史悠久(建于1783年),名字就叫"王宫"。周一对剧院来讲是个放松的日子,剧院老板在这天额外安排了这场演出,看这个节目是要买套票的,演出的自由度比较大,演员可以讲故事,演出自己心仪的小品,等等。他们请我去做报告,我欣然同意。我在各种场地做过学术报告:会议室、阶梯教室、体育场、剧院舞台、露天剧场……那一次我还是非常激动的。一切按戏剧演出的步骤进行,毫无遗漏,我一个人在小屋里候场,开场铃响起,传来3下敲击声,厚重的红色大幕徐徐拉开……我坐在小桌后面,桌上只放了杯水,眼前是个有些喧嚣的黑洞。我讲了两个小时,感觉不错。活动的组织者开始有点担心,后来非常欣喜,他们很遗憾只能给我安排这么一个周一的演出,讲完后,他们竟建议我来个……全省巡演!我跟他们说我没时间,结果,理由无效……那是在2016年12月16日,我和另外4人临时凑在一起,在拉贝比涅尔剧院演了出剧,剧名为《雄辩,5×15》,招贴上写道:"你有15分钟,你会说些啥?"剧院里座无虚席,大家都想来看看到底是怎么回事。我是最后一个出场的，我讲的是"我的看门人和科学"，我感觉观众尽兴而归！

我在那种古风剧场里也做过讲座，剧院是露天的，就是法国人所说的"青绿剧场"。记得有次在吉布提做报告，在石砌的圆形剧院里可以览见海上的风景，前来听报告的孩子乘舟而来，海面上一时白帆点点，真美啊！

我本羞涩，很怕和公众见面，在罗贝尔·热桑的鼓励下，我进入了公开课和大众讲座领域。说到写作，奥迪勒·雅各布功不可没。我喜欢写作，只不过我长久以来都是在写科研文章、科普文章、学术会议的发言和论文这些东西。有一类读者是非常好学的，但我早先从没想过要给他们写书，也没抽出时间给他们写书，更没想过或尝试给那些文化修养好的读者写书，因此，1983 年出版的《猴子、非洲与人》可以说是开了个头。这本书属于"科学时代"系列丛书，这套书的主编是奥迪勒·雅各布，由法雅尔出版社出版。此后，我一发不可收拾，又有 30 余本书出版，20 余本在奥迪勒·雅各布出版，剩下的 10 本专业书或在法国的专业出版社出版，或在国外的专业出版社出版。自奥迪勒·雅各布出版社诞生之日起，我就有书在那儿出版，我同它缘分深厚，我感到骄傲。感谢你，奥迪勒！

说到"数以千计"，当然还有我给媒体写的文章，这些文章我都留有备份（起码大多数文章是这样），不过我一直没勇气列个清单出来。这方面的文章五花八门：宣布考古发现的、概括性的、访谈、给日报写的、给周报写的、给月刊写的、给特刊写的、给国内刊物写的、给国外刊物写的，等等。曾有个印刷错误，让人莞尔，我印象深刻。那是份省报，头版标题"醒目"："伊夫·柯本斯发现人科头盖骨化石：它谈吐状态完好"。我倒希望它还能"谈"，还能"吐"，只可惜，那应该是"保存完好"！①

　　我为别人写的证明信、推荐信和评估报告也是数以千计，它们和立项、拨款、评奖、任命及晋升有关，所以经常是不能公开的私密邮件，我每周都要写这些东西（现在依然如此）。我认为我在自己的能力范围内（尽力）提携了一大批晚辈学者和一大批更晚辈的学者，他们来自法语国家和英语国家，我对自己的贡献很是欣慰。以此助后辈学人一臂之力，完全是我个人的意愿，行文风格、措辞要根据具体情况来定，我希望借此支持古生物学的学科发展，因此，我对他们一视同仁，不介意他们来自哪个实验室、哪个学派、哪个团队。我留有这些书信的副本。

　　接下来讲讲"数以百计"的。前面讲过，我写过百余篇序言，其中一些结集出版为3本书。我也讲过，我做过的百余期电台专题节目结集出版为4本书。还有，我参加过两百场博士论文答辩，担任过论文导师、答辩委员会主席、论文报告撰写人、答辩委员会成员。大部分答辩是在法国进行的，我也去过比利时、荷兰、西班牙和南非参加答辩。就像说到我参与过的电台和电视台的节目，我要说说故事的开头和结尾。我第一次参加答辩是在1974年，在巴黎五大，论文是关于人类牙齿的，答辩人

① *la conversation*，说话；*la conservation*，保存。——译者

ORIGINES DE L'HOMME
Musée de l'Homme

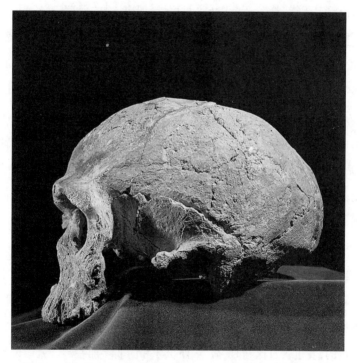

图 35 "人类起源展"目录（我是展览的组织者），人类博物馆，1976—1978。①

---

① 杰贝尔依罗 1 号头盖骨，属于智人，距今 3 万年，是卡米耶·阿朗堡给我的私人藏品，
我在 1981 年把它归还给摩洛哥，交给了国王哈桑二世陛下。现存于拉巴特的考古博
物馆。

是保罗·马扎尔。我最近参加的一次答辩是在 2015 年，在巴黎六大，论文是讲南部非洲及东部非洲环境中的生物矿化，答辩人是洛伊克·塞加朗。

我参加过百余场学术会议，当然每次都发言。1957 年在尼姆的古代学堂的年会上，我做了首次学术发言！我一个人开车到尼姆，把车停在帕拉瓦莱弗洛的一个足球场上。（我是晚上到的，就在夜色里支起了帐篷，完全没意识到自己有多鲁莽！）那种声名显赫、风格奇异的学术会议我也参加过，没办法一一详细道来，让我印象深刻的是纽约的温纳·格伦基金会在奥地利举办的研讨会，基金会的负责人是丽塔·奥斯蒙德森女士，她魅力十足，眼光长远，领导力超强。基金会在伯格瓦腾斯坦的山中有座漂亮的城堡，我们就在那座豪华的宫殿里住了下来，专心交流了数周（邀请函上特别注明"配偶不得随行"）。

我参与组织的各种展览也是数以百计的。我第一次参与展览大概是在 1948 年，地点是莫尔比昂博学社的考古博物馆。1976 年在人类博物馆举行的"人类起源展"无疑是我组织过的最为重要的展览，作为博物馆的考古专家，从展览的策划到实施，我全程参与。这个展览一再延长，直到 1978 年才结束，我想这是人类博物馆自首次对外开放到翻修完毕重新开放之前最为成功的临展。我记得在一个周末我和一帮志愿者把数吨重的沙子运到博物馆二楼，铺成一个考古发掘现场（为什么在周末？因为时任人类博物馆馆长的是莱昂内尔·巴卢教授，这位国家自然历史博物馆的史前史教授不准许我这么做）。于是 500 平方米的主展厅里铺满了沙子,小木桩和细绳切出一个个格子,格子里的遗骨化石和石器触手可及(两年间没有参观者触摸过展品)。玻璃展柜按时间顺序排列,背景是发掘现场的巨幅照片,展柜好似一扇扇窗户,而窗外就是发掘现场。我想在最后一个展柜里展示当代人,但展示什么样的人这个问题让我大伤脑筋,男人还是女人?老人还是年轻人?白人?黑人?黄种人?最后我决定展示……一面镜子。为了达到出其不意的效果,我把镜子放到展柜里面不起眼的地方。开幕那天,艾丽斯·索妮耶-赛伊泰部长被惊到了。我跟她说,在最后一个展柜里,有个博物馆安排的人整天待在那里来表现当代人的样子,她信以为真,满心欢喜地走了过去,她吓了一跳,叫了起来:"你们真是太棒了!"这个展览在巴黎结束后就开始了巡展,第一站是罗马一大,在开幕式上我有幸见到了费里尼并和他共进晚餐。费里尼先生热情洋溢,谈兴正浓之际,他邀请我拍电影……

我最近参与的一次展览就是"拉斯科 3 号",我任科学与艺术指导委员会主席,这个项目的负责人是奥利维耶·勒图,他的组织工作相当出色。这个展览分别在柏林(2013 年)、巴黎(2015 年)和布鲁塞尔(2016年)获奖,我在这里就不赘述了。

我参与过许多在国外举办的展览:意大利(博洛尼亚大学)、美国(旧金山,我还参与了 1995 年的一个在加利福尼亚的巡展项目——"寻找人类起源——进化历险",但这个项目最后没有实施)、英国(伦敦,由伊丽莎白二世女王陛下宣布开幕)、瑞士(纳沙泰尔,我是 4 名特约推广人之一)、捷克斯洛伐克(布尔诺,由我宣布开幕)、比利时(多次在布鲁塞尔）以及南非（比勒陀利亚，我是展览的"荣誉大使"）。我在拉密堡（现在的恩贾梅纳）建起一座博物馆（有关人类学、人种学、古生物学、史前学和比较解剖学）。我多次深度参与法国国家自然博物馆（植物园）的古生物展布置工作，并多次出席该博物馆进化大厅的筹备委员会的会议。我多次参加拉维莱特的巴黎科学与工业城的筹备会议、发现宫的筹备会议以及后来为两者合并成"万有科学中心"而举行的筹备会议。我参与了人类博物馆的部分常展布置、很多临展的布置以及博物馆的翻修（2015 年）。我出席了雅克·希拉克倡议建立的凯布朗利博物馆的筹备会议。我为在圣日耳曼昂莱建立的法国考古博物馆费心出力。当然，自从担任摩纳哥史前人类博物馆专家委员会主席以来（2004 年），我一直对该馆举办的各种展览鼎力相助。我和贝尔纳·范德梅尔施一道在滨海夏朗德省的圣塞赛尔建起一座史前主题公园，后来在我的支持下，德塞夫勒省（奇异动物园内）和阿列省（在伽纳）各自建了一座史前主题公园。在我的倡议下，或在我和其他人的共同倡议下，这样的主题公园建了不少，比如在上卢瓦尔省索瓦日庄园内建的那座，而在刚果建的那座是以我的名字命名的。

说一说"数以百计"的事儿吧。我给专业杂志做过编辑、编委和审稿人，这些事加一起也是数以百计了。我是法国国家科学研究中心两套丛书的主编，最近又成了奥迪勒·雅各布出版的一套书的主编。我当然要审稿，我审阅过的稿件有千份之多，这样的事真是不少。在 1982 年我写的自我介绍中，我提及的第一个编辑工作是在伊巴丹出版的《西非考古》杂志的编委（1968 年起），第二个是在伦敦出版的《人类起源》杂志的编委（1969 年起）。法国学术杂志的编委我肯定是担任过的，还有意大利、西班牙、瑞士、加蓬、塞内加尔、加拿大和美国等国家的。

我还是很多协会的荣誉主席、荣誉成员、推广大使和协会成员。有些头衔和我的专业有关：法国史前学学会荣誉主席（1987 年起），莫尔比昂博学社荣誉主席（1986 年起），巴黎人类学学会主席，法国科学进步学会主席。也有很多头衔和我的专业无关，每年都有很多协会请我担任名誉主席，这样我就顺理成章地成了这些协会的专家委员会成员、领导委员会成员、指导委员会成员和理事会成员。担任这类名誉职务，责任不大，费时不多，是资深学者的义务，他（她）要乐于接受，甚至要满腔热忱地接受。

下面说一说"数以十计"的事。我说过我乘坐过 30 次邮轮，而 30 次的航行意味着一百多场讲座，因为根据协议，每次航行要做 2～4 次讲座，有时候甚至是 5 次，大多数用法语讲，也有时用英语讲。

"数以十计"的还有我获得的各种荣誉，按法兰西公学院学术活动报告的说法是"获得的荣誉"或"颁发给的荣誉"。我获得过 33 枚法国城市颁发的荣誉市民奖章，两枚国外城市颁发的荣誉市民奖章（德国和摩洛哥）。第一枚奖章是 1986 年瓦讷颁发的，还是本乡本土最知我。最近获得的是 2017 年 1 月瓦兹的迈涅莱-蒙蒂涅颁发的。我获得过 60 余次奖（奖状、奖章、奖杯），奖项来自法国、瑞典、美国、比利时、摩纳哥、意大利、西班牙、摩洛哥和埃塞俄比亚。这些奖当然都让我感到骄傲，有些奖尤其让我感到自豪,它们是:法兰西科学院的 3 个奖(1963 年、1969 年、1974 年)①,1982 年获得的法国国家科研中心的银质奖章,1997 年获得的瑞典皇家科学院的"卡尔·古斯塔夫·伯恩哈特奖"②,1972 年获得的埃塞俄比亚皇帝"海尔·塞拉西一世银质奖章",1997 年获得的伯克利大学的人类起源研究院的奖状,意大利林琴国家科学院③的"弗拉塞托奖"④,1975 年获得的法兰西基金会的科普奖和科学奖,1978 年获得的"葛兰素欧洲科普奖",1984 年获得的联合国教科文的"羯陵伽科普奖"⑤,2008 年获得的米兰国际书展的"安徒生奖",等等。还有很多奖,我就不一一罗列了,我承认,我喜欢获奖!对于这个事,我觉得不应该羞羞答答!

我在 1988 年获得由孩子们投票选出的"未来金米老鼠奖"!这个奖是为了庆祝《米老鼠画报》创刊 60 年而设立的。2007 年,龙基佩尔科托,我从一位风采非凡的年轻女子手中接过了"诺尼诺奖",发奖者是以酿造格拉巴酒闻名的诺尼诺家族的后代,奖是颁给"我们时代的大师"。无独有偶,我在 2003 年获得朱丽娜园特级博若莱"维克托·佩雷奖"。

① 只能有 3 个奖了,因为科学院有特别规定,科学院院士不能获得由科学院颁发的或由科学院管理的奖,而我于 1983 年入选科学院……
② 卡尔·古斯塔夫·伯恩哈特(1910—2001),瑞典医生,神经生理学家。——译者
③ 前身为罗马猞猁(山猫)科学会(*Academia Linceorum*),成立于 1603 年,因为山猫有敏锐的观察力,"林琴"为山猫的音译。——译者
④ 法比奥·弗拉塞托(1876—1953),意大利人类学家,他成功地重现了但丁的真实面容。——译者
⑤ 羯陵伽,印度古国。——译者

我也颁奖。我给30余名杰出贡献者佩戴过荣誉徽章(荣誉军团,国家功勋,法国文化教育),他们让我做他们的推荐人,我非常感动。我给许许多多的人,特别是年轻人颁过奖,佩戴过奖章。有一次在阿登的吉韦,我要给好几个班的学生颁奖,那儿的人贴面礼要4下,我从来没像那天那样一股脑"吻"了那么多次面颊,没办法,有些事开始了就不能停下来。

20世纪50年代,我曾给几十部电影担任过助理导演(我前面讲过)。后来我给一些电影担任过技术顾问或科学总监,比如雅克·马拉泰尔的"人类"三部曲:《人类进化史诗》(2003年上映)、《智人》(2005年上映)和《生命之初》(2007年上映)。它们获奖无数,2003年获得柒金奖、法国电影奖和白金DVD奖,2004年获得巴黎影视俱乐部金奖。我给丹尼尔·维涅的电影《一女或二女》当过技术顾问,在这部电影中,杰拉尔·德帕迪约扮演古生物学家,女主角的扮演者是西戈尼·韦弗。很多涉及古生物学或史前史的电影和电视系列节目都找我去做指导(英国广播公司、米高梅等)。

在这个"数以十计"的范畴里,我还要讲一讲我参与过的人道主义活动,那些活动是为了救助他人,所以我特别在意,但不想细讲。我对平民大众有深厚的情感,20世纪70年代,我曾参与保护平民的行动,和我并肩努力过的有退役海军陆战队军官、我的朋友莫里斯·赛尔和塞纳河河岸巡警队的消防员。我参与过守护儿童健康的志愿者行动,是"拯救儿童"协会的副主席(自1987年起,西蒙娜·韦伊曾是协会的主席)①、"小可爱"的荣誉会员(自 1976 年起)②、2000 年"残障儿童之家"的荣誉大使③。我帮助过"阿雅多"、"孤儿无疆界"、"孤儿微笑"(自 1997 年起)和"儿童希望"(自 2002 年起)等协会。在教育方面,我一直是"小家伙星球"(自 1994 年起)、"儿童节日"、"第七艺术"(自 1993 年起)、"童年三隅"(自 1993 年起)、"未来星球"(自 2006 年起)和旨在帮助埃塞俄比亚儿童的"萌芽"等协会的会员。我是"蓝社"④倡议书签署人(1997 年)、"反家庭暴力"协会会员(2004 年)、"希望记者"协会会员(2003 年)、癌症斗争行动支持者⑤、"大道"协会的宣传大使⑥、老年医学会荣誉委员会成员(2006 年)、呼吸健康基金会宣传大使(2008 年)、支持家庭护工协会评委(法国农业信贷银行)、多期"电视募捐"活动的宣传大使或积极参与者(在萨努瓦、特鲁瓦)、鼓励阅读协会会员⑦、支持教学及持久教育协会会员(1985 年我接替阿尔弗雷德·卡斯特勒⑧成为名

① 原文是"Simone Weil",译者认为应该是"Simone Veil"。前者是西蒙娜·薇依(1909—1943),法国犹太人、神秘主义者、宗教思想家和社会活动家;后者是西蒙娜·韦伊(1927—2017),曾任法国卫生部部长和欧洲议会议长,奥斯维辛集中营幸存者。——译者
② 协会对精神运动性残障儿童进行测试和治疗。
③ 位于拉加雷纳新城。
④ 器官及人体组织取样、捐献协会。
⑤ 古斯塔夫·鲁西肿瘤研究所"百人生命计划",2006 年,犹太城。
⑥ 帮助精神病患者,协会所在地为布洛涅。
⑦ 2000 年的"经文"协会和 2012 年的"图书馆无疆界"协会。
⑧ 阿尔弗雷德·卡斯特勒(1902—1984),法国物理学家,1966 年获得诺贝尔物理学奖。——译者

誉主席）。我可不想漏掉了不起的"道尔勒道尔"协会，在我的朋友安妮·桑德领导下，它坚持"一代接一代地"搜集犹太人惨遭屠杀的口述证言，我为这个协会积极奔走过（自1990年起）。

还是在"数以十计"的范畴内，以我的名字命名的有：机构、大学、高中、小学、场地、会议室、音像资料中心、奖项、长椅（我自己就有1把）、1个教席、1颗小行星（编号为172850）、1座史前史主题动物园（刚果）、9种动植物（化石）。我的名字被拉丁化为糟糕的"属格"（*coppensi*），以此来命名的动植物有：在巴基斯坦发现的小小的始新世灵长类动物、在纳米比亚发现的中新世乳齿象、在埃塞俄比亚发现的上新世啮齿类动物、在乌干达发现的中上新世鳄鱼、在纳米比亚发现的中新世鸵鸟、在埃塞俄比亚发现的跳蚤、在吉布提发现的蝴蝶、在乍得发现的白垩纪梧桐科植物和在乍得发现的更新世桑科植物。命名者是我那些豪爽的同事，他们来自法国、美国和英国。我有名同事是昆虫学专家，1977年他从吉布提回来后告诉我说，要以我的名字来命名新发现的蝴蝶，听闻此言，我心里美滋滋的，非常想亲眼看一看那个美妙的飞虫，它应该是色彩斑斓、翅膀宽大的样子。后来这事就没了下文，没见到我的"教子"，我就忍不住跑去问我的那位同事。他跟我说，那是只夜蛾，体型很小，颜色晦暗，其状堪怜，所以不敢给我看，即便是这样，我还是非常得意。那只跳蚤是1970年在老鼠身上发现的，捉到老鼠的是巴斯德研究所的医生，他应我的邀请跟随科考队一起进入奥莫河谷，他要寻找的是体外寄生虫和体内寄生虫，奥莫河谷那个地方独自一人是很难进入的。

我自己单独命名的动物和别人共同命名的动物两者加一起有 10 多种（这是博物学家的特权）：3 种长鼻目、1 种猪科、1 种矮河马和 6 种人科。

我这份总结并不枯燥，但是不是过于孤芳自赏了？我还应该说点儿什么呢？这样的总结对于学者来说再正常不过了，是个学者都会像我一样开出令人炫目的书目，他同样会讲过课、做过讲座、接受过采访、写过鉴定报告、当过论文答辩的评委、参加过学术会议、参与过展览、协助过电影拍摄、担任过刊物编辑和获得过荣誉。在我熟悉的学者当中，强过我的大有人在，比如，国家自然博物馆的亨利·德伦莱[①]教授参加过的博士论文答辩比我多，法兰西公学院的让-皮埃尔·尚热[②]教授获得的荣誉比我多，法兰西公学院帕斯卡尔·皮克[③]教授的著作数量非常可观，而我只写了区区三十几本书。请这几位教授不要责怪我，我拿他们举例是出于敬佩（和羡慕）。能用自己的名字来命名新发现的物种是上天对考古学者的恩赐，来看看我的挚友泰奥多尔·莫诺的业绩。他是国家自然博物馆的教授，可惜前些年去世了，不久前我翻看了他的学术履历，在他名下的物种有“*monodi*”“*theomonodi*”“*monodosus*”“*monodii*”“*monodiana*”，甚至有和他的名字有关的属（*Monodanthura*、*Monodella*、*Monodichthys*），先生真是了不起啊！

---

① 亨利·德伦莱（1934—　　），法国考古学家、地质学家、史前史学家。——译者
② 让-皮埃尔·尚热（1936—　　），法国神经学家。——译者
③ 帕斯卡尔·皮克（1954—　　），法国古人类学家，出版了大量考古科普书籍。——译者

我上面讲的那些"数量级"都是我自己设定的,在有些级别,我数量上占优,但我罗列这些绝不是要和别人比个高低,我只是想直观地展示,一个考古学者是如何困于围城的,而他同时又是怎样荣誉加身的! 当他在做田野考古时,没人会注意到他,只能把他遗忘,一旦他回到城里,如果他拙于拒绝,不给自己留出时间做研究(不管是否在做田野)、思考、写作和放飞思想,那么他就会被请出来,被说服,被没完没了的委员会套住,被一个接一个的差事压住,他会疲惫不堪,会感到无法呼吸。大家只要看完上面的一张张清单就很容易了解到,把那些事情从头到尾妥帖处理好需要花费多少时间。但话又说回来,那些没完没了的事和学者的义务相关,他应当把它们做好,满腔热忱,一丝不苟,欣欣然然。说实话,他在烦劳中也获得了莫大的满足。

第五章

浅见又一束

想象比知识重要。

　　——爱因斯坦

　　我有小花 10 朵,集成一束。它们是我的感悟,名为"推断""整理""回答""节奏""共存""翻转""渡过""聊天""成长"和"演化"。

　　远离田野,就是远离发掘,远离那种立足于"原始资料"的研究,远离那种可以证实或证伪某个观点的研究。但考古学者不能囿于发掘现场,他要善于超越考古勘探,达到能够提出假设的高度。提出假设后,他要回到田野,回到基础研究,搜集实物,检验推测,证实或证伪先前的观点。这就是科研路径。田野勘察与闭门思考同样重要,不可或缺,它们优势互补,先田野,后闭门,再去现场证实研究结果,循环往复。

　　教学授业、学术报告和论文写作也在研究范畴之内,因为它们可以促使学者对下列问题进行思考:整理田野勘察成果的方法、降低田野勘察成果阅读难度的方法、使田野勘察成果结构清晰的方法、对田野勘察成果进行有效研究的方法以及提出推断的方法。法兰西公学院授课的宗旨和上述原则接近：学者讲授的是手上正在进行的研究给学者本人带来的思考；学者因授课对自己的研究内容去繁就简，其研究因而变得清晰明了。

田野考古和闭门思考我都做，实地调查期间，枯坐思考花的时间就少些，随后用于思考的时间就会多于用在勘探上的时间，它们其实属于科学研究的两个方面。

推断。古生物学研究是在"退步"中"进步"。"当你前进时，你是在后退"，这句风趣的话是乔治-亨利·里维埃对我说的，他是人类博物馆最早的副馆长、传统风情及艺术博物馆的创立人。有了新发现当然是件了不起的事，但1块年代久远的化石不大可能就是某物种或某属的最古老的化石，这个道理不难理解。所以考古专家自然而然地要在一定范围内推断将来会发现什么，他尤其会在教学中这样做，因为教学本身必须是概括性的，必须是清晰的，必须是易懂的。我自己一直以来就是这么做的，这是我的思维习惯使然，而且我在课堂上要提出大的框架，这样学生才能理解，才能印象深刻。我在法兰西公学院授课22年，一直说生命起源于40亿年前（有人认为起源于38亿年前，因为39亿年前地球上可能发生了大灾难，推迟了生命的诞生。我总认为大自然的倔强和生命的顽强在面对灾难时会胜出，但我拿不出证据）。到了2017年，地球上的生命史刚刚达到40亿年。我在课上说人科的诞生有1 000万年的历史

（我以前说有 800 万年）。为什么是 1 000 万年呢？因为在那时地球上出现了大面积的禾本科植物（C4 植物）。专家在东非大型哺乳动物的牙齿里找到了这类植物，禾本科植物的出现清楚地表明气候发生了变化，也正是禾本科植物帮助我们的祖先、人科动物在地球上持续繁衍。拥有其他文化背景的专家没法像我这样进行推测，他们囿于已有的考古发现，长期以来在 300 万年到 400 万年之间这个时间段里打转，后来有人提出了 600 万年（勇气可嘉！）、700 万年的说法（这得感谢乍得沙赫人），再后来有些专家和我一样认为是 1 000 万年。

　　按照同样的思路，我推断最早的人类出现在 300 万年前，这个想法我很早就有了，做出这个推断并不难，因为那个迫使人类自我调整的气候变化发生在距今 330 万年到 240 万年之间（在干旱加剧、植被大量减少的环境中，生存变得愈加困难，人要生存下来必须改变思维方式、呼吸方式和进食方式）。2016 年在埃塞俄比亚的莱迪出土了颌骨化石，其主人可被归入"人属"，化石大概有 280 万年的历史！我说对了！

　　我另外一个很早就形成的观点是，就空间维度而言，人属动物明显有重度"好动癖"。自从人属成员变成杂食动物后，它们思考能力提高，好奇心加重，活动范围扩大；自从它们学会打猎、成为肉食动物以来，它们的迁移能力大增；自从它们学会使用工具并且因此延长了自己的肢体后，它们更容易抢到新的地盘和新的群落生境；自从它们适应了气候变化、数量缓慢增长后，它们就更需要新的地盘来养活自己。根据上述结论，我提出人类首次出走非洲的时间是在 250 万年前，而大多数学者则谨慎地认为是在 100 万年前。格鲁吉亚的德马尼西遗址有 180 万年的历史，在那里出土的人骨化石让世人震惊（我很平静，格鲁吉亚的考古学家达维德·洛尔德基帕尼泽可以作证）。现如今，古生物学界"硬着头皮"接受了在以色列伊龙发现的工具有 230 万年到 240 万年的历史，在中国龙骨坡发现的工具有 240 万年的历史，在印度迈索尔发现的有刀砍痕迹的脊椎动物骨化石有 260 万年的历史。

我认为古人类几乎同时进入亚欧，它们在两地出现的年代同样久远，我在课堂上是这么讲的，这个推断却是个难以吞咽的药丸，大家都在 160 万年的结论上打转（从对意大利的皮罗诺德遗址研究中得出的结论）。如果最后确定尼安德特人在 100 万前就出现了，我不会感到惊讶。实际上考古发现已经慢慢向这个年代靠拢了（50 万年，60 万年），在这个过程中，陆续发现的古人类化石有了自己的名称，它们便不再被看作是尼安德特人。最早发现的尼安德特人是距我们最近的一批古人类，这使得"尼安德特人"这个称呼引起了争议。后来很快就发现了年代更为久远的古人类（比如爪哇直立人），命名最早发现的古人类不会有什么问题，但命名后来发现的古人类就不那么轻松了！

我在讲课中说智人出现于 50 万年前，我开始不大肯定它们来自非洲，但古生物遗传学家的研究说服了我。至于说它们出现的年代，我认为还要提前。让·雅克·于布兰和他的同事阿卜杜拉赫德·本·纳赛尔刚刚迈出了一大步，他们认为在摩洛哥的杰贝尔依罗发现的人科化石有 30 万年的历史（这个结论非常重要，它是经过论证的）。于布兰认为在 30 万年前智人就已经遍布非洲大陆了,这就清楚地说明了智人出现的时间还要提前。

有那么一位,似乎对我不太友好(但他也许是敏锐的),他撰文说我思考古生物学问题的方法已经"老去"了。那是在 1994 年,我那年 60 岁,这种说法当然让我心里不快,但也让我意识到"老去"这个词其实恰到好处地表达了我为学的方法,也让我有机会清晰地阐述我的治学原则。我以推(退)断、以在时间轴线上大幅度上溯的方式来构建生物和文化演化的简图。我常常是这样理解和阐明古生物学问题的:在建立线系进化图表或古生物谱系时,我会在学术范式允许的范围内将时间卡尺上的游标尽量向左推("老去")。我顺势把我在法兰西公学院讲授的 1994 年至 1995 年的跨年课程命名为"老去的范式"!

整理。学者的思想应当远离含混,结构清晰,他要在思想和事实之间建立联系。因为人是活生生的存在,所以我们肯定要在生命史中探求人史。因为生命繁衍于地球和太阳系,所以我们必然要在地球史和宇宙史中书写生命史。以往的经验告诉我,大众更容易理解和接受从古到今——道来的、线性的历史叙述。天体物理学家认为宇宙诞生于 140 亿年前,那么在这之前是怎样的呢?"混沌!"他们说。从人理解宇宙的那一刻起,人就对它感到讶异,因为物质很快重组分化,很快变得复杂起来,并且这种变化是持续的,而这个世界却有着稳定的物理定律。有个普遍规律从宇宙诞生之日起直到现在依然存在:物质结构愈加合理有序,物质本身日趋复杂。在 46 亿年前诞生了那个对人类来说非常重要的星系——太阳系。太阳的行星——地球——在诞生后的最初几亿年里,其原始大气消散,尚无保护自己的"盾牌",因而饱受冲击,后来在5亿年的时间里,它慢慢聚集气体使大气形成,同时也慢慢聚水成海。我常说,大约4亿年前地球上出现了释放出来的水和气体。水中的物质执着于自己的"目标",要复杂起来,要重新组合,而水提供了相应的条件,水中的分子形成了细胞,无生命的物质就这样转化为有生命的个体。细胞有里有表,细胞之间或细胞与外界之间可以进行物质交换、能量交换,细胞可以通过表层进行繁殖。生命体很快就开始利用自身这一新特质来适应不同的环境,它们做了大量的调整来完成适应,来满足物质的新执念——竭尽全力使"新构成"的物种存活下来。这时候,物质除了旧有的特质外(结构清晰,日趋复杂),又有了新的趋势:日趋多样(生物多样性),羁束日甚(来自遗传规律,因为要克服大自然本身的放逸)。在接下来的40亿年中,生命之壮丽画卷展开:环境无常,适者生存,生命求变。300万年前,自然界为了使生命适应环境变化(干旱),创造了人类,人类的大脑更为复杂,容量更大,血液供应量更为充足,它们有能力对付因植被减少而变得更加危险的捕食者。在适应环境的同时,人类大脑的运转能力也大幅度提高,人类因而有了预判、思考和制造工具的能力。后来人类又"创造出"改进的呼吸系统,改进后的呼吸系统更能适应干燥的空气(随着呼吸系统的改变,人类有了可切分音节的语言)。人类终于磨练出一口什么都能吃的好牙,它们食肉,因为没有足够多的植物让它们填饱肚子。到了那个时候,人类呈现出第三个特质(下面还有):

人类在大脑发达后有了更多的自由，同时也有了更多的责任感来限制和控制自由。各物种执着地延续自己，不惜一切。人类执拗于生生不息，不计代价，这当然是自然界的新现象。

气候变化让世人对人类的未来忧心忡忡，我会说明他们的担心是有些道理的，但我主要还是想让大家明白，他们的担忧在很大程度上是没有必要的，我会从大历史叙事的角度来探讨这个问题，这是我的习惯做法。

约 300 万年前人类诞生，同时期也出现了其他动物，这都是适者生存的结果，因为气候发生了变化，这一点我在本书中曾多次阐述。我们的史前先祖更新了大脑、牙齿和呼吸系统，这是自然选择的结果，这些变化也同时"暗地里"给人类的其他方面带来了出乎意料的进化。事实上，人类当时是被动地接受了环境。史前人类命途艰险，它们不是主动求变，而是迫于环境的压力而变，并最终适应了新环境（环境不再湿润，地表植被稀疏，天然屏障减少，人类易受攻击）。

在随后漫长的 300 万年里（其实不到 300 万年，差了几千年），人类自主选择能力越来越强，这种能力也是在不经意间出现的，它使得人类越来越善于获得更强的适应能力。随着气候的变化，人类或迁移远方，或想办法保护自己，添衣减衣，改变饮食习惯，和伙伴谈天说地，对偶遇的"人"嘘寒问暖。人类人口有所增加，但整体上数量有限，自然界的供给足够养活它们，开始只有几千人，后来有几十万人，再后来增加到几百万人。它们居无定所，跋涉万水千山，出非洲，奔亚欧，终抵新大陆。那个时期的人类发展有明显的可持续特征。

再说一说万年前的人类。它们那时志得意满，无忧无虑，上一个冰期已经结束，下一个冰期尚未到来，气候温润起来，草青木秀，人类用以果腹的禾本科植物尤其长势趋好。我们的先祖先是在近东停下脚步，接着又在其他地方住了下来，它们采摘植物，就这样年复一年地劳作起来，后来它们就开始储存、播种（这是最早的选种，也就是人为干预遗传——OGM）。先人定居下来，储存食物，动物聚拢过来，小心翼翼，先民驯化它们，慢慢学会了饲养，动物提供肉食，也可作他用。人类就这样从掠夺型经济（打猎、捕鱼、采摘）过渡到生产型经济，这是逆天改命之举。我把那时候的环境称为"被征服"的环境，人类的发展依然是完全可持续的。定居保障了生命安全，生产保障了食物供应，人口大幅度增加，出现了婴儿潮，甚至有人认为，在万年前全球人口就达到了 1 000 万。

下面我们要跨越 9 800 年，这可是非常大的一步。实际上，到了 19 世纪初全球人口才达到 10 亿。人类在懵懵懂懂中首次感知到自己发展的上限。为了生存，人类改进技术，发展工业，投入大规模生产中，渐渐走上了对地球无节制的过度开发之路，开发力度之大前所未有。我把这一阶段称为"惊吓中的环境"，这是一语双关，一曰过度开发，二曰后果完全出乎意料。17 世纪的亚当·斯密在书中写道："自然资源可以再生，因而是永不枯竭的。"圣雄甘地则认为："地球资源丰富，足以满足每个人的需求，但无法填平所有人的欲壑"。

地球上的人口在 1815 年达到了 10 亿，两个世纪过去后，世界人口有近 80 亿之多。我们的星球肯定会因此拥挤起来！发展也不再是可持续的了，人工干预基因的时代到来（OGMM），我们当然不能再云淡风轻了！上述判断是人类的新认识，才形成不久，大概也就百余年的时间。航天工业的迅猛发展无疑加深了人类对自身的认知，我们早就了解的事实第一次如此直观地展现在我们眼前：地球是个小小的星球，它镶嵌在浩瀚的太阳系里，置身于无边的银河系中，而在银河系里有无数个相似的（或各不相同的？）星系。生态保护运动为人类的未来敲响了警钟，人类的环境从今往后可被称为"被理解的环境"。诚然，人类困于竞争，纠缠于利益，但并非完全失察于自身行为的后果，我对人类充满信心，他们洒脱自在，当仁不让，其秉性（约）300 万年以来未曾改变。

生命在宇宙的冒险之旅中留下的是一串串悖谬的脚印：结构日趋合理，同时日趋复杂；形式日趋多样，自控力不断提高；日趋自由，责任感不断增强。在冒险之旅中，人类先是遭遇了环境，后来征服了环境，再后来惊吓了环境，最后他们理解了环境。

说一个小插曲，是关于"人类世"这个新词的。我对这个词并无意见，但我反对把人类世当作全新世的一部分（当然是离我们最近的那部分），因为这就好比做加法时，求小豌豆和四季豆的和，求人科和其工具的和，求更新世和旧石器时代的和。根据地质学的分类原则，更新世之后肯定是全新世，但不是人类世！这个问题我闲来无事时琢磨过，我们可以接受、认可"人类世"这种说法，但要把它放到一个单独的范畴里。地球有 46 亿年的历史，我建议把第一个 5 亿年或 6 亿年称为"矿新世"（它在我眼里是灰色的）。我建议把"矿新世"之后的年代称为"海新世"（它在我眼里是蓝色的或灰蓝色的），生命在这段漫长的岁月里诞生，并开始了长达35亿年的水中栖息繁衍。我建议把离我们最近的这5亿年称为"生（物）新世"（它在我眼里是绿色的和蓝色的），这期间，生命弃水上岸，（终于可以）沐浴阳光，泛出绿色。"人类世"（它在我眼里是五彩缤纷、凯歌高奏的年代）可以是"生物新世"中离我们最近的那两百年！在这个体系中，"人类世"这个走红的说法就可以得到小小的安身之地。

然而"人类世"的主要内涵是讲人类的负面影响，了解人类史的人都知道这部分内容明显是没有意义的，所以我对"人类世"这个概念依然感到困惑！也许是我错了。

回答。另一个趣事。东非的粗壮南猿和南非的粗壮南猿之间没有（直接）亲属关系，这是我长久以来的观点。我之所以有这种观点，是因为当时不同种系说法相继相续，竞相登场，叠叠层层。为了把情况说清楚，我重新启用"东非人"（*Zinjanthropus*）来指称东非的"粗壮南猿"，而用"傍人属"（*Paranthropus*）来指称南非的"粗壮南猿"。我认为两者都是生命适应环境变化的结果（干旱造就了人类），这个观点我讲过多次，只不过它们适应的方式相似而不相同。大自然确实有很多想法，但它有时会受到限制，这时它会启用在别处用过的想法，不过实施的方式从来不会雷同。2002年，有位国外同行造访法兰西公学院，或许是被我的大胆惊到了，或许是我的孤陋寡闻让她感到好笑，她说："'东非人'这个词早就不用了，都刊登出来了！"（也就是说那是学术期刊表达的学界的主流观点。)和我这个少数派不同,很多科学家奉主流共识为唯一圭臬(今天依然如此)！我最近(2016—2017 年)听说,有人竟认为应该把东非的傍人和南非的傍人分开来看！我并不是想说我总是正确,我在书中讲过我出过错。我感觉到,有些学者被困在极少数学术期刊推崇的学说中无法自拔,我不是说那些刊物质量低,它们其实还是不错的,内容也值得重视。我想说的是,科学探索不能画地为牢,被近乎教条的思想遮蔽。我曾多次应邀到美国做讲座(注意地点……),那里的同行听完我的讲座常赞叹道:"观点真新颖！"也许是客套,也许不仅仅是客套。

节奏。当我们研究古人类学的发展史,也就是人类史的发展时,会发现这样一个有趣的现象,它大致可以分为两个阶段,每个阶段长达一个世纪。从 1829 年到 1929 年,实际是到 1941 年,这一时期的发现在时间轴线上是上溯的;另一阶段是从 1904 年到 2020 年(取整数),这一时期的发现在空间上是由远及近的。

在第一个 100 年里,先后发现的人科遗骨化石的年龄呈现的是由今溯古的趋势:尼安德特人(1829 年,比利时的昂日,年龄 5 万年?),直立人(1891 年,印度尼西亚爪哇的特里尼尔,年龄约 70 万年),非洲南方古猿(1924 年,南非的桃恩,年龄约 250 万年)。

在第二阶段,也就是在随后的 80 年里,先后发现的人类摇篮在地理上由远及近,最后回到开始的地方。人类最初走出非洲,来到欧亚大陆(似乎是先亚后欧),但人类的摇篮最先是在欧洲发现的(1940—1960

年,意大利,山猿,800万年的历史),然后是在亚洲(1960—1980年,印度,巴基斯坦,西瓦古猿,800万~1 200万年的历史)、东非("东边故事",1980—2000年,800万年的历史),最后在整个热带非洲("图迈",2000—2017年,700万年的历史)。最近发现的这个人类摇篮的证据似乎相当扎实,我把它称为"同心摇篮",因为它呈圆弧状,围住一片半圆形的森林,而这片森林又揽住几内亚湾,所以我又叫它"圆形摇篮"(英文叫"摇篮戒指")。

　　共存。说到自然属性,人类的多样性不亚于生物界的多样性,但是人类和动植物不同的是人类具有文化多样性,这一点我们无论如何都不应该忘记(人类有生物多样性和文化多样性)。人类现在只剩下了人属(*Homo*)的智人种(*sapiens*),所以我们很难去想象人属与前人类①共生,以及多人种共生的那样一些时期。有充分证据证明,在距今3万年到距今1万年之间,人属成员和傍人属成员共存,甚至是共居,它们本身就意味着应对同一危机的两种策略(人类以智力胜出,傍人体力占优)。气候由湿转干,出现危机,我论证了确实发生过气候变化,把此次危机称为"奥莫/人属事件"。另外一个例子,曾在同一个时代,欧亚大陆上生活着智人、尼安德特人、丹尼索瓦人、爪哇直立人和印尼弗洛勒斯人,它们共生共存的事实把我们引向哲学思考。在这些"人"当中,有的"人"的大脑容量在1 000立方厘米到1 500立方厘米之间,有的"人"的大脑容

---

① 其实应该称它们为类人类。

量却比别"人"少500立方厘米到1 000立方厘米。

同样,也就是在30万年前,南非的智人(弗罗里斯巴人)和纳莱迪人(如果它们也能算作"人"的话)也共存过。和上面讲的情况一样,它们二者的脑容量有很大差异,并且二者的行走方式(后者是双足行走,树栖动物)和站立方式也不同,即便是这样,它们之间出现过什么问题吗? 它们能意识到它们是同属吗? 大概不会,也许就像经常发生的那样,它们在不同的群落生境生活,老死不相往来,也许它们知道它们同为人属,于是就来了"情绪"……

翻转。有个小物件让我念念不忘,它和猛犸象有关。那是件表现女性形象的雕刻作品,有2.2万~2.3万年的历史,年代比猛犸象"雅克夫"和"鱼钩"稍微久远些。小雕像巧妙精致,由猛犸象的象牙雕刻而成,牙的主人勇猛无畏,居然闯进了比利牛斯山。小雕像是1992年勒内·德圣佩里耶和苏珊·德圣佩里耶在上加龙位于莱斯普格的"窗帘洞"内发现的,它是人类博物馆的"镇馆之宝",名字很好听——"莱斯普格维纳斯"。

小维纳斯身高14.7厘米,是旧石器晚期格拉维特艺术的代表作。虽然它没少被人介绍,但我还是想讲一讲它的主要特点:头小,前倾,呈椭圆形;面平,脖颈修长,松散的中长发梳于脑后;上身纤弱,巨乳下垂至腹,两前臂贴身横于乳房上方;削背蜂腰,后观双臂未成对称;腹部小巧,丰满,凸起;宽臀耸翘,大腿粗壮,后遮一片流苏状缠腰布;小腿短,呈并拢状,双足稍有轮廓。

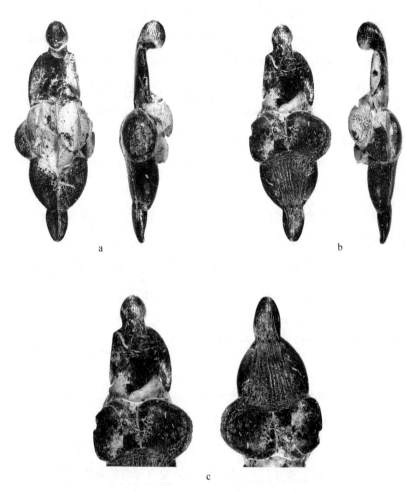

图36 莱斯普格维纳斯,距今2.3万年。正面,背面,侧面(上),雕像背面的上半部分,倒置雕像背面的上半部分(下)。

　　我得近水楼台之便，曾于 14 年中和这位女士"频频会晤"①：每凝视，必心动，心动于她的美貌、她的材质、她的色泽、她的姿态、她身体各部分的完美比例；每凝视，也必困惑，困惑于她的臀——它上下颠倒。

　　我当然咨询了众多仰慕者的意见。有人认为那是雕刻者的失手，艺术家在雕刻时拿倒了，也就是说那是个疏忽，也有人认为那是只有艺术家才能做出的惊人之举。我则完全无法接受在这样一件精美绝伦、细刻精雕的艺术品身上竟然出现如此大的纰漏。

　　我思来想去，我也把它给倒了过来，结果在我眼前出现了另外一个女性形象：头部（脚）更显椭圆，一头辫发（缠腰布），脖颈遽然收束，背、臀正常。我把雕像再正过来看，头到大腿根这部分显现的是，一女子坐于另一女子的臀上（那个大头朝下的女子的臀）！

　　这座象牙雕像正面是个（只有一个）女性形象，我认为这位女性很年轻并且有过几次生育，背面则刻画了两位骨盆相接的女性：一位年纪轻轻，头发散开（可能和雕像正面是同一个人）；另一位年龄较大，长发灵巧地扎了起来。这座雕像难道是在表现不同年龄段的女性？而她们的年龄是可以通过其身体的某些特征及各自不同的发型被辨识出来吗？难道是个神秘的、双体女性人物？它也许仅仅是艺术家的自我消遣？是个谜语吗？是他（她）的意兴勃发之作？

　　后来，我在另一家博物馆中发现了和"莱斯普格维纳斯"同一时期

———————————

① 我先后做过人类博物馆的副馆长和馆长。

的双体人艺术作品(这回是个浅浮雕),我把我的想法透露给学界同行,我至少得到两位专家的回应:一位是意大利人,一位是美国人。他们突然意识到在自己的旧石器收藏中有表现双体人的文物。我倾向认为这些双体人艺术作品具有象征性,而生活在两万余年前的、我们的克鲁马农祖先是熟知其中的确切含义的。

渡过。我突发奇想,远古时代,交通不便,气候恶劣,各人种之间无交往可能,唯有等待遗传漂变,那么困于阿特拉斯山脉和地中海之间的直立人是否变成了有点特别的直立人?就像爪哇人、弗洛勒斯人或北京人那样的直立人?阿朗堡称之为"毛里坦人"。如果你去过直布罗陀海峡和摩洛哥的丹吉尔①,肯定会有这样的疑问:好奇心如此之强、如此躁动不安的"毛里坦人"为何要等那么久才渡过直布罗陀海峡?丹吉尔的摩洛哥人告诉我,如果有女人把戒指掉在阿尔赫西拉斯②的沙滩上,他们会向她喊:"别找啦,我们看见它了,它在那儿呢!"③

所以我认为这种情况是有可能的:北非的"毛里坦人"在大约百万年前渡过直布罗陀海峡,那些直立人到了对岸后慢慢开枝散叶,身上的尼安德特人特征越发明显,于是就有了先驱人、海德堡人和尼安德特人。出于谨慎,有人把尼安德特人之前的直立人称为"前尼安德特人"或"先尼安德特人",当然这两个叫法都不是国际学界认可的术语。

---

① 丹吉尔,摩洛哥北部滨海城市,北临直布罗陀海峡西面入口。——译者
② 西班牙南部港口城市,南望直布罗陀海峡。——译者
③ 意思是距离很近。——译者

我还有一个更为大胆的推断。在卡萨布兰卡的考古遗址（西迪·阿卜杜勒-拉赫曼）出土了直立人和智人的遗骨化石，年代跨度为 50 万年到 100 万年（年代最为久远的智人常被称为"罗德西亚人"），那么，有没有可能智人沿着地中海迁移，由西向东经过近东在 50 万年前抵达欧洲？

如果是这样的话，那么就应当承认近百万年以来北非在环地中海区域人口分布上的巨大作用。

就到这儿吧，我的思绪飘得有点远。

聊天。学者很难摆脱自己的学术背景，这是显而易见的。所以一名史前史学者（属人文学科）永远不可能有史前生物学学者（属自然科学）那样的视野，反之亦然。这也许就是为什么生物学者至今依然把人类放到一些小的、特别的范畴里，他们也把青蛙、蝴蝶什么的放到这些范畴里。300 万年前，地球上出现了文化，这是自然界的大事。文化当然会对生物界产生影响。我们不要责怪生物学学者，因为也有学者忘记身体是精神的载体，试图用精神来解释一切。

远古人类数量有限，它们四处迁移，彼此不再来往，各自慢慢地发生遗传漂变，最早的人科人属中的"种"就是这种情况。在这个进化过程中出现了变种，于是学者就想出各种称呼来命名那些新种。这样当然方便了讨论和辨识。让我们想象一下，两群羚羊相遇于途会怎样？它们肯定是无视对方，继续赶路！如果是两群"人"呢？如果是能人和鲁道夫人呢？它们可能会互相攻击，也可能会相互产生好感，它们心里防着对方，又想了解对方，它们攀谈起来，言辞还算恳切，它们谈谈天气，说说家乡,聊聊目的地,讲讲食物,提起遇到过的野兽,告诉对方在寻找什么样的猎物。如果它们觉得彼此投缘,或是因为好奇,或是因为需要,它们会进行交换,交换食物,交换原材料,交换手工制品,交流生产技术……一来二去它们就结了盟,联了姻!于是就进入了正题!于是就有了异种交配,于是就有了异种杂交,于是就有了异种杂交后代。"伪种"能人和"伪种"鲁道夫人的后代给喜欢分门别类的生物学家出了个大大的难题。按照这个思路,我们大概可以明白在格鲁吉亚的德马尼西出土的那个有名的 5 号头骨(距今 1 800 万年)为什么会是那样:它有点像能人,又有点鲁道夫人的影子,它有些许匠人的特征,又有与直立人相似的地方!我这么描述虽然有些滑稽,但可以说明文化出现在自然界肯定是件大事。有个问题让我颇费思量:既然这些"异种"间会随时随地发生交媾,那么是不是实际上它们只是同一个种的不同类群?不管怎样,"种"这个概念并非严丝合缝,这是有违分类学家期望的。

成长。下面要讲的是封闭环境中的演化和"变形"。古生物学者都知道这样一个事实,有这样一些孤岛(大陆型、海洋型),它们面积狭小,与外界隔绝,掠食者数量有限,岛上的动物在漫长的岁月里自然地选择了最适合自己的能量补充模式和能量消耗模式,也就是说,它们通过控制个体的体型以及群体的数量,和生态系统中的其他成员慢慢建立起一种最利于自己生存的关系。古生物学家很早就观察到所谓的"岛屿侏儒症"现象:矮象(欧洲象的肩高是 4~5 米,地中海岛屿上的象的肩高是80~100 厘米),矮河马,矮小的牛科动物,矮小的猪科动物,矮小的贫齿类动物。他们也同样观察到所谓的"岛屿巨人症"现象：巨大的啮齿动物[①]和巨大的鸟类动物。正是基于上述事实，当澳大利亚学者迈克·莫尔伍德宣布在弗洛勒斯岛上发现侏儒人遗骨化石[②]时，古生物学者无比惊愕（当然惊愕了，因为的确出乎他们的意料）。他们想到他们熟悉的"孤岛现象"，很快就得出结论，认为小矮人和孤岛环境造成的生长激素不足有关，他们还认为这个弗洛勒斯人是袖珍版的直立人（比如爪哇人）。在这个问题上，有些古人类学者想法大胆，有些史前史学者剑走偏锋，他们想认定小矮人是南方古猿（同样身材矮小），是能人（最近的研究成果），是病人，等等。我无意指责任何人，这是我的一贯做法，因为我深信我自己也免不了偏离航线。长鼻目动物演化快，迁徙能力强，它们一直是我考古研究的好向导，我的三角头剑齿象就是破解弗洛勒斯小矮人秘密的好帮手。那一天（距今不到 200 万年），它从亚洲大陆来到那时依然和大陆相连的爪哇。爪哇成岛后，三角头剑齿象由形态 A（先三角头剑齿象）进化到形态 B（晚期三角头剑齿象），再进化到形态 C（昂栋三角头剑齿象）。弗洛勒斯三角头剑齿象似乎是从形态 B 演化而来的，而非从形态 A 或形态 C，这说明，从爪哇途经串联在一起的 3 个海岛（巴厘岛、龙目岛、松巴哇岛）到达弗洛勒斯这条路是通的，而当年的三角头剑齿象也确实走了这条路。这大约发生在 70 万年前，而在弗洛勒斯发现的年代最为久远的石器和人科动物遗骨化石（同样矮小）也是这个时期

---

① 安的列斯群岛上曾有巨鼠大如熊！
② 距今 6 万年。

的,那么有可能是先行者的长鼻目动物和人科动物率先利用海平面下降这个机会(在那个地质时期确实发生过),走过陆桥到达弗洛勒斯岛。综上所述,我认为弗洛勒斯人的祖先是直立人(爪哇直立人或其他地方的直立人),而它们最终没有摆脱"孤岛法则"而变成了小矮人。

生活在一个掠食者数量较少的环境里,大量的脊椎动物体型变小,体重变轻,也许由此我们可以推断出另一种情况,也就是说,在一个掠食者数量较多的环境里,脊椎动物会体型变大,体重增加。回过头来看看我们人类自身,在发达国家,生活稳定,生活品质高,那里居民的身高在百年内增加了 7~11 厘米。当今世界,人口暴增,竞争激烈,获得一个好"位置"的代价越来越大,越来越难,那么这种身高的变化是否是人类对环境的自然反应? 当然这只是个疑问。有人认为是健康、丰富和供应有保障的食物带来了身高上的变化,我认为有道理,但也有可能是两个因素同时起了作用。

演化。还有个非常重要的问题让我颇伤脑筋:为了适应变化中的环境,生物要做出相应的改变,这种适应不是一蹴而就的,而是个局部慢慢调整的过程,简言之,适者生存。自然选择当然可以解释这个适应过程,但有时候却不太有说服力。

我发掘出的化石有几十吨重,这些化石可以把它们背后的很多历史说清楚。我丰富的田野考察经验告诉我,当生态系统发生重大变化时,系统中的绝大多数成员都会做出相应的调整来适应变化,个别的例外会被忽略不计。遗传学学者认为,危机出现时(比如气候变化),突变就会增多。自然选择确实是生物的首选，但仅此而已吗？

物种变化，也就是所谓的"演化"已不再是学说，而是事实。不是为了向达尔文致敬才把这个"演化"归为达尔文学说的。科学研究可不是从 1859 年起就原地不动。对遗传的了解、新达尔文观的贡献、对基因及其变异的揭示、人类遗传学的出现、演化综合论、发育生物学的最新进展以及实验胚胎学特别有意义的令人（我）期待已久的回归，所有这一切都深刻地改变了生命史。我们以后要关注分子种系发生学和更加深入应用概率的遗传学。有必要把内在的压力和环境的压力放在一起考虑，机体并不像我们想象（希望）的那样有贪图舒服的消极倾向，基因组有不可置疑的流动性。但这些并不能解决所有问题。

"演化既不是盲目的偶然，也不是巧妙的构思"，巴黎高师的米歇尔·莫朗热教授这样说过。演化是各因素间极为复杂的互动过程，涉及自然选择、性别选择、遗传漂变、中性选择和尚未得到清晰界定的表征遗传等因素。自然选择作为理论虽然遭到质疑，但它依然被看作生命变化的主因。我们依然要感谢查尔斯·达尔文！我曾满怀好奇、兴致勃勃地参观了达尔文在肯特郡唐恩的故居，他曾在那儿生活、工作和思考。故居地处乡间，草青木秀，鲜花盛开，小径纵横，唐恩不过是英国的一个乡村，然而它却如此特别，散发出独特的文化韵味。

我可是心意未满！

第六章

闲敲棋子

耐不得烟,得不到火。

——沃达贝族谚语①

　　一天,有名大学生来拜访我,说是来征询我的"建议"。来之前,他先去见了人类学家阿尔贝·迪克罗。迪克罗是我的朋友和同事,在巴黎七大授课,他跟年轻人说:"像柯本斯那样,听从内心,然后你就知道该怎么做了!"

　　我觉得我自己说起这件事有自吹自擂的意思,但它能很好地说明为何这一章的内容如此杂乱,因为我有那么多我从未主动争取,却要经常被动接受的临时工作。(绝不是说我全部都接受了,怎么会呢!)

　　我先不分主次地唠叨唠叨:我前面讲过,我曾当过4年电影助理导

① 沃达贝族是富拉尼族群的一小部分,他们传统上是萨赫勒地区的游牧牧民和商人。——译者

演,有长片,有短篇,有故事片,也有纪录片;我不会开飞机,但作为吉布提航空公司的飞行员,我在亚丁和亚丁湾上空飞行过(达科他飞机,道格拉斯 DC - 3 型飞机);后来我又成为吉布提航空公司吉布提—亚的斯亚贝巴航线上的飞机乘务员;我曾是印尼雅加达英文学校的"英语"督学;我曾是马达加斯加瘤牛宣传大使;我曾给埃纳的母牛授予过勋章(颇费力气,因为人家不愿意);我曾在挪威北角给来"欧洲纬度之巅"体验午夜太阳的游客当过导游;我曾是"卡度婴儿"公司的评委;我曾担任过"法国小姐"大赛的评委主席;我是好几届"商界女性凯歌夫人奖"①的(资深)评委、"传奇女性"协会会员、青少年图书"托泰姆奖"评委、日内瓦劳力士评委;我曾是丰田(普锐斯和雷克萨斯)和欧宝(昂科拉和亚当)的宣传大使;我为法国高铁做过推广;我曾领着一群法国游客乘"哥斯达"号邮轮从意大利的萨沃纳出发,用 3 周时间横渡大西洋并先后停靠在圣保罗和桑托斯;我代表联合国教科文组织在中国的周口店接待过瑞典的官方代表团;我应邀奔赴北极和 40 名俄罗斯杜马议员于 1999 年9 月一起欣赏了人类千年阳光的最后一抹余晖;②我曾应电视专栏节目"海神塔拉萨"的邀请在 3 月(-30℃)来到挪威的斯比茨卑尔根群岛(我很了解这个群岛)的朗伊尔城,我是去参加拍摄经过 6 个月的黑夜与幽

① 芭尔贝-妮科尔・蓬萨尔丹(Barbe-Nicole Clicquot Ponsardin,1777—1866),在丈夫突然病逝后,27 岁的她毅然接手家族企业,创造了香槟酒的一代传奇,其酒庄名称的本意为"克利科寡妇"(Veuve Clicquot),所谓"凯歌"乃是商业化的译法。——译者
② 坐了 10 个小时的军用飞机,从莫斯科飞到西伯利亚,观日落来回坐了 20 个小时的直升飞机,坐同一架军机又用了 10 个小时从西伯利亚飞回莫斯科。

暗之后首都出现的第一缕阳光（节目纪念日活动）；我曾作为洛桑的代表参与法国电视台的"走遍法国"节目；我曾在的黎波里做过"巴勒斯坦"教师；我是斯特拉斯堡的第一工兵团的老兵，曾在昂热的第六工兵团连续服役了 18 个月；我前面讲过，我曾受英国政府的委托，应英国血液学家阿瑟·穆兰特的邀请，在泽西博物馆的花园里，当着这位皇家学会院士的面，为他的半身像揭幕。

类似上面讲的事儿，还有很多很多，好似一锅"乱炖"，我就不都端出来了。其实那都是些责任不大的小角色，难度不大的跨界体验，大多是毫无预兆，临时"抓差"的，不过也有的是在深思熟虑之后欣然接受的。不管怎样，所有这些事我做起来都感觉很愉快，我都很"投入"，甚至是"甘之如饴"，可不是吗？"耐不得烟，得不到火"。

我挑两件我认为较为重要的事说一说。

2015 年，我被文化部授予"新罗马奖"（由福乐尔·佩勒林部长签发）！当然了，所有的艺术我都喜欢，我一直以来都深信，艺术敏感，"有温度"，能够感觉、触摸到时代的气息，能早早先于科学预感到山雨将至，科学则"冷静"，耐心，低调，它以实证服人。他们授予我这个荣誉，我感到十分惊讶，我当时并未了解其真实含义。这个奖的名字没起好，它其实是个职位，担任这个职位的人差不多是每年一届的"罗马奖"获得者的"人生导师"（我这回是 2015 年至 2016 年）。有机会做这个工作，我是很高兴的，整个任期内，我都是美滋滋的。12 个月内，我 6 次前往罗马，我随时愿意为那些入选的年轻人提供帮助，而不会要求他们做这做那。

这批年轻人我都见过，我不止一次去见他们，直到现在我们都还见面。他们这一届接受资助的年轻人有二十几个，实际上不到二十个，因为有人本应该离开却还留在这个圈子里，他们获得的资助不同，有些人只能和大家相处几个星期，所以在这一年里，我要指导二十来个"教子"和"教女"。那么这些年轻人具体是做什么的呢？他们当中有研究艺术理论和艺术史的，有导演，有编剧，有作曲的，有从事文学创作的，有做设计的，有从事造型艺术创作的。这些名头看似平淡无奇，但实际上这些人艺术感觉细腻，想象力丰富，创造能力强。比如在造型艺术名下，受到资助的有街头涂画艺术家①，也有搞行为艺术的，这些行为艺术家想法惊人（真是会吓人一跳），不拘一格，直指人心，作品惊世骇俗。我这一年过得非常愉快，艺术家和我都获益良多，感受到何为"另辟蹊径"。我们之间交谈甚多，有些艺术家也许会从中受益吧。除了去意大利和他们见面外，我还通过邮件表达我的看法和感想，给他们邮寄文献、图片和实物，希望借助那些东西来阐明我的想法和他们自己的思路。

美第奇别墅这座 16 世纪的宫殿美轮美奂，房间富丽堂皇，花园景致美不胜收，我尤爱花园里那些郁郁葱葱的松树，我迷醉于它们的身姿、颜色和整齐的华盖，对我而言，松树就是罗马的象征。为了庆祝罗马法兰西学院成立 300 年，在米丽埃尔·梅耶特院长的邀请下，我在美第奇别墅的花园里种了棵迷人的松树，我用铁锹给它培上肥沃的黑土，许诺常

---

① 我更愿意称他们为"涂鸦者"，因为这是事实，我也比较喜欢这个有点挑衅意味的叫法。

回来看望它，看看它长了多高，回来祝贺这位特别的"罗马奖"的寄宿生取得的成绩。

下面我要讲的也和建筑有关。我时常陶醉于石头的颜色、石头呈现的美感，我尤其喜欢结晶石、变质石、花岗石、片麻石和云母片石。法兰西学院在菲尼斯泰尔有处房产，是座建于16世纪的庄园，我对其倾心已久，它风格质朴却不失优雅，是审美疲劳症的天敌，堪称完美居所。选为院士后，我便想入非非，惦记着能在这美宅里谋上个一官半职……但也只是想想而已，因为我并不清楚这些院落到底归谁管。多年以后，我结识了妮科尔·勒杜阿兰女士[1]，我们在法兰西公学院共事，成了朋友，她恰好是"我的"那个梦想庄园的负责人。我的梦想似乎就要照进现实，但只是照照而已。后来我和勒杜阿兰一起来到罗马的宗座科学院，我们俩都是这个学院的院士，我偶然间和她袒露了心事："如果有一天您放弃在克拉赞庄园的职位，记得有我这个接替者……"后来，还是在罗马（必须在罗马！），在从机场去梵蒂冈的车上，勒杜阿兰跟我说："我愿意把火炬交给您。"事成了……法兰西学会批准了对我的任命，这样我就幸运地成了这座闻名遐迩的城堡的主管。我在2016年4月"入主"城堡那天种了棵银杏树（我植树植上了瘾），来纪念城堡的前主管、我的同事乔治·勒里德[2]，他生前非常喜爱这座城堡，对其呵护有加。

美第奇别墅和克拉赞庄园都是出类拔萃的建筑：前者是15世纪古

---

① 妮科尔·勒杜阿兰(1930—)，法国生物学家。——译者
② 乔治·勒里德(1928—2014)，法国历史学家。——译者

罗马贵族的住宅,上流社会气质,风格细腻;后者朴实无华,颇有布列塔尼乡野的豪放气息。这两处庄园给我退休前几年的生活增添了许多靓丽的色彩。

然而生活的光彩不仅限于克拉赞和罗马,我还有其他亮点要讲。我要讲一讲我任职时间比较长的工作。人类博物馆之友协会的主席阿利克斯·德罗特席尔德是位细腻、优雅的女士,在她的请求下,我做了协会的财务主管,一做就是 15 年,她用略带奥地利口音的法语称我为"我的贴心财神",她这么叫我也没人说什么。我卸任时,协会的"钱匣子"可是满满的。我曾给一个协会当了 8 年(如果我没记错的话)主席,这个协会创立于 19 世纪,是当时思潮的产物,它的名字有点怪,叫什么"为进步喝彩"。这个协会的主席是物理学家、法兰西公学院的路易·勒普兰斯-兰盖教授,他卸任后让我担任协会的主席。协会每年都会在参议院庄严地举行一年一度的颁奖活动,作为协会主席,我真的颁奖颁到手软。在 12 年里我参与组建并领导了菲利普·莫里斯基金会的科学大奖评委,我策划奖项,邀请专家,每年都给一大批实验室拉到赞助,是菲利普·莫里斯公司出的资,没人说过这钱来路不对! 后来,我听从了戒烟协会的意见(我得承认他们是对的),就不再为烟草公司做事了。福柯侯爵夫人创立的"遗产使命"协会很不错,我一直都是它的主席,侯爵夫人叫亚特丽斯·拜尔齐。所谓"神奇"创意的出发点往往非常简单,我给侯爵夫人出力的初衷也不复杂:去能找到钱的地方找钱,然后把筹到的钱经由大学交给管理世界遗产的年轻人使用,这些大学要能开设和管理与世界遗产相关的课程,颁发相应的文凭。联合国教科文组织利用其自身独特的地位牵头清点、保护世界各地的自然和人文遗产,这个想法当然令人赞叹,但当某个遗址进入名录后,教科文组织显然是没有能力落实遗址的管理和资金投入的。我们这个协会开始运作得很好,在教科文组织的协调下,爱尔兰和德国的大学得到了协会的资助,用来培养我们参与遴选、将来从事遗址管理工作的人才。资助项目开局不错,但未能展开,协会最后只能"关门歇业",这让人想起来就心痛。

我加入过好些个行业协会,有葡萄酒的,有食品的(奶酪、肥鹅肝、肚子……),我的朋友,在讷韦尔的外科医生马克·拉格朗日称这些是我的"个人酒历"(*curriculum vinae*①)!关于这些协会,我其实特别想一一道来,但还是忍住了,我在这里只讲我的几个荣誉时刻。第一个和希侬葡萄酒有关,说到希侬葡萄,肯定要讲"拉伯雷装桶人"②协会的那个隆重的纳新仪式。和我一起获此殊荣的是演员丹尼尔·热兰。听人讲起过这个仪式,所以那天我有备而来,事先喝了不少油,这样身体就不会那么快地吸收酒精了(大学生对付酒局的传统招数)。多亏了这一肚子的油,红袍加身之后的大杯豪饮并未使我太狼狈,而我的演员朋友显然是仓促上阵,免不了丢盔弃甲!仪式之后是丰盛的晚宴,喝的是储藏了很久的希侬葡萄酒(在卢瓦尔河地区,希侬葡萄酒是为数不多的可以储存很久的葡萄酒)。这样的活动总会让我见识到文化的魅力。

① curriculum vitae,个人简历。——译者
② 因为拉伯雷在《巨人传》中夸赞过此地的葡萄酒。——译者

　　瓦讷给我的荣誉确实出乎我的意料。瓦讷人突然意识到埃美隆是在他们那儿出生的（8 世纪末），于是就决定给他塑一座雕像，他们请来圣埃美隆的茹拉德骑士团，为我们几个"本地出生的人"举行纳新仪式。圣埃美隆葡萄酒是波尔多的名酒，我就这样成了它的"行会师傅"，而我是"瓦讷人"，瓦讷是苹果酒、苹果烧酒（应该叫摩尔比酒）和蜜糖酒之乡。茹拉德骑士团曾一连数年发函邀请我去参加他们的隆重仪式，信封上写着"瓦讷，法兰西公学院，伊夫·柯本斯（收）"，瓦讷邮局的工作人员显然是很恼火，大笔一挥划去了"瓦讷"，写上了"巴黎"。谢谢邮局，那些信都修正了方向，来到了法兰西公学院。

　　我参加过的最为奇特的行会纳新仪式大概就数"苏格兰之旅"协会举办的那个了，那是给"威士忌之友"准备的。讲这个经历我是有顾虑的，我怕吓到谁，也怕举办方看到后停办活动。和在希侬一样，纳新仪式也是场宴会，但"战法"却是苏格兰式的（肯定有美味的羊肚塞杂碎），一位身着苏格兰短裙的司仪在风笛的伴奏下大声报出每道菜的掌故和味道特点（共有 14 道菜，开胃酒是爱尔兰威士忌，餐中酒是 13 种苏格兰威士忌，绝对不能马虎）。当新会员迈着庄严的步伐进入那个荣耀殿堂时，也是由他来介绍和点评新会员的履历。也正是在那天，我对人类直立行走这事有了不一样的看法！那天有十来个新晋会员，我走在后面，不到 4 点，凌晨……

结　语

　　我先大致回顾一下本书的整体设想：三分之一的篇幅讲学术研究，三分之一的篇幅讲行政，三分之一的篇幅讲科普活动。上篇不仅讲了研究，也讲了求学，中篇主要讲了研究，所以这下篇把更多的篇幅留给了行政和科普。我的研究和田考从来就没中断过，但是身不由己，行政事务（夸张的说法是"分身术"）和科普活动（可以叫"分享术"）花去了我大量时间。

　　本篇用较小的篇幅回顾了涉及远东的研究。与猛犸象再续前缘，实属偶然，故事一波三折，引人入胜，这次不同，是亲临现场（1957 年是骸骨整合复原，1999 年在西伯利亚进行发掘）；重回中非和东非，享受时光（在东非乍得，米歇尔·布吕内和他的学生已经接过了我的工作；在中非，阿法尔的阿莱姆塞格勒德·泽雷塞奈和奥莫的让-雷诺·布瓦瑟里已经接过了我在埃塞俄比亚的工作）；担当了很多社会责任，有些在我的意料之外，比如《环境宪章》（2002 年）、摩纳哥史前人类博物馆的国际专家委员会（2003 年）和拉斯科洞穴专家委员会（2010 年）；荣归故里布列塔尼，自 2003 年起担任巨石建筑国际专家委员会主席。

　　我是艘远洋船,常年停泊在塞纳河畔,我对巴黎的了解绝非浮光掠影。在普雷韦兄弟眼里[1],巴黎是个美丽女子,而在我看来,巴黎何止是美丽,她风姿绝世,眼波带醉,任性刁蛮,优雅从容,华贵大方,不曾慌乱失态,不曾垂眸低眉。我 7 岁时第一次亲见她的容颜,此后频频登门探问,在 22 岁那年我在巴黎落户,我先后住过十四区、十五区、十七区、十区、三区和十一区,可以说我对巴黎了如指掌。巴黎的"土著"有时让人感觉忧郁、冷漠,其实他们乐于助人,喜欢交往,不吝分享,与人为善,看重友情。我现在也算是个巴黎"土著"了吧,我引以为荣。我被任命为布列塔尼巨石建筑国际专家委员会主席后,当地的一家报纸似乎不太开心,说我"从那以后大部分时间住在巴黎"! 这话也没什么错,人都是先有落脚之处再有大地和远方。为什么我这里只讲巴黎呢? 因为从 20 世纪 80 年代起,我在巴黎的时间就多于我外出奔波的时间,我常离开巴黎,但不会在外盘桓太久,早先我可是从一个考古现场奔到另一个远古遗迹,那时候出差次数多,每次都在外面飘上很久很久。

---

[1]　皮埃尔·普雷韦(1906—1988),法国电影导演、编剧和演员;雅克·普雷韦(1900—1977),法国诗人、剧作家。——译者

肖 像

王冠,基帕①,军帽

就是个君子。

——恩佐·恩佐

我下面要讲的这三个人可能会让大家感到疑惑。第一位是伊丽莎白女王陛下,第二位是广告巨头马塞尔·布洛伊施泰因·布朗谢,第三位是我的教子,他学业有成却不幸英年早逝。

为什么是伊丽莎白女王呢?因为我眼中的女王让我赞叹不已:她历经艰辛,却从无纰漏;她举止雍容,不曾失态;政务她上举重若轻,云卷云舒,不曾示弱;对人对事,她应对得当,圆融善巧,分寸把握得极好。我对她的看法和感觉源自我朴素的情感,也和我的亲身经历有关。

不是所有人都喜爱女王,但的确有很多人敬佩她,她是个有世界影

---

① 犹太人男性佩带的一种小圆帽,用发夹固定,表示对上帝的敬畏。——译者

响力的人物。她恪守自己的行为准则,从不妥协,令人折服,也许是教育使她如此,但肯定和她自己的人格力量有关。她很清楚自己的角色,从不越界,她听取来自民众、议会的意见和决定,并不加以论断,即使点评,也不会让外人知晓,她表现出"皇家级别"的柔韧性。

英国王室另一个让我欣赏的地方是他们巧妙地把传统保留下来,比如礼服、制服和马车,当然有批评,甚至有人认为很可笑,但是最后大家还是接受了王室的做法。王室的做派产生了距离感,而这种距离感加强了仪式的庄严气氛,从而给仪式本身增添了重要性。我们在博士论文答辩时不再穿传统服装,说这样可以简化过程并且拉近答辩人和评委的距离,但是这样也使得文凭失去了若干含金量,类似此种刻意追求平民化、取悦大众的事比比皆是。

因为当年我正好在非洲做田野考察,所以我亲历了非洲的独立运动,切身体会到各个宗主国解决问题的方式(英国的、意大利的和法国的)。建立英联邦是一步妙棋,它使得殖民地摆脱了英国的统治,由于对王室的泰然威仪仍抱有好感,那些独立后的国家和英国至少在经济上还有往来。我曾在伦敦英联邦学院工作过,了解一点英国人做事的灵活风格,虽然他们也是受利益驱动,但可以说仍不失君子风度。

我曾经和女王陛下有过交流,当时在场的还有几位英国的年轻人,他们是我的朋友和同事。刚说了几句话,她就意识到我不大喜欢一本正经地交谈,我不合时宜地开了个玩笑,她随即也讲了个笑话,她接得非常巧妙,自然得体,毫不唐突。我真没想到,她居然能瞬间审时度势,机敏应对,而且不落痕迹。谢谢您,女王陛下,您的人格魅力、您的洞察力、您对分寸的把握、您的机敏反应本来就让我对您钦佩不已,那次会晤坚定了我先前的看法。

我要讲的第二个人是马塞尔·布洛伊施泰因·布朗谢。1963 年的一天,我的舅舅从报上得知有个"梦想奖金",他了解我对考古的狂热,便鼓励我给基金会写信申请资助。我给基金会写了信。我收到一堆表格,因为忙于准备去非洲的考察,我匆匆填完就寄走了。我到了乍得就把这事给忘得一干二净。我其实不太符合基金会设定的条件,它要求申请人在 30 岁以下(这个条件我符合)、法国人(这个条件我也符合)、目前从事的职业和其向往的事业无关(这个条件我完全不符合)。基金会意在帮助那些为生活所迫的人重拾理想火炬,我的理想是做考古研究,做古生物学研究,做史前史研究,我现在的职业正是做这些。然而,乍得猿人毕竟是我发现的,广告大亨不可能不知道,于是我被基金会选中,和其他二十几个人一起获得资助。基金会派人去乍得找我,不巧我去了肯尼亚,他们又去内罗毕找我,我刚好去了约翰内斯堡,最后他们是在南非把我入选的消息通知给我。我没办法回法国领取证书和支票,基金会依然决定为我"加冕",那时它成立还不到三年,我是第一个"缺席加冕"的入选者。后来我收到基金会寄来的支票,而我在好多年后才拿到基金会颁发给我的"羊皮纸",那是我非常看重的一个证书。

我从非洲回来就和基金会的工作人员一起去拜访了它的创始人。

我和布朗谢见面的气氛是热烈的,但没说什么推心置腹的话,我后来觉得他是对我缺乏信任。他那个时候还常夸口说,他只有中学文凭,却给一个大学学者颁了奖。后来我们俩之间的关系就变得极为亲密,为什么会这样呢? 其实我对这位了不起的人物、庞大帝国的首脑心怀敬意和爱戴。他的作品、他的业绩和他建立的基金会让我对他敬重有加。我对他有好感,因为他真诚,简朴,温暖,有时像个孩子,他发卷舌音时的小毛病反而给他增添了魅力。他后来慢慢意识到我对他的尊敬是发自内心的,就没了戒备,差不多把我当成他自己的孩子。

　　我们俩的交往很有意思,他是个很热情的人,我喜欢调侃说笑,每次有什么需要讲话的场合,他都让我以获奖人的身份去讲,其实他是不大放心的,怕我荒腔走板。即便有些担心,他还是让我去发言。在我的记忆里,我应他的请求讲过十多次话(比如庆祝他 75 岁生日、80 岁生日)。每次讲话我都免不了要动情地调侃调侃他。他开始都会有些忐忑,但听着听着就放松了,开怀大笑起来。我每次讲完,他都会和我拥抱。我有一次把他比作克鲁马农人,称他为"克鲁马塞尔",已经有点出格了,可他依旧是一副乐呵呵的样子。还有一次,我被临时指定在基金会的周年庆祝仪式上讲话,我有些"乱",我先是称赞了奖项创立人的聪明才智,又说创立人其实没花什么钱(这绝对不是事实),因为基金会成立后银行、企业,甚至各个部委都以赞助基金会为荣,而那些科学家、著名学者、大企业家、文学名家、艺术大师以及政界名流都以能够加入评奖委员会为荣! 他听了我的那番话笑了起来(幸好啊),说我的话有些道理,那天如果我的话惹恼了他,我会无地自容的。

虽然我时有孟浪之举,他却把我当成自家人,常常邀请我参加他家里的各种纪念活动。当我入选法兰西公学院后(为此我有两个"庇护人",一个是雷蒙·阿隆,另一个是马塞尔·布洛伊施泰因·布朗谢,我怎么能够不挺直腰呢?),他执意在香榭丽舍大街 133 号的楼顶平台为我举办庆祝活动。他曾拿来两页希伯来文让我翻译,根本就没问过我懂不懂这门古老的语言(好像我没理由不懂)。那两页文字勉强可以辨认,它们是一本书的幸存页,那本书本来摊开在他的办公桌上,书在阳狮公司发生火灾那天被烧焦了。那两页希伯来文是《圣经》注释,讲的是那个在所多玛、蛾摩拉发生的可怕故事,故事里的人物违反天使的命令,在逃离火海后回头张望,于是变成了盐柱! 这个巧合让人心绪不宁,他也确实为此心烦意乱。

在我眼里,马塞尔·布洛伊施泰因·布朗谢是个了不起的人物,我对他抱有发自内心的爱戴和崇敬。我带着深深的敬意怀念他。

我最后要讲讲弗雷德里克·塞尔,他是我的晚辈,很年轻就去世了。他的父亲叫莫里斯·塞尔,是海军陆战队军官(这就是为什么本章标题里有"军帽"字样),1960 年在乍得的穆索罗驻防。我和他父亲初次见面就是在穆索罗,我当时要去朱拉卜和提贝斯提,我们成了朋友。穆索罗位于恩贾梅纳和法亚之间,是我去北方沙漠进行勘察的必经之地,也就是说,在离开首都进入沙漠之前我都会见到塞尔,在沙漠勘探很久之后,在回首都之前,我又会见到我的军官朋友。科考队有时会在穆索罗(又

叫加扎勒河地区)住上几天。塞尔很年轻就退役了,军队就是这样,他回
到法国,在巴黎的一家洗衣粉厂做人事工作,当然这些都是细枝末节。
回国后,他抖擞精神,一鼓作气(恕我直言),连生三胎,我成了第二个孩
子弗雷德里克的教父。也许是受了我的影响,弗雷德里克很快就喜欢上
了古生物学和史前史,并决定以考古研究作为未来的职业。他进入国家
自然历史博物馆学习,重复前辈走过的路,参与发掘(在法国),最后完
成了博士论文。弗雷德里克的博士论文答辩是在 1993 年举行的,论文
是关于拉扎雷洞穴的大型食草动物,我是论文报告的撰写人。获得博士
文凭后,弗雷德里克很快就由考古研究转向了考古科普。他对考古热情
不减,积极组织出版古生物学和生物人类学的研究成果。他邀请到考古
界最优秀的学者撰稿,出版了一套质量上乘、印刷精美、课题前沿的考古
丛书。他成立了一家小小的“家庭出版社”,他的母亲、哥哥及妹妹都参
与其中,按照他的话说,最后差不多收支平衡,无利可图。我预料到了这
种情况。他出版书籍是为了推广考古成果,同时也有利益大众的考虑,
反正“他很开心”。他常来拜访我,每次来都少不了和我讲一大堆他的
计划、设想和目标,每次尤其少不了请我给书作序、担任编委主席和担任
丛书的主编。他的那些创意并非是心血来潮,它们后来都得到了实实在
在的落实。

　　他的个人生活绝非平淡,甚至可以说是跌宕起伏,他的种种作为虽
然具有独特价值,却不见容于社会,这样一来他自己的生活就麻烦不断。
在工作中,他尽心尽力,坚持不懈,却没得到应有的支持,也没能在朋友

那里或身边的人那里找到希望得到的支撑,他很失望,就自己离开了,在他还是很年轻的时候。

我想很多人和我一样都还记得那个小伙子,他充满活力,热情洋溢,乐于助人,他是我的骄傲。我深情地怀念我的教子弗雷德里克。

总结语

人类的大历史,个人的小故事

人“蛊惑”了天地万物。

——马克斯·韦伯

我在还是个整天胡思乱想的孩子时就染上了“古物炎”(“古生物炎”)和“异域炎”,这些“炎症”后来都好了吗?我还是从“异域炎”讲起吧。

“异域炎”(和空间有关)就是“患者”虽然不排斥“此处”,但总是被“别处”吸引。这个“炎症”当年来势汹汹,现如今成了慢性病!关于那些长途奔波、田野考古、异域勘探以及串联我人生脚步的一个个发掘现场(至少我人生的前八十年是这样过的!),我前文已经讲过,就不赘述了,虽是浮光掠影,但终归还是讲了的。我只想强调一点:我首次远行去的是乍得,那是在1960年的元月;我最近一次考察去的是堪察加,是在2016年的9月。当然,我以后还会往远处跑。那么,我从这些奔波中

究竟得到了什么呢？幸福。去看看地球的样子，看看她的森林、沙漠、海洋、干草原、热带草原、冻土地带，这让我感到幸福；去欣赏她的动物、植物、岩石、高地群山，这让我感到幸福；和她热情殷勤的居民相遇，这让我尤其感到幸福。我觉得没人居住的地方是阴森的，所以去其他星球旅行我是不会快乐的，尤其是去月亮上（如果有人请我去，那就另当别论了）。不少人对定居生活赞不绝口，认为那是生活的高境界（"在我家的大树旁，我曾幸福地生活过……"）①，但也有人无限褒奖离家远行。美拉尼西亚人的一句睿智格言将二者的对立巧妙化解：独木舟离岸远航，成舟之木扎根大地。说回到我自己，不管别人怎么想，有一点是毫无疑问的：我是名地地道道的世界公民。

"古物炎"和"古生物炎"（它们和时间有关）一直与我相伴相随，为什么要摆脱？为什么要治愈？科学有的魅力，考古学和古生物学都有，它们两个的逻辑性让我赞叹不已。完成两个发现后，顿时明白一个是或者不是另一个的力证，突然弄懂它们之间有逻辑关系、关系存疑、有紧密关联、是时空错位，这些领悟概无例外，都会让人惊讶、愉悦，让人沉浸在大欢喜中，那可不是一般的欢喜，可以说是"充满欢喜"！古人类学和考古学是自成体系的学科，担负着从科学和哲学两个层面再现人类历史的重任。如本书前文所述，相关学者论证了人类的起源是动物，证明了人类和大猩猩的亲缘关系，宣布了人类的祖先在热带、在非洲大陆并且只

---

① 这是一首法文歌曲中的一句，歌词作者为法国传奇歌手乔治·巴桑（1921—1981），他的歌曲被视为法兰西文化遗产。——译者

有一个，揭示了人类足迹逐渐遍布世界的必然性，解释了意识和知识是如何一点一点使那个模样滑稽、个子矮小的哺乳动物（也就是我们人类自己）具有了在 40 亿年生命史中从未出现过的行为特征：自主独立，追求自由，负责担当，庄敬自重。

　　所有这些研究依赖的是时间在无尽的历史长河中执意留给我们的那些遗存——（主要是）遗骨和石块。虽然前者成了化石，后者被时间打磨，但它们存有惊人的信息，有的信息和其主人的生存时代有关，有的信息和其身后的累世相关。专家和学者要做的是解读、记录这些信息，然后当然是教授这些信息。

　　然而，在科学之外，更确切地说是通过科学，我一直下力气研究的是人，这一点我当初并未意识到。在国家科学研究中心，我有很多年是地球科学、地球物理学和地理学委员会的研究员，不是弄错了，是因为古生物研究确实横跨这 3 个学科，说到这个话题正好把这一点给澄清了。后来，我很快就入选了人文学科的人类学、人种学和史前史委员会。我在植物园的古生物研究所，也就是自然科学研究部门工作了很多年，最终进入了人类博物馆的管理层，先是任副职，后来任正职，同样的角色转变再一次发生在国家科学研究中心的国家委员会。我 1983 年入选法兰西公学院，当时的教席是在历史、语文和考古学名下的！有意思的是，还是在 1983 年，我入选科学学院的世界科学部，又回到了起点。从硬科学到软科学，从人文学科到自然科学，我从来都是乐此不疲。我简短的工作履历上会出现"生物人类学"（国家自然史博物馆）和"史前史及古人类学"(法兰西公学院)这样的字样,前者属于人类自然史,后者既属于人类文化史,也属于人类自然史。这些字眼清楚地表明了考古学和史前生物学处于地球科学(容器)和生物学、人类学(内容)的边界,也就是说这几门学科界限模糊,互有渗透。史前生物学的学者要寻找、搜集和研究人的遗骨化石以及一切有助于了解人类当时生存环境的实物资料。史前史学者和考古学者的研究对象是人工制品、人的生活方式以及人的行为。毫无疑问,在研究中我最为关注的是人,而非地理或研究动植物的古生物学。然而,研究"容器"对于了解人类遗骨的埋藏和保存条件不可或缺,要了解埋藏遗骨的环境及气候情况必须研究动植物,因此古人类学研究所涉及的方方面面的实物资料都需要研究人员去寻找、发掘、描述、比较和诠释。

当回望自己的人生,以我刚刚阐述过的学术观来思考人类学和考古学的分工时,我有了个有趣的发现:我很幸运,在3个重要时段里至少为1项有重大意义的考古发现忙碌过。

布列塔尼:在卡尔纳克、基伯龙湾以及莫尔比昂湾发现了非常密集的史前巨石建筑,这足以证明这些地区在公元前7000年到公元前4000年期间是阿摩里克首批农耕者的"圣地"。此类建筑群遍布世界,但如此密集却十分罕见。诸位应该记得我生于此地(这不是我能决定的),也知道我年少时曾痴迷于那些巨石。我现在是一个国际专家委员会的主席,该委员会的任务就是使这些巨石建筑进入《世界文化遗产名录》,就这样,我回到了梦想的起点,造化安排让我"喜欲狂"!

非洲：1974 年国际科考队在阿法尔发现了古猿的一副小骨架遗骨，它就是"露西"，距今 320 万年。"露西"是当时最古老、最完整的（相对而言）古猿遗骨，极具象征意义。尽管研究人员后来找到了更完整①、年代更久远②的古猿遗骨，"露西"仍是古猿遗骨中最有魅力的。我和其他学者共同组建了阿法尔科考队，我是 1972 年到 1977 年期间埃塞俄比亚阿法尔科考队队长（和其他学者共同担任）、发现"露西"的公告的共同署名人（1975 年，法兰西学会科学院）、命名"露西"为"阿法南方古猿"公告的共同署名人（1978 年，克利夫兰博物馆），这些我前文都说过。说到我和"露西"之间的事儿，媒体可真没少"忙活"，不过，我和它缘分不浅倒是真的。③

巴黎：1940 年，4 名少年在多尔多涅的蒙蒂尼亚克附近发现了一个岩洞，洞里面的壁画和浅刻画十分精美，这就是拉斯科洞穴，它是 1.7 万年前克鲁马农人的圣殿，如今成为世界史前壁画艺术的代表。尽管我不是研究旧石器时代早期的专家（有个爱开玩笑的朋友说我是旧石器时代的高级专家④）。2010 年，时任文化部长的佛雷德里克·密特朗任命我

---

① 比如在南非发现的"小脚"。
② 比如在乍得发现的"图迈"。
③ 媒体喜欢给我起绰号：1957 年至 1961 年我是"猛犸象先生"，1961 年至 1967 年我是"乍得人"，1967 年至 1974 年我是"奥莫人"，从 1974 年起到现在我一直是"露西的爸爸"……我的绰号 5 到 8 年更新一次，节奏倒是拿捏得很好。一朝晤面，终身为父，总有人叫我"露西的爸爸"，小康坦很是困惑，以为他有个姐姐被我藏了起来！
④ 原文中"高级专家"的"高"和"旧石器时代早期阶段"的"早期"为同一个形容词："supérieur"。——译者

为洞穴专家委员会的主席,这样我就有机会参与保护和研究洞穴原址的工作,我也多多少少参与了复制原址的工作(用作巡回展览的 3 号洞穴,山坡下的 4 号洞穴)。

当然,这些耀眼的光环并非我一人专有(克里斯蒂娜·布若是我的副主席,她对史前巨石建筑的了解远胜于我;是唐纳德·约翰松和汤姆·格雷一起搜集到"露西"的骨骼化石;米丽埃尔·莫里亚克才是拉斯科洞穴的真正负责人。我还能举出其他事例),但我还是想把这些事再拿出来说说,我尽了绵薄之力,也分享了荣耀,我感到自豪。我自豪,因为所有这一切都关涉到人类,关涉到人类的起源,关涉到人类的创造。

还有几件事我也想讲讲。我和猛犸象的事儿,那可是冰川期称雄欧亚大陆、北美大陆的大型动物。我作为"不速之客"加入保护"北京猿人"遗址的工作中,周口店的那个山洞是中国最具象征意义的遗址。我和两个比利牛斯山脉的格雷维特时期的女性也有缘(她们有 2.1 万年到 2.3 万年的历史),她们俩都非常漂亮,一个叫"莱斯普格"(在人类博物馆),另一个叫"布拉森普伊"①(在国家考古博物馆)。我还应邀参与了

---

① 美女布拉森普伊又被称为"戴头罩的女子",是爱德华·皮耶特在教皇洞穴里发现的。发现者来自阿登省,是位了不起的"非专业"学者。法国没承认他的成就,他很是愤怒。在我一番奔走后,1994 年一所阿登省里利亚尔的中学(我是该中学的"荣誉大使")被命名为皮耶特中学。我于 1994 年在朗德主持了一场以布拉森普伊为主题的研讨会。我还主持了在国家考古博物馆举行的皮耶特展厅的命名仪式(当时的馆长是帕特里克·佩林),展厅完全按照皮耶特的遗嘱布置,他把私人收藏捐给了博物馆。

一个宪法性文件的起草!

是潜意识驱使我去寻找这些标志性的化石和遗址,还是命运安排了我和它们相遇?请别笑我自我陶醉,这些经历真的让我欢悦不已,我没法憋在心里不说。

回首 83 年人生路,我是幸福的,那条路宽广笔直。我孩提时染上的"古物炎"和"异域炎"硬生生地落下了病根,一点儿折扣都没打。我为一枚残齿化石驻足,我为一块陶土器皿碎片陶醉,从来如此。这种力量难以描述,不可遏制,令我眩晕,那绝不是客观世界或知识层面的单纯吸引。我喜欢满世界转悠结识各地的居民,尤其喜欢和他们建立私交,这个爱好奇特,炽热,不染岁月,一如当初。所有这一切如此美好,我极度依赖的精神后盾功不可没,先是父母的鼓励,后是爱妻的后援,再后来是妻儿的合力支撑。

最后我讲几个欢悦的场景,就当是给喜欢精神分析的人提供材料吧。我肯定不会讲我最为珍视的、涉及隐私的、和家人有关的场景。我要讲的是若干画面,里面有声音,有色彩,有背景,有发现,有交往,是我"前半生"多年探险生涯的若干片段。

1945 年,我 11 岁。我在瓦讷上初二,开学后来了位"新"老师,他名叫让·保罗,法国人,来自马达加斯加。得知我对远古感兴趣后,他带了块象鸟蛋的蛋壳化石给我看,那象鸟可真不小,有 500 公斤重,是在格兰德岛上发现的。那块不起眼的蛋壳那天对我施了什么魔法,我可真的说不上来。我在老师那儿买了块蛋壳化石自己把玩(价格不菲),那是后话了。不过,那一天在镜子里,我真真切切地看到了一张因激动而泛起光芒的脸。

1961 年,我 26 岁。我在乍得北部的朱拉卜沙漠和博尔库沙漠连续考察了数月,黄沙漫漫,风光绮丽,阳光炫目,酷热难当。一天,我前往法亚-拉若,那是一大片北方绿洲,离首都恩贾梅纳有一千公里的距离。阵阵热风扫过黄褐色的沙海,几株枣树突然从铜绿色的棕榈叶中闪出,接着又跳出好多株,枣树脚下是一个个手帕大小的袖珍花园,组成嫩绿色的棋盘,细细的沟渠纵横其上,满盈的渠水欢畅流淌,画面如梦似幻。一串漂亮的身影随即飘入眼帘,男人身穿白色长袍,头裹长巾,那头巾左缠右绕,随意中透着精巧,女人是彩布缠腰,那布五颜六色,耀眼夺目。整个场景好似微缩于奶油巧克力凝成的薄皮之上,我刹那间体悟到人间大美。

1969 年,我 35 岁。那天的气温有四五十度,我独自一人在肯尼亚和埃塞俄比亚边境的奥莫河谷考察。山谷两侧危峰兀立(鬣丘),峭壁上铺满厚厚的白色板结火山灰(火山凝灰岩),我走着走着突然发现脚下有一小块亮晶晶的东西。它外表普通,颜色为深棕色,近乎于黑,表面凹凸不平,熠熠生辉,它在向我发出难以抗拒的召唤。我跪下来,未敢触摸,我想好好看看它的形状、它的结构,想好好体会内心的喜悦,我要给自己多些时间来欣赏它。那是枚史前人类臼齿,是大约 300 万年前的南方古猿化石,它似乎是从远古穿越而来,为的就是让我停下脚步(它做到了!)。它看上去如嫩芽般新鲜,毫无岁月之痕,牙髓腔埋在沙子里,咬合面露在外面，釉质在化石化过程中染上了颜色，因而光彩夺目，熠熠生辉。"古生物炎"也许不是一种病，但古生物研究的确有时会让人彻底释放自己。

1976年，我42岁。在斋月期间我和穆斯林信徒一道接受了考验。接待我的这家人是斯瓦希里人，是来自也门的信徒。他们住在拉穆岛上的一个小城里，那里是印度洋的肯尼亚海岸。我房间的窗外是一条狭窄的小巷（小城里的街道都很狭窄），窗户正对清真寺的高音喇叭。经文每天毫无遮挡地泄入我的耳郭，它的韵律、它的节拍令我心醉。离此地不远有个曼达岛，那一年，岛上的一位伊玛目受邀在斋月期间来小城唱经，他的布道绵绵长长，声音优美，饱含诗韵，神圣庄严，撼心动魄。小城里的信徒闻声而动，从四面八方聚拢过去，我感觉自己就是他们中的一员。还是离开神讲讲人吧。那唱经人的嗓音庄严清澈，响亮有力，直达听者的心魄，触及的是灵魂最深处。我认为人的嗓音最富感染力，没有乐器可以和它媲美。这位伊玛目是个伟大的歌者，他自己并没有意识到这一点。他的祈祷深沉，优雅，厚重，萦绕耳畔三日而不绝。毫无疑问，人类自诞生之日起就自带超凡脱俗的气质。

我曾受邀观看在香榭丽舍大街举行的国庆阅兵式，当时的总统是希拉克，我年近60。在阅兵开始前，由洛里昂海军基地水兵组成的朗-比韦乐队（le bagad de Lann-Bihoué）①走过观礼台。他们神色肃穆，边行进边

---

① 演奏布列塔尼地区传统音乐的乐队。——译者

演奏(有风笛、双簧管、打击乐器),曲风是布列塔尼的、苏格兰的、爱尔兰的和威尔士的,皆是欧洲尽头、凯尔特人水世界的旋律。乐曲悠远,炽烈,深沉,轻拨听者的心弦,令其潸然泪下。听了这样的音乐真的很难再去追问人到底是什么了。

我还记得另一个和"号手"有关的场景,印象同样深刻,情调却大有不同,更多的是轻松和喜悦,那是和国庆阅兵迥然不同的庆典。1953年,我19岁。芝加哥大学,我们8个新晋名誉博士①身穿五颜六色的袍子(各自传统不同)在校园的小路上鱼贯而行。那天,云淡风轻,我们走了很久很久,走在前面的是几个乐手,有男有女,有鼓有风笛,他们当然都穿着苏格兰短裙。广袤微蓝的密歇根湖于天际处向我们眨着眼睛,一副狡黠的样子。小路尽头是"芝大"的教堂,它显得亢奋不安,似乎在发出低低的声响,在那儿愣愣地等着给我们几个人"加封"。

2003年,我69岁。在莫斯科地铁。莫斯科的地铁是非常深的,上上下下的扶梯又长又宽。地铁扶梯带着我下行,我注意到上行扶梯上有位年轻女子,她离我尚远,有着迷人的风采,直教人心醉,那是俄罗斯女子特有的风韵。她觉察到我在看她,便嫣然一笑。我被击中,神魂出窍,动弹不得,那憨憨的扶梯不解风情,我行我素,稳稳地把我送至地下巨型城郭的深处,然后,然后就结束了。心灵自有奇异默契,刹那定格为永恒,就在那个回眸的瞬间,整个人类和她的无量个体都在向你嫣然一笑。

---

① 除了我还有5个美国人,1个以色列人和1个印度人。

2013 年,我 78 岁。我应邀来到坦桑尼亚的阿鲁沙。梅鲁火山在照片里非常漂亮(它是座两山对称的复式火山),我开始走在山的阴影里,但很快就暴露在阳光下。马尼亚拉,恩戈罗恩戈罗,赛伦盖蒂,奥杜瓦伊,这些都是 1963 年我和路易·李基走过的地方,整整 40 年过去了,我并非刻意故地重游,这个我前面说过,我此行既无怀旧之心也无纪念之意。草原已经染上了淡淡的黄色,羚羊聚拢起来,奔向水草丰美的远方,热带雨水好好地招待了我一番。我之所以说起这些,那是因为有两样神奇之物在我眼里不曾改变,它们 15 年来一直让我心旌摇曳,双目生辉,欢喜不已:一谓树木,二谓化石。我真的非常喜欢那些遮天蔽日的大金合欢树(这回它们帮我遮雨了),没有那些树,焦土热风的广袤非洲大陆①就没有了今天的雍容大气。再说化石,我刚一靠近那个以后闻名遐迩的谷口,就看见枚只露出一点点边角的化石,它在向我示意。那是片骨化石,因长期埋于沉积物中变得黝黑。我轻轻地触摸它,让它赶紧露出真容,原来是枚完整的犀牛距骨化石,它密实,有光泽,够分量。我可不敢耽搁,赶紧把它送到当地的博物馆里供人参观……我不知为何树会吸引我,也许是因为它们鲜活低调,也许是因为它们当中有的身形巨大,有的年龄超长,也许是因为它们枝叶整齐,也许是因为它们身姿绰约。我同样不知道为何化石早在我把它们当作研究对象之前就那样吸引我,就教我心醉神迷。

---

① 原文为英文"MMBA"(miles and miles of bloody Africa)。——译者

2016 年,我 82 岁。我登上了杰日尼奥夫角的悬崖,来到俄罗斯人为纪念这位海员竖起的纪念碑下,杰日尼奥夫在 17 世纪中叶抵达欧亚大陆的最东端,那是第一次(?)有人踏足此地。我面前的白令海静默凝重,邮轮舷边的救生艇如掠过水面的飞虫猛地划破海面,挑起缕缕虹色。

大约在 5 万年前,第一批到达这里的古人类凝视过同样的海面,随即它们跃入这个当时或许是干涸的狭窄航道,它们的目的地是对面桀骜不驯的高地,它们不知道那高地后面就是广袤的新大陆了。就是这样,会有那不期而遇的时刻让我们为些许的静穆驻足凝望。

参考文献

上 篇

开篇

Y. COPPENS, «Quelques découvertes d'archéologie préhistorique, protohistorique et romaine», *Bull. mens. Soc. polym. Morbihan*, Vannes, années 1953 - 1954, 1955, p. 108 - 109.

Y. COPPENS, «Du Gallo-Romain, rue du Colonel Maury à Vannes», *Bull. mens. Soc. polym. Morbihan*, Vannes, séance du 12 novembre 1953, 1955.

Y. COPPENS, «La céramique "soyeuse" dans le Sud du Morbihan», *Notices d'archéologie armoricaine des Ann. de Bretagne*, Rennes, année 1956, LXIII, 1, 1957, p. 143 - 152, 3 fig.

Y. COPPENS, «La cité gallo-romaine des Vénètes», *Bull. mens. Soc. polym. Morbihan*, Vannes, séance du 10 octobre 1963, 1964.

Y. COPPENS, «La romanisation de la Gaule» et «Quand Paris est devenu Paris», in *Le Présent du passé*, Odile Jacob/France Info, 2009.

Y. COPPENS, «Lutèce, Chantiers sous Paris» et «Le pilier de Saint-Landry», in *Le Présent du passé au carré*, Odile Jacob/France Info, 2012.

Y. COPPENS, «La naissance des Gallo-Romains», «Jules César», «L'équipement d'un chirurgien romain», «La fabrication de la monnaie romaine», «Des monnaies celtes et des monnaies romaines», «La circulation dans l'Empire romain», «Une villa romaine en Bretagne», «La ville romaine», «Les thermes romains», «Les murs de Paris», in *Le Présent du passé au cube*, Odile Jacob/France Info, 2013.

Y. COPPENS, «Les fouilles de Condate», «Exotisme romain», «De Lutèce à Paris», «Un bateau gallo-romain», «Angoulême et Vannes», «Le Louvre, Maillol et le Mucem», «La préhistoire de France», in *Des pastilles de la préhistoire. Le présent du passé 4*, Odile Jacob/France Info, 2015.

P. ANDRÉ, «Le rempart de Vannes, et la défense de la ville au Bas-Empire», actes du colloque «Les remparts de Vannes», *Bull. des Amis de Vannes*, 12, 198, p. 20 – 26.

P. ANDRÉ *et al.*, *Quand Vannes s'appelait Darioritum*, catalogue de l'exposition, La Cohue/Musées de Vannes, 1992.

P. ANDRÉ, A. TRISTE, «Question sur les origines antiques de Vannes (Ier siècle avant Jésus-Christ-Ier siècle après Jésus-Christ)», Association bretonne, 1997, t. CVI, p. 97 – 102.

C. GOUDINEAU, «Lutèce», in Jean Leclant (dir.), *Dictionnaire de l'Antiquité*, PUF, 2005.

P. GRIMAL, *L'Empire romain*, Éditions de Fallois, 1993.

P. GRIMAL, *Histoire de Rome*, Mille et Une Nuits, 2003.

J. GUILLEUX, *L'Enceinte romaine du Mans*, J.-M. Bordessoule éditeur, 2002.

C. LE PENNEC, «Vannes au Bas-Empire: un castrum», *Bulletin de la Société polym. Morbihan*, 2012, tome 138, p. 55 – 93.

第一章

Y. COPPENS, «Correspondance», *Bull. mens. Soc. polym. Morbihan*, Vannes, séance du 11 octobre 1951.

Y. COPPENS, «Nouveaux fours à augets de la Côte morbihannaise», *Bull. mens. Soc. polym. Morbihan*, Vannes, séance du 11 décembre 1952.

Y. COPPENS, «Deux nouveaux "gisements" d'augets à l'île aux Moines et quelques notes à propos des augets», *Bull. mens. Soc. polym. Morbihan*, Vannes, séance du 11 juin 1953.

Y. COPPENS, «Nouveaux gisements d'augets, nouveaux foyers sur la côte morbihannaise». *Bull. mens. Soc. polym. Morbihan*, Vannes, séance du 11 février 1954.

Y. COPPENS, «Quelques découvertes d'archéologie préhistorique, protohistorique et romaine», *Bull. mens. Soc. polym. Morbihan*, Vannes, séance du 9 décembre 1954.

Y. COPPENS, «Notice sur les fours à augets de la Côte méridionale bretonne et plus spécialement du Morbihan», *Notices d'archéologie armoricaine des Ann. de Bretagne*, Rennes, année 1953, 1954, LX, 2, p. 336 – 353, 6 fig.

Y. COPPENS, «Inventaire des stations d'augets morbihannaises» *Notices d'Archéologie armoricaine des Ann. de Bretagne*, Rennes, année 1954, 1955, LXI, 2, p. 295 – 305.

Y. COPPENS, «Moisson archéologique», *Bull. mens. Soc. polym. Morbihan*, Vannes, séance du 10 mai 1956.

Y. COPPENS, «Un tesson orné du four à augets de Kerhellec en Plouharnel», *Bull. mens. Soc. polym. Morbihan*, Vannes, séance du 14 juin 1956.

Y. COPPENS, «Préface», in M.-Y. DAIRE, *Le Sel gaulois, bouilleurs de sel et ateliers de briquetages armoricains à l'âge du fer*, Saint-Malo, Centre régional d'Archéologie d'Alet, 1994, p. 1 – 2.

R. COPPENS, Y. COPPENS, «Première datation absolue des fours à augets», *Bull. mens. Soc. polym. Morbihan*, Vannes, séance du 12 novembre 1964.

J. FROMOLS DE RAKOWSKI, «Les fours à augets du littoral breton sont uniquement galloromains», *Bull mens. Soc. polym. Morbihan*, Vannes, séance du 7 mai 1953.

P.-L. GOULETQUER, *Les Briquetages armoricains. Technologie protohistorique du sel en Armorique*, thèse, Rennes, 1970.

P.-L. GOULETQUER, «Les briquetages de l'âge du fer sur les côtes sud de la Bretagne», *Bull. Soc. préhist. fr*, 1970., 67, p. 399 – 411.

第二章

Y. COPPENS, «Préface», in *Du monde des chasseurs à celui des métallurgistes* (*Hommage à J. L'Helgouac'h et J. Briard*), *Revue archéologique de l'Ouest*, 2001, suppl. 9, p. 5 – 6.

Y. COPPENS, «Paléoanthropologie et préhistoire», in *Annuaire du Collège de France 2001 – 2002*, résumé des cours et des travaux, Collège de France, 2002, p. 659 – 690.

Y. COPPENS, *L'Histoire de l'Homme. 22 ans d'amphi au Collège de France (1983 – 2005)*, Odile Jacob, 2008.

J. BRIARD et J. RIVALLAIN, «De l'échange à la paléomonnaie en Préhistoire européenne occidentale», *Cahier, monnaie et financement*, 1987, 17, p. 7 – 51.

    J. RIVALLAIN, J.-M. SERVET, « Caractéristiques paléomonétaires et fonctions monétaires et haches à douille armoricaines», *La Vie préhistorique*, Éditions Faton, 1996, p. 218 – 222.

    Y. ROLLANDO, J. ANDRÉ, Y. COPPENS, R. S. MINOT, «La préhistoire du Morbihan, le Vannetais littoral», *Mém. Soc. polym. Morbihan*, Vannes, années 1959 – 1960, 1961.

    Y. ROLLANDO, Y. COPPENS Y, R. S. MINOT, S. PINCEMIN, «La préhistoire du Morbihan, le Vannetais littoral», *Mém. Soc. polym. Morbihan*, Vannes, 1985.

第三章

    Y. COPPENS, «Le mystère des 4 000 menhirs de Carnac», *Sciences et avenir*, 1952, 65, p. 293 – 297 et 335, 12 fig.

    Y. COPPENS, «Découvertes de stèles énigmatiques à La Trinité-sur-Mer», *Mémoires et procèsverbaux Soc. polym. Morbihan*, Vannes, années 1953 – 1954, 1955, fasc. 2, p. 295 – 305.

    Y. COPPENS, « Discussion », in M. Jacq. «Découverte d'un anneau-disque en serpentine aux environs de Languidic», *Bull. mens. Soc. polym. Morbihan*, Vannes, séance du 8 décembre 1955.

    Y. COPPENS, «Un bipenne morbihannais inédit», *Bull. mens. Soc. polym. Morbihan*, Vannes, séance du 8 mars 1956.

    Y. COPPENS «Découverte d'une hache marteau en Plumergat», *Bull. mens. Soc. polym. Morbihan*, Vannes, 1957.

    Y. COPPENS «Une hache polie en granite rose», *Bull. Soc. préhist. fr.*, 1959, LXVI, 5 – 6, p. 279 – 280, 1 fig.

    Y. COPPENS «Préface», in Gabriel Le Carn, *Le Guide des Mégalithes du Morbihan*, Coop Breizh, 1999, p. 5 – 6.

    Y. COPPENS, «Préface», in Pierre Converset et Jacques Poullaouec, *Haïku des pierres Carnac*, Éditions Apogée, 2006, p. 4 – 5.

    Y. COPPENS, «Préface», in G. BAILLOUD, G. WILHELM-BAILLOUD, *Zacharie Le Rouzic, archéologue et photographe à Carnac, il y a 100 ans*, Éditions Blanc et Noir, 2014, p. 5.

G. BAILLOUD, C. BOUJOT, S. CASSEN, C.-T. LEROUX, *Carnac. Les premières architectures de pierre*, CNMHS/CNRS Éditions, «Patrimoine au Présent», 2009.

G. BAILLOUD, G. WILHELM-BAILLOUD, *Zacharie Le Rouzic, archéologue et photographe à Carnac, il y a 100 ans*, Éditions Blanc et Noir, 2014, p. 5.

C. BOUJOT, E. VIGIER, *Carnac et environs: architectures mégalthiques*, Éditions du Patrimoine, Centre des Monuments nationaux, «Guides archéologiques de la France», 2012.

S. CASSEN, *Exercice de stèle. Une archéologie des pierres dressées. Réflexions autour des menhirs de Carnac*, Éditions Errance, 2009.

P.-R. GIOT, «Le tumulus de Barnenez», *Ar Men*, 1986, 3, p. 18 - 35.

P.-R. GIOT, *Barnenez, Carn, Guennoc*, Association pour l'avancement des travaux du laboratoire d'Anthropologie, Préhistoire, Protohistoire, Quaternaire armoricain, Rennes, 1987, 2 vol.

L. LAPORTE, F. COUSSEAU, P. R. RAMÍREZ, R. de BALBÍN BEHRMANN, P. GOUÉZIN, «Le douzième dolmen de Barnenez: destructions et reconstructions au sein d'une nécropole mégalithique», *Bulletin de la Société préhistorique française*, janvier-mars 2017, t. 114, n° 1, p. 93 - 114.

C.-T. LEROUX, *Gavrinis et les mégalithes du golfe du Morbihan*, Jean-Paul Gisserot Éditeur, 2006.

Y. ROLLANDO, Y. COPPENS, J. ANDRÉ, R. S. MINOT, «La préhistoire du Morbihan, le Vannetais littoral», *Mém. Soc. polym. Morbihan*, Vannes, années 1959 - 1960, 1961, 41 fig., 1 tabl., 2 pl.

Y. ROLLANDO, Y. COPPENS, *Corpus des ensembles archéologiques du Morbihan*, Vannes, 1965, 1er fascicule, 6 fiches, 14 pl.

Y. ROLLANDO, Y. COPPENS, R. S. MINOT et S. PINCEMIN, «La Préhistoire du Morbihan, le Vannetais littoral», *Mém. Soc. polym. Morbihan*, Vannes, années 1985 - 1986, 1986.

第四章

Y. COPPENS, *Des pastilles de préhistoire. Le présent du passé 4*, Odile Jacob/France

Info, 2016.

P.-L. GOULETQUER, «Le site de Kerhilio, Erdeven (Morbihan)», *Ann. de Bretagne*, 1968, p. 122 – 127.

M. MARCHAND, *Préhistoire atlantique*, Éditions Errance, 2014.

M. PÉQUART, S.-J. PÉQUART, M. BOULE, H. V. VALLOIS, *Téviec, station nécropole mésolithique du Morbihan*, Archives de l'Institut de paléontologie humaine, 1937, mémoire 18.

第五章

Y. COPPENS, «Le Mammouth de l'Atrikanova (Sibérie)», *Bull. Soc. préhist. fr.*, juin 1958, t. LV, fasc. 3 – 4, p. 171 – 172, 1 fig. hors texte entre les p. 134 et 135.

Y. COPPENS, «Le Mammouth de l'Atrikanova (Sibérie)», *Bull. Muséum national d'histoire naturelle*, 1958, t. XXX, 2e série, n° 4, p. 402 – 406, 1 fig.

Y. COPPENS, «À propos de cinéma», *Bull. Soc. préhist. fr.*, juin 1959, t. LVI, fasc. 3 – 4, p. 141 – 142.

Y. COPPENS, «Les éléphants du Quaternaire français, dentition, systématique, signification en Préhistoire», *Congrès préhistorique de Monaco*, Comptes rendus de la XVIe session, 1965, p. 403 – 431.

Y. COPPENS, «Préface», in L. Lopez, M. Colombet, L. Navant, C. Verdier, *Le Mammouth de A à Z*, Le Puy-en-Veley, 2010.

Y. COPPENS, «Avant-propos», in D. Mol, F. Lacombat, *Mammouth et mastodondes en Haute-Loire*, Le Puy-en-Velay, Éditions Jeanne d'Arc, 2010, p. 10 – 15.

S. LOUGUET, *Les Très Grands Herbivores (éléphantidés et rhinocérotidés) au Paléolithique moyen en Europe du Nord-Ouest. Paléoécologie, taphonomie et aspects palethnographiques*, thèse, université Lille-I, 2004.

J.-L. MONNIER, N. MOLINES, «Simon Sirodot et le site moustérien du Mont-Dol (Ille-et-Vilaine): d'un grand précurseur aux recherches actuelles. Actes du 130e congrès, Dol, 26 – 29 juin 2003», 2004, *Association bretonne*, 112, p. 55 – 88.

J.-L. MONNIER, J.-P. LEFORT, D. CLIQUET, S. HINGUANT, B. HUET, R. PIGEAUD, A.-L. RAVON, «Des mammouths et des Hommes en Armorique Occupations humaines et variations de l'environnement au Pléistocène dans l'Ouest de la France», in actes du Colloque international de préhistoire de Monaco, 23 – 24 octobre 2014, sous la présidence d'Yves Coppens, *Bull. Musée anthropol. préhist. de Monaco*, 2014, 6, p. 91 – 121.

P. SIMONET, J.-L. MONNIER, «Approche paléo-écologique et taphonomique de la grande faune du gisement moustérien du Mont-Dol (Ille-et-Vilaine, France)», *Quaternaire*, 1991, t. 2, p. 5 – 15.

S. SIRODOT, «Conférence sur les fouilles exécutées au Mont-Dol (Ille-et-Vilaine) en 1872», *Mém. Société émul. des Côtes-du-Nord*, 1873, t. 11, p. 59 – 68.

第六章

Y. COPPENS, «Le Paléolithique armoricain», *Bull. mens. Soc. polym. Morbihan*, Vannes, séance du 10 octobre 1957, p. 32.

Y. COPPENS, «Préface», in N. Molines, Moncel, M.-H., Monnier, J. Laurent, «Les premiers peuplements en Europe», Actes du Colloque international *Données récentes sur les modalités de peuplement et sur le cadre chronostratigraphique, géologique et paléogéographique des industries du paléolithique ancien et moyen en Europe*, Rennes, 22 – 25 septembre 2003, Oxford, British Archaeological Records (BAR), International Series, 2005, 1364.

Y. COPPENS, «Le colombanien», *Le Présent du passé au carré. La fabrication de la préhistoire*, Odile Jacob/France Info, 2010, p. 57.

N. MOLINES, MONCEL, M.-H., MONNIER, J. LAURENT, «Les premiers peuplements en Europe», Actes du Colloque international *Données récentes sur les modalités de peuplement et sur le cadre chronostratigraphique, géologique et paléogéographique des industries du paléolithique ancien et moyen en Europe*, Rennes, 22 – 25 septembre 2003, Oxford, British Archaeological Records (BAR), International Series, 2005, 1364.

J.-L. MONNIER, «Les premiers groupes humains en Armorique, des origines au Ve millénaire», in *Préhistoire de la Bretagne*, Éditions Ouest-France, «Université», 1998, p. 39 – 87.

J.-L. MONNIER, R. LE CLOIREC, «Le gisement paléolithique inférieur de la pointe de Saint-Colomban à Carnac (Morbihan)», *Gallia-Préhistoire*, 1985, 28, p. 7 – 36.

J.-L. MONNIER, N. MOLINES, «Le "colombanien": un faciès régional du paléolithique inférieur sur le littoral armoricano-atlantique», *Bull. Soc. préhist. fr.*, 1993, 90, p. 283–294.

J.-C. SICARD, «Le chelléo-acheuléen et Levalloisien de Saint-Colomban-en-Carnac», *Bull. Soc. polym. Morbihan*, P. V., 1957, p. 30–32.

中　篇

开篇

Y. COPPENS, «Prises de date pour les gisements paléontologiques quaternaires et archéologiques découverts au cours d'une mission de deux mois dans le nord du Tchad», *Bull. Soc. préhist. fr.*, 1962, t. LIX, fasc. 3–4, p. 260–267, 2 fig.

Y. COPPENS, «L'époque haddadienne, une page de la Protohistoire du Tchad», in «Memoriam do Abade Henri Breuil. I», *Revista da Faculdade de Letras de Universidade de Lisboa*, Lisbonne, 1965, IIIe série, n° 9, p. 297–316, 6 fig.

Y. COPPENS, «Les cultures protohistoriques et historiques du Djourab. Actes du 1er Colloque international d'archéologie africaine, Fort-Lamy, 11–18 décembre 1966», *Études et documents tchadiens*, 1966, mémoires, I, 129–146, fig. 13 à 19, Le Havre (article pionnier; première séquence archéologique chronologique et ses céramiques les plus caractéristiques et première mise en corrélation entre cette chronologie et la topographie).

Y. COPPENS, «De l'archéologie à la paléogéographie», *Bull. Ass. sénég. pour l'étude du quaternaire de l'Ouest africain*, Dakar, n° 14–15, juin 1967, p. 11–17, 6 cartes.

Y. COPPENS, «Le Colloque international d'Archéologie africaine de Fort-Lamy», *Nouvelles archéologiques*, *Archaeologia*, mai-juin 1967, n° 16, p. 10–11, 6 fig.

Y. COPPENS, «Gisements paléontologiques et archéologiques découverts en 1961 dans le nord du Tchad au cours d'une seconde mission de trois mois», *Bull. IFAN* Dakar, avril 1968, série A, t. 30 (2), p. 790–801, 5 fig.

Y. COPPENS, «De l'archéologie à la paléogéographie», *Bull. IFAN* Dakar, janvier 1969, t. XXI, série A (1), p. 263–269, 1 fig.

Y. COPPENS, «Préface», in F. Treinen-Claustre, «Sahara et Sahel à l'âge du fer (Borkou, Tchad)», *Mémoires de la Société des africanistes*, 1982.

F. TREINEN-CLAUSTRE, «Sahara et Sahel à l'âge du fer (Borkou, Tchad)», *Mémoires de la Société des africanistes*, 1982.

F. TREINEN-CLAUSTRE, «Haddadien», in A. Leroi-Gourhan (dir.), *Dictionnaire de la préhistoire*, PUF, 1988, p. 463 - 464.

Y. COPPENS, «Préface», in J.-L. SCHNEIDER, *Le Tchad depuis 25 000 ans. Géologie, archéologie, hydrogéologie*, Masson, 1994.

J.-L. SCHNEIDER, *Le Tchad depuis 25 000 ans. Géologie, archéologie, hydrogéologie*, Masson, 1994.

Y. COPPENS, «Préface», in J. Renault-Miskovsky et A.-M. Semah, *L'Évolution de la végétation depuis 2 millions d'années*, Éditions Errance, 2004.

J. MALEY, «Le bassin du Tchad au Quaternaire récent, formations sédimentaires, paléoenvironnements et préhistoire. La question des Paléotchads», in J. Renault-Miskovsky et A.-M. Semah, *L'Évolution de la végétation depuis 2 millions d'années*, Éditions Errance, 2004, p. 179 - 217.

J. MALEY, R. VERNET, «Populations and climatic evolution in North Tropical Africa from the end of the neolithic to the dawn of the modern era», *African Archaeological Review*, 2015, vol. 32, n° 2, p. 179 - 232.

第一章

Y. COPPENS, «Découverte d'un australopithéciné dans le Villafranchien du Tchad», *C. R. Acad. sci. Paris*, 1961, t. 252, p. 3851 - 3852.

Y. COPPENS, «Un australopithèque au Sahara (Nord-Tchad)», *Bull. Soc. préhist. fr.*, avril 1962, t. LVIII, 1961, fasc. 11 - 12, p. 756 - 757.

Y. COPPENS, «Découverte d'un australopithéciné dans le Villafranchien du Tchad. Note préliminaire», *Colloque international CNRS*, «Problèmes actuels de paléontologie (évolution des vertébrés)», 1962, n° 104, p. 455 - 459 (article pionnier sur le premier hominidé du Tchad).

Y. COPPENS, «L'hominien du Tchad», *Actas del V Congreso panafricano de Prehistoria y de Estudio del Quaternario*, Santa Cruz de Tenerife, septembre 1963, Publicaciones del Museo Arqueologico, 1965, t. 1, 5, p. 329 - 330.

Y. COPPENS, «Les proboscidiens du Tchad, leur contribution à la chronologie du Quaternaire africain», *Actas del V Congreso panafricano de Prehistoria y de Estudio del Quaternario. Santa-Cruz-de-Tenerife, septembre 1963*, Publicaciones del Museo Arqueologico, 1965, 1, p. 331–387, 18 pl., 1 carte, 1 dépliant.

Y. COPPENS, «L'hominien du Tchad», *C. R. Acad. sci. Paris*, 1965, t. 260, p. 2869–2871 (dénomination du tchadanthrope, *Tchadanthropus uxoris*).

Y. COPPENS, «Le *Tchadanthropus*», *L'Anthropologie*, 1966, t. 70, n° 1–2, p. 5–16.

Y. COPPENS, «An early hominid from Tchad», *Current Anthropology*, décembre 1966, vol. 7, n° 5, p. 584–585.

Y. COPPENS, «Les faunes de vertébrés quaternaires du Tchad», in W. W. Bishop, J. D. Clarck (dir.), *Background Evolution in Africa*, The University of Chicago Press, 1967, p. 89–97, 2 fig., 3 pl.

Y. COPPENS, «Essai de biostratigraphie du Quaternaire de la région de Koro-Toro (Nord-Tchad)», *Colloque international CNRS. Problèmes actuels de Paléontologie (évolution des vertébrés)*, CNRS, 1967, 163, p. 589–595, 2 fig.

Y. COPPENS, «Un nouveau proboscidien du Pliocène du Tchad, *Stegodibelodon schneideri* nov. gen. nov. sp et le phylum des *Stegotetrabelodontinae*», *C. R. Acad. sci. Paris*, 1972, 274, p. 2962–2965, 2 pl. (première mention du site de Menalla, site de Toumaï et première évocation des rapports entre les bassins du Tchad et ceux de la Libye).

J. ABADIE, J. BARBEAU, Y. COPPENS, «Une faune de vertébrés villafranchiens au Tchad», *C. R. Acad. sci. Paris*, 1959, 248, p. 3328–3330, 1 fig. (première annonce de récolte de vertébrés fossiles au Tchad qui a entraîné cinquante années de recherche).

M. BRUNET, A. BEAUVILAIN, Y. COPPENS, E. HEINTZ, A. MOUTAYE, D. PILBEAM, «The first australopithecine 2 500 kilometres west of the Rift Valley (Chad)», *Nature*, 1995, 378, p. 272–275 (première annonce de la découverte d'un australopithèque au Tchad).

M. BRUNET, A. BEAUVILAIN, Y. COPPENS, E. HEINTZ, A. MOUTAYE, D. PILBEAM, «*Australopithecus bahrelghazali*, a new species of early hominid from Koro Toro region (Chad)», *C. R. Acad. sci.*, 1996, 322, p. 907–913 (première annonce de la dénomination nouvelle du premier australopithèque du Tchad).

M. BRUNET, F. GUY, D. PILBEAM, H. T. MACKAYE, A. LIKIUS, DJIMDOUMALBAYE AHOUNTA, A. BEAUVILAIN, C. BLONDEL, H. BOCHERENS, J.-R. BOISSERIE, L. DE BONIS, Y. COPPENS, J. DEJAX, C. DENYS, P. DURINGER, V. EISENMANN, G. FANONE, P. FRONTY, D. GERAADS, T. LEHMANN, F. LIHOREAU, A. LOUCHART, A. MAHAMA, G. MERCERON, G. MOUCHELIN, O. OTERO, P. PELAEZ CAMPOMANES, M. PONCE DE LEON, J.-C. RAGE, M. SAPANET, M. SCHUSTER, J. SUDRE, P. TASSY, X. VALENTIN, P. VIGNAUD, L. VIRIOT, A. ZAZZO, C. ZOLLKOFER, « A new hominid from the Upper Miocene of Chad, Central Africa », *Nature*, 2002, 418, 145 – 151 (première annonce de la découverte et de la dénomination du plus ancien préhumain connu au Tchad).

A. E. LEBATARD, L. DIDIER, L. BOURLÈS, P. DURINGER, M. JOLIVET, R. BRAUCHER, J. CARCAILLET, M. SCHUSTER, N. ARNAUD, P. MONIÉ, F. LIHOREAU, A. LIKIUS, H. T. MACKAYE, P. VIGNAUD, M. BRUNET « Cosmogenic nuclide dating of *Sahelanthropus tchadensis* and *Australopithecus bahrelghazali*: Mio-Pliocene hominids from Chad », *Proc. Natl. Acad. sci. USA*, 2008, 105 (9), p. 3226 – 3231.

F. LIHOREAU, J.-R. BOISSERIE, L. VIRIOT, Y. COPPENS, A. LIKIUS, H. T. MACKAYE, P. TAFFOREAU, P. VIGNAUD, M. BRUNET, « Anthracothere dental anatomy reveals a late Miocene Chado-Libyan bioprovince », *Proc. Natl. Acad. sci. USA*, juin 2006, 103, 23, p. 8763 – 8767.

H. T. MACKAYE, Y. COPPENS, P. VIGNAUD, F. LIHOREAU, M. BRUNET, « De nouveaux restes de *Primelephas* dans le Mio-Pliocène du nord du Tchad et révision du genre *Primelephas* », *C. R. Palevol*, 2008, 7, p. 227 – 236.

M. SERVANT, P. ERGENZINGER, Y. COPPENS, « Datations absolues sur un delta lacustre quaternaire au sud du Tibesti (Angamma) », *C. R. S. Soc. géol. fr.*, 1969, 8, p. 313 – 314, 2 fig.

« Yayo », in I. Tattersall, E. Delson, J. van Couvering (dir.), *Encyclopedia of Human Evolution and Prehistory*, Éditions Garland, 1988, p. 601.

« Yayo », in I. Tattersall, E. Delson, J. van Couvering, A. Brooks (dir.), *Encyclopedia of Human Evolution and Prehistory*, seconde édition, Éditions Garland, 2000, p. 733.

第二章

Y. COPPENS, «Localisation dans le temps et dans l'espace des restes d'hominidés des formations plio-pléistocènes de l'Omo (Éthiopie)», *C. R. Acad. sci. Paris*, 1970, t. 271, p. 1968 – 1971.

Y. COPPENS, «Les restes d'hominidés des séries inférieures et moyennes des formations plio-villafranchiennes de l'Omo en Éthiopie», *C. R. Acad. sci. Paris*, 1970, t. 271, p. 2286 –2289.

Y. COPPENS, «Les restes d'hominidés des séries supérieures des formations plio-villafranchiennes de l'Omo en Éthiopie», *C. R. Acad. sci. Paris*, 1971, t. 272, p. 36 – 39.

Y. COPPENS, «Les restes d'hominidés des séries inférieures et moyennes des formations plio-villafranchiennes de l'Omo en Éthiopie (récoltes 1970, 1971 et 1972)», *C. R. Acad. sci. Paris*, 1973, t. 276, p. 1823 – 1826.

Y. COPPENS, «Les restes d'hominidés des séries supérieures des formations plio-villafranchiennes de l'Omo en Éthiopie (récoltes 1970, 1971 et 1972)», *C. R. Acad. sci. Paris*, 1973, série D, t. 276, p. 1981 – 1984.

Y. COPPENS, J. CHAVAILLON, M. BEDEN, «Résultats de la nouvelle mission de l'Omo (campagne 1972). Découverte de restes d'hominidés et d'une industrie sur éclats», *C. R. Acad. sci. Paris*, 1973, t. 276, p. 161 – 164.

Y. COPPENS, «Évolution des hominidés et de leur environnement au cours du plio-pléistocène dans la basse vallée de l'Omo en Éthiopie», *C. R. Acad. sci. Paris*, 1975, t. 281, p. 1693 – 1696 (découverte de la corrélation entre l'évolution des hominidés et l'évolution de l'environnement).

Y. COPPENS, «Hominid remains from the Plio-Pleistocene Formations of the Omo Basin, Ethiopia», *J. Hum. Evol.*, 1977, 6, p. 169 – 173.

Y. COPPENS, «Evolution of the Hominids and of their environment during the Plio-Pleistocene in the lower Omo Valley, Ethiopia», in W. W. Bishop (dir.), *Geological Background to Fossil Man*, Scottish Academic Press, 1978, p. 499 – 506.

Y. COPPENS, «The differences between *Australopithecus* and *Homo*: Preliminary conclusions from the Omo research expedition's studies», in L.-K. Königsson (dir.), *Current Argument on Early Man. Report from a Nobel Symposium*, Pergamon Press, 1980,

p. 207 – 225.

Y. COPPENS, F. C. HOWELL, «Les faunes de mammifères fossiles des formations plio-pléistocènes de l'Omo en Éthiopie (Proboscidea, Perrissodactyla, Artiodactyla)», C. R. Acad. sci. Paris, 1974, t. 278, p. 2275 – 2278, 1 pl.

Y. COPPENS, F. C. HOWELL, G. L. ISAAC, R. E. F. LEAKEY, Earliest Man and Environments in the Lake Rudolf Basin, The University of Chicago Press, 1976.

Z. ALEMSEGHED, D. GERAADS, Y. COPPENS, C. GUILLEMOT, «Taphonomical and paleoenvironmental study of Omo-33, a late pliocene Hominid locality of the lower Omo basin, Ethiopia», Revue paléobiol., 1997, 15, 2, p. 347 – 359.

C. ARAMBOURG, Y. COPPENS, «Sur la découverte dans le pléistocène inférieur de la vallée de l'Omo (Éthiopie) d'une mandibule d'australopithécien», C. R. Acad. sci. Paris, 1967, t. 265, p. 589 – 590.

C. ARAMBOURG, J. CHAVAILLON, Y. COPPENS, «Premiers résultats de la nouvelle mission de l'Omo (1967)», C. R. Acad. sci. Paris, 1967, t. 265, p. 1891 – 1896.

C. ARAMBOURG, Y. COPPENS, «Découverte d'un australopithécien nouveau dans les gisements de l'Omo (Éthiopie)», South African Journal of Science, 1968, vol. 64, n° 2, p. 58 – 59.

C. ARAMBOURG, J. CHAVAILLON, Y. COPPENS, «Résultats de la nouvelle mission de l'Omo (2ᵉ campagne 1968)», C. R. Acad. sci. Paris, 1969, t. 268, p. 759 – 762.

F. BIBI, A. SOURON, H. BOCHERENS, K. UNO, J.-R. BOISSERIE, «Ecological change in the lower Omo Valley around 2.8 Ma», Biology Letters, 2013, 9.

J. R. BOISSERIE, F. GUY, A. DELAGNES, L.-J. HLUKSO, F. BIBI, Y. BEYENE, C. GUILLEMOT, «New palaeoanthropological research in the Plio-Pleistocene Omo Group, Lower Omo Valley, SNNPR (Southern Nations, Nationalities and People Regions), Ethiopia», C. R. Palevol, vol. 7, n° 7, octobre 2008, p. 429 – 439.

R. BONNEFILLE, J. CHAVAILLON, Y. COPPENS, «Résultats de la nouvelle mission de l'Omo (3ᵉ campagne 1969)», C. R. Acad. sci. Paris, 1970, t. 270, p. 924 – 927.

R. BONNEFILLE, F. H. BROWN, J. CHAVAILLON, Y. COPPENS, P. HAESAERTS, J. DE HEINZELIN, F. C. HOWELL, «Situation stratigraphique des localités à Hominidés des gisements plio-pléistocènes de l'Omo en Éthiopie (membre de base A, B, C, D et J)», C.

R. Acad. sci. Paris, t. 276, 1973, p. 2781 – 2784.

R. BONNEFILLE, F. H. BROWN, J. CHAVAILLON, Y. COPPENS, P. HAESAERTS, J. DE HEINZELIN, F. C. HOWELL «Situation stratigraphique des localités à hominidés des gisements plio-pléistocènes de l'Omo en Éthiopie (membre E, F, G et H) », *C. R. Acad. sci. Paris*, 1973, t. 276, p. 2781 – 2784.

F. C. HOWELL, Y. COPPENS, J. DE HEINZELIN, «Inventory of remains of Hominidae from Plio-Pleistocene formations of the lower Omo basin, Ethiopia (1967 – 1972)», *Am. J. Phys. Anthrop.*, 1974, 40 (1), p. 1 – 16.

F. C. HOWELL, Y. COPPENS, «Les faunes de mammifères fossiles des formations plio-pléistocènes de l'Omo en Éthiopie (*Tubulidentata*, *Hyracoidea*, *Lagomorpha*, *Rodentia*, *Chiroptera*, *Insectivora*, *Carnivora*, *Primates*)», *C. R. Acad. sci. Paris*, 1974, t. 278, p. 2421 – 2424, 1 pl.

S. TORNAY, *Les Fusils jaunes. Générations et politique en pays nyangatom (Éthiopie)*, Société d'ethnologie, 2001.

第三章

Y. COPPENS, «L'Éthiopie à l'aube du quaternaire. Les grands gisements de vertébrés de l'Omo et de l'Aouache», *Problèmes actuels de Paléontologie (évolution des vertébrés)*, Colloque international CNRS, 1975, n° 218, p. 887 – 895.

Y. COPPENS, «Les hominidés du pliocène et du pléistocène d'Éthiopie, chronologie, systématique, environnement», in J. Piveteau, *Les Origines humaines et les Époques de l'intelligence*, Masson/Fondation Singer-Polignac, 1978, p. 79 – 106.

Y. COPPENS, «L'originalité anatomique et fonctionnelle de la première bipédie», *Bull. Acad. nat. méd.*, 1991, 175 (7), p. 977 – 993.

Y. COPPENS, *Le Genou de Lucy*, Odile Jacob, 1999.

Y. COPPENS, «Postface», in P. Norbert, T. Liberatore, Lucy. L'espoir, Capitol Éditions, 2007, p. 72 – 73.

Y. COPPENS, Donald C. JOHANSON, «Les hominidés du Pliocène et du Pléistocène d'Éthiopie», in R. Leakey, B. Ogot (dir.), *Actes du VIIIe Congrès panafricain de préhistoire et d'études du quaternaire*, *Nairobi, septembre 1977*, Louis Leakey Memorial Institute for

African Prehistory, 1980, p. 166 – 168.

Y. COPPENS, B. T. GRAY, D. C. JOHANSON, «Biostratigraphie d'Hadar comparée à celle des autres gisements plio-pléistocènes est-africains», in R. Leakey, B. Ogo (dir.) *Actes du VIIIe Congrès panafricain de préhistoire et d'études du quaternaire, Nairobi, septembre 1977*, Louis Leakey Memorial Institute for African Prehistory, 1980, p. 56 – 57.

Y. COPPENS, B. SENUT, *Origine (s) de la bipédie chez les hominidés. Cahiers de paléoanthropologie*, CNRS Éditions, 1991.

Z. ALEMSEGED, F. SPOOR, F., W. H. KIMBEL, R. BOBE, D. GERAADS, D. REED, J. G. WYNN, «A juvenile early hominin skeleton from Dikika, Ethiopia», *Nature*, 2006, 443 (7109), p. 296 – 301.

G. CHENE, A. S. TARDIEU, B. TROMBERT, A. AMOUZOUGAN, G. LAMBLIN, G. MELLIER, Y. COPPENS, «A species' Odyssey: Evolution of obstetrical mechanics from Australopithecus Lucy to nowadays», *Eur. J. Obstet. Gynecol. Reprod. Biol.*, 2014, 181, p. 316 – 320.

G. CHENE, G. LAMBLIN, K. LEBAIL-CARVAL, P. CHABERT, P. MARÈS, Y. COPPENS, G. MELLIER, «The genital prolapse of Australopithecus Lucy?», *Int. Urogynecol. J.*, 2015 vol. 26, n° 7, p. 975 – 980.

S. HARMAND *et al.*, «3.3-million-year-old stone tools from Lomekwi 3, West Turkana, Kenya», *Nature*, 2015, 521, p. 310 – 315.

D. C. JOHANSON, «The paleoanthropology of Hadar, Ethiopia», *C. R. Palevol*, 2017, 16, p. 140 – 154.

D. C. JOHANSON, Y. COPPENS, «A preliminary anatomical diagnosis of the first Plio/Pleistocene Hominid discoveries in the Central Afar, Ethiopia», *Am. J. Phys. Anthrop.*, 1976, 45 (2), p. 217 – 234 (découverte des premiers hominidés d'Hadar, 1973).

D. C. JOHANSON, T. D. WHITE, Y. COPPENS, «A new species of the genus Australopithecus (Primates: Hominidae) from the Pliocene of eastern Africa», *Kirtlandia*, 1978, 28, p. 1 – 14 (création de l'espèce *Australopithecus afarensis*).

D. C. JOHANSON, C. O. LOVEJOY, W. H. KIMBEL, T. D. WHITE, S. W. WARD, M. E. BUSH, B. M. LATIMER, Y. COPPENS, «Morphology of the Pliocene partial hominid skeleton (A. L. 288 – 1) from the Hadar formation (Ethiopia)», *Am. J. Phys. Anthrop.*,

1982, 57 (4), p. 403 – 452.

D. C. JOHANSON, T. D. WHITE, Y. COPPENS, «Dental remains from the Hadar formation, Ethiopia: 1974 – 1977 collections», *Am. J. Phys. Anthrop.*, 1982, 57 (4), p. 545 – 604.

W. H. KIMBEL, D. C. JOHANSON, Y. COPPENS, «Pliocene Hominid cranial remains from the Hadar formation (Ethiopia)», *Am. J. Phys. Anthrop.*, 1982, 57 (4), p. 453 – 500.

C. O. LOVEJOY, D. C. JOHANSON, Y. COPPENS, «Hominid upper limb bones recovered from the Hadar formation: 1974 – 1977 collections», *Am. J. Phys. Anthrop.*, 1982, 57 (4), p. 637 – 650.

C. O. LOVEJOY, D. C. JOHANSON, Y. COPPENS, «Hominid lower limb bones recovered from the Hadar formation: 1974 – 1977 collections», *Am. J. Phys. Anthrop.*, 1982, 57 (4), p. 679 – 700.

S. MCPHERRON, Z. ALEMSEGED, C. W. MAREAN, J. G. WYNN, D. REED, D. GERAADS, R. BOBE, H. A. BÉARAT, «Evidence for stone-tool-assisted consumption of animal tissues before 3.39 million years ago at Dikika, Ethiopia», *Nature*, 2010, 466, p. 857 – 860.

P. PELOT, T. LIBERATORE, Y. COPPENS, *Le Rêve de Lucy*, Seuil, «La Dérivée», 1990.

M. TAIEB, Y. COPPENS, DONALD C. JOHANSON, JON KALB, «Dépôts sédimentaires et faunes du plio-pléistocène de la basse vallée de l'Awash (Afar central, Éthiopie)», *C. R Acad. sci. Paris*, 1972, t. 275, p. 819 – 822 (première publication des quatre fondateurs de l'International Afar Research Expedition).

M. TAIEB, D. C. JOHANSON, Y. COPPENS, R. BONNEFILLE, J. KALB, «Découverte d'hominidés dans les séries plio-pléistocènes d'Hadar (bassin de l'Awash: Afar, Éthiopie)», *C. R. Acad. sci. Paris*, 1974, t. 279, p. 735 – 738.

M. TAIEB, D. C. JOHANSON, Y. COPPENS, «Expédition internationale de l'Afar, Éthiopie (3ᵉ campagne 1974) ; découvertes d'hominidés plio-pléistocènes à Hadar», *C. R. Acad. sci. Paris*, 1975, t. 281, p. 1297 – 1300 (annonce de la découverte de Lucy et première figuration sous le nom d'«Afar Localité 288»).

M. TAIEB, D. C. JOHANSON, Y. COPPENS, J. L. Aronson, «Geological and paleontological background of Hadar Hominid site, Afar, Ethiopia», *Nature*, 25 mars 1976, vol. 260, n° 5549, p. 289 – 293, 4 fig., 2 tabl.

M. TAIEB, D. C. JOHANSON, Y. COPPENS, H. ROCHE, «Expédition internationale de l'Afar, Éthiopie (4ᵉ et 5ᵉ campagnes 1975 – 1977). Nouvelles découvertes d'hominidés et découvertes d'industries lithiques plio-pléistocènes à Hadar», *C. R. Acad. sci. Paris*, 1978, série D, t. 287, p. 237 – 240.

M. TAIEB, D. C. JOHANSON, Y. COPPENS, J. J. TIERCELIN, «Expédition internationale de l'Afar, Éthiopie (4ᵉ et 5ᵉ campagnes 1975 – 1977). Chronostratigraphie des gisements à hominidés pliocènes de l'Hadar et corrélations avec les sites préhistoriques de Kada Gona», *C. R. Acad. sci. Paris*, 1978, série D, t. 287, p. 459 – 461.

第四章

Y. COPPENS, «Homo habilis et les nouvelles découvertes d'Oldoway (ou la genèse anglaise de l'humanité)», *Bull. Soc. préhist. fr.*, C. R. S. M., octobre 1964, n° 7, p. CLXXI-CLXXVI.

Y. COPPENS, «Une nouvelle espèce de Suidé de Villafranchien de Tunisie, Nyanzachoerus jaegeri nov. sp.», *C. R. Acad. sci. Paris*, 1971, t. 272, p. 3264 – 3267, 2 pl.

Y. COPPENS, «Les vertébrés villafranchiens de Tunisie: gisements nouveaux, signification», *C. R. Acad. sci. Paris*, 1971, t. 273, p. 51 – 54, 2 pl.

Y. COPPENS, «Koobi Fora Research Project. Volume 4: Hominid cranial remains. Bernard Wood», *American Anthropologist*, 1993, 95, p. 1020 – 1021.

Y. COPPENS, «Préface», in B. Senut, M. Pickford (dir.), *Geology and Palaeobiology of the Albertine Rift Valley*, *Uganda-Zaire*, *Palaeobiology-Paléobiologie*, Centre international pour la formation et les échanges géologiques, publication occasionnelle, 1994, 29, vol. 11, p. 3.

Y. COPPENS, «Préface», in M. Pickford, B. Senut (dir.), *Géologie et paléobiologie du désert du Namib*, *Afrique du Sud-Ouest*, vol. 1: *Geology and History of Study*, Geological Survey of Namibia, mémoire 18, 1999, p. VI-VII.

Y. COPPENS, «Préface», in J.-P. Raynal, F.-Z. Sbihi-Alaoui, A. El Hajraoui (dir.), *Maroc, terre d'origines*, Archéo-Logis/CDERAD, 1999, p. 5 - 6.

Y. COPPENS, «Préface», in M. Pickford, B. Senut (dir.), *Geology and Palaebiology of the Central and Southern Namib*, vol. 2: *Palaeontology of the orange River Valley*, Namibia, Geological Survey of Namibia, 2003, mémoire 19, p. II-III.

Y. COPPENS, «Préface», in Martin Pickford et B. Senut (dir.), *Geology and Palaeobiology of the northern Sperrgebiet, Namibia*, Geological Survey of Namibia, 2008, mémoire 20.

Y. COPPENS, «Préface», in M. Pickford, B. Senut, K. Cheboi (dir.), *The Geology and Palaeobiology of the Tugen Hills, Kenya. Rift Tectonics, Basin Formation, Volcanics and Sedimentation. Geo-Pal Kenya*, Egerton University, 2009, n° 1, p. 2 - 3.

Y. COPPENS, «Préface», in F. Soleilhavoup, *Érotisme et sexualité dans l'art rupestre du Sahara préhistorique*, L'Harmattan, 2013, p. 229 - 230.

Y. COPPENS, R. GOUZES, A. LE FLOC'H, M. PAQUET, «Découverte d'un gisement de vertébrés fossiles avec industrie acheuléenne près de Zouerate en Mauritanie», *Actes du VIe Congrès panafricain de préhistoire et d'études du quaternaire, Dakar, 2 - 8 décembre 1967*, Les Imprimeries Réunies de Chambéry, 1972, p. 457 - 461, 2 pl., 2 fig.

Y. COPPENS, M. GAUDANT, «Découverte d'Elephas iolensis Pomel dans le Tyrrhénien de Tunisie», *Bull. Soc. géol. France*, 1976, t. XVIII (7), n° 1, p. 171 - 177, 2 tabl., 3 pl.

Y. COPPENS, E. STROUHAL (dir.), «Actes du Ier Colloque international d'anthropologie physique des Anciens Égyptiens», *Bull et mém. Soc. anthrop. Paris*, 1982.

J. CHAVAILLON, C. GUÉRIN, J.-L. BOISAUBERT, Y. COPPENS, «Découverte d'un site de dépeçage à Elephas recki en République de Djibouti», *C. R. Acad. sci. Paris*, 1986, série II, t. 302 (5), p. 243 - 246.

L. GINSBURG, Y. COPPENS, «Afrique», in J. Piveteau, *Traité de paléontologie*, t. VI, vol. 1: Mammifères, origine reptilienne, évolution. Principaux gisements de mammifères, Masson, 1961, p. 496 - 498, 1 fig.

P. S. JEDDI, M. PICKFORD, P. TASSY, Y. COPPENS, «Découvertes de mammifères dans le tertiaire de Tunisie centrale: leurs implications biostratigraphiques et paléogéographiques», C. R. Acad. sci. Paris, 1991, série II, t. 312, p. 543 - 548.

M. PICKFORD, Y. COPPENS, B. SENUT, J. MORALES, J. BRAGA, «Late Miocene hominid from Niger», C. R. Palevol, 2009, 8, p. 413 - 425.

B. SENUT, M. PICKFORD, J. BRAGA, D MARAIS, Y. COPPENS, «Découverte d'un Homo sapiens archaïque à Oranjemund, Namibie», C. R. Acad. sci. Paris, 2000, t. 330, p. 813 - 819.

B. SENUT, M. PICKFORD, D. GOMMERY, P. MEIN, K. CHEBOI, Y. COPPENS, «First Hominid from the Miocene (Lukeino formation, Kenya)», C. R. Acad. sci. Paris, 2001, t. 332, p. 137 - 144 (première annonce de la découverte d'un hominidé nouveau, Orrorin tugenensis).

H. THOMAS, Y. COPPENS, C. THIBAULT, M. WEIDMANN, «Découverte de vertébrés fossiles dans le pléistocène inférieur de la République de Djibouti», *C. R. Acad. sci. Paris*, 1984, série II, t. 299, p. 43 - 48.

B. WOOD, Koobi Fora Research Project, Clarendon Press, 1991.

第五章

Y. COPPENS, «Evolution of the Hominids and of their environment during the Plio-Pleistocene in the lower Omo Valley, Ethiopia», in W. W. Bishop, *Geological Background to Fossil Man*, Scottish Academic Press, 1978, p. 499 - 506.

Y. COPPENS, «Les plus anciens hominidés», in Carlos Chagas (dir.), «Recent advances in the evolution of Primates, 24 - 27 mai 1982, Rome», *Pontificiae Academiae Scientiarium Scripta Varia*, 1983, p. 1 - 9 (première mention de l'idée de l'East Side Story).

Y. COPPENS, *Le Singe, l'Afrique et l'Homme*, Fayard, 1983 (prix Malherbe, 1984, prix Descartes, 1989) (première présentation de l'idée du point d'inversion).

Y. COPPENS, «Hominid evolution and the evolution of environment», *Ossa*, 1989, 14, p. 157 - 163.

Y. COPPENS, «L'originalité anatomique et fonctionnelle de la première bipédie», *Bull. Acad. nat. méd.*, 1991, 175 (7), p. 977 - 993.

Y. COPPENS, «East Side Story: The origin of humankind», *Scientific American*, mai

1994, 270, n° 5, p. 88 – 95 ; *Pour la Science*, 1994, p. 64 – 71.

Y. COPPENS, «Introduction» (Part I, Theory), in T. G. Bromage, F. Schrenk (dir.), *African Biogeography, Climate Change, and Human Evolution*, Oxford University Press, 1999, p. 13 – 18.

Y. COPPENS, «The Hominids of Melka Kunture. Some general reflections», in J. Chavaillon, M. Piperno (dir.), *Studies on the Early Paleolithic site of Melka Kunture, Ethiopia. 1*, Istituto Italiano di Preistoria e Protostoria, 2004, p. 111 – 135.

Y. COPPENS, «Préface», in B. Hirsch, B. Roussel (dir.), *Le Rift est-africain, une singularité plurielle*, IRD/MNHN, 2009, p. 9 – 12.

Y. COPPENS, «Dos hipótesis, East Side Story y el evento (H) Omo, dos destinos», in M. Dominguez-Rordrigo, E. Baquedano (dir.), *La Cuna de la Humanidad. The Cradle of Humankind*, Burgos Museo arqueologico regional, Alcalá de Henares y Museo de la evolución humana, 2014, vol. 1, p. 68 – 79.

Y. COPPENS, «La station debout: étrange adaptation permanente au premier environnement mosaïque», in H. de Lumley (dir.), *Sur le chemin de l'humanité*, CNRS/ Académie pontificale des sciences, 2015, p. 19 – 29 et 42 – 57.

Y. COPPENS, B. SENUT (dir.), *Origine(s) de la bipédie chez les hominidés. Colloque international de la Fondation Singer-Polignac*, CNRS Éditions, «Cahiers de paléoanthropologie», 1991.

J. CHAVAILLON, C. BRAHIMI, Y. COPPENS, «Première découverte d'hominidé dans l'un des sites acheuléens de Melka Kunturé (Éthiopie)», *C. R. Acad. sci. Paris*, 1974, t. 278, p. 3299 – 3302.

J. CHAVAILLON, Y. COPPENS, «Découverte d'hominidé dans un site acheuléen de Melka Kunturé (Éthiopie)», *Bull. et mém. Soc. anthrop. Paris*, 1975, série XIII, 2, p. 125 – 128.

J. CHAVAILLON, N. CHAVAILLON, Y. COPPENS, B. SENUT, «Présence d'hominidé dans le site oldowayen de Gomboré I à Melka Kunturé, Éthiopie», *C. R. Acad. sci. Paris*, 1977, t. 285, p. 961 – 963.

J. CHAVAILLON, Y. COPPENS, «Nouvelle découverte d'*Homo erectus* à Melka Kunturé (Éthiopie)», *C. R. Acad. sci. Paris*, 1986, série II, t. 303 (1), p. 99 – 104.

J. CHAVAILLON, F. HOURS, Y. COPPENS, «Découverte de restes humains fossiles associés à un outillage acheuléen final à Melka Kunturé (Éthiopie)», *C. R. Acad. sci. Paris*, 1987, série II, t. 304 (10), p. 539–542.

B. VILLMOARE, W. H. KIMBEL, C. SEYOUM, C. J. CAMPISANO, E. N. DIMAGGIO, J. ROWAN, D. R. BRAUN, J. R. ARROWSMITH, K. E. REED, «Early *Homo* at 2.8 Ma from Ledi-Geraru, Afar, Ethiopia», *Science*, 2015, 347, 6228, p. 1352–1355.

第六章

R. COPPENS, Y. COPPENS, «Sur la radioactivité des "coquins" phosphatés des sables verts albiens de la carrière du plateau de Vassincourt (Meuse)», *C. R. Acad. sci. Paris*, 1956, t. 243, p. 1046–1048, 2 fig. (ma première note aux *Comptes Rendus de l'Académie des sciences*).

Y. COPPENS, *Leçon faite le vendredi 2 décembre 1983. Collège de France, chaire de Paléoanthropologie et Préhistoire*, Collège de France, 1984.

Y. COPPENS, «Lezione inaugurale della cattedra di Paleoantropologia e preistoria al Collège de France, 2 dicembre 1983», in *Le grandi tappe della preistoria e della Paleoantropologia. Lezioni inaugurali al Collège de France*, Breuil, Leroi-Gourhan, Coppens, Jaca Book, 1987, p. 45–68.

Y. COPPENS, *L'Histoire de l'homme. 22 ans d'amphi au Collège de France (1983–2005)*, Odile Jacob, 2008.

Y. COPPENS, *Histoire de l'homme et changements climatiques*, Fayard/Collège de France, 2006 (leçon de clôture faite le mardi 23 juin 2015).

Y. COPPENS, «Préface», in Claude Blanckaert (dir.), *Le Musée de l'Homme. Histoire d'un musée laboratoire*, Artlys/Muséum national d'histoire naturelle, 2015, p. 8–10.

Y. COPPENS, «Préface», in Évelyne Heyer (dir.), *Une belle histoire de l'homme*, Flammarion/Musée de l'Homme, 2015 (à l'occasion de la réouverture du musée de l'Homme).

Y. COPPENS *et al.*, *Devenir humains*, Autrement/Musée de l'Homme, «Manifeste», 2015 (à l'occasion de la réouverture du musée de l'Homme).

Y. COPPENS (dir.), A. Dambricourt-Malassé (rédactrice invitée), «Origines de l'homme dans le sous-continent indien», *Palevol*, février-mars 2016, t. 15, fasc. 3 – 4, p. 277 – 452 (dernière publication en date à l'Académie des sciences).

M. TAIEB, D. C. JOHANSON, Y. COPPENS, «Expédition internationale de l'Afar, Éthiopie (3ᵉ campagne 1974) ; découvertes d'hominidés plio-pléistocènes à Hadar», *C. R. Acad. sci. Paris*, 1975, t. 281, p. 1297 – 1300 (première annonce de la découverte de Lucy).

下 篇

开篇

Y. COPPENS, «Préface», in *Proceedings of the 1999 Beijing International Symposium on Paleoanthropology*, Acta anthropologica sinica, 2000, supplément au volume 19, p. III-IV.

Y. COPPENS, «Préface», in B. BUIGUES, *Sur la piste des Mammouths*, Robert Laffont, 2000.

Y. COPPENS, «Préface», in F. LATREILLE, B. BUIGUES, *Mammouth*, Robert Laffont, 2000.

D. MOL, Y. COPPENS, A. TIKHONOV, L. AGENBROAD, R. MACPHEE, C. FLEMMING, A. GREENWOOD, B. BUIGUES, C. DE MARLIAVE, BAS VAN GEEL, G. VAN REENEN, J. P. PALS, D. FISCHER, D. FOX, «The Jarkov mammoth: 20 000 year old carcass of a Siberian wooliy mammoth Mammuthus primigenius (Blumenbach, 1799)», *The World of Elephants*, *Proceedings of the 1ˢᵗ international Congress*, Consiglio Nazionale delle Ricerche, 2001, p. 305 – 309.

D. MOL, A. TIKHONOV, R. MACPHEE, C. FLEMMING, B. BUIGUES, C. DE MARLIAVE, Y. COPPENS, L. AGENBROAD, «The Fishhook Mammoth: Rediscovery of a woolly mammoth carcass by the Cerpolex/Mammuthus Team, Taïmyr Peninsula, Siberia», *The World of Elephants*, *Proceedings of the 1ˢᵗ international Congress*, Consiglio Nazionale delle Ricerche, 2001, p. 310 – 313.

Y. COPPENS, «Speech by professor Yves Coppens», in *Addendum of the Proceedings*,

Unesco Training-Seminar on the Preservation, *Conservation and Management of Zhoukoudian and Sangiran world prehistoric sites*, Solo, Indonesia, 15 - 20 April 2002, Djakarta, 2002.

Y. COPPENS, «Foreword», in J.-P. Blais, P. Cote, *Peking Man Site at Zhoukoudian Site*, *Geological and Geophysical Complementary Investigations*, EDF et Laboratoire central des Ponts et Chaussées, 2003, p. 5.

Y. COPPENS, «Préface», in J.-P. Blais, P. Cote, X Derobert, S. Palma Lopes, *Synthèse des reconnaissances géologiques et géophysiques depuis 1996. Site de l'homme de Pékin*, *Colline Ouest*, Fondation EDF, Paris, 2005, p. 9 - 11.

Y. COPPENS, présentation du professeur Huang Wanbo à l'Académie des sciences de l'Institut de France (26 septembre 2006), non publié (le professeur Huang Wanbo est l'inventeur du gisement de Longuppo dont j'avais validé l'authenticité des pierres taillées lors d'un séjour à Beijing).

Y. COPPENS, D. TSEVEENDORJ, F. DEMETER, T. TURBAT, P.-H. GISCARD, «Discovery of an archaic Homo sapiens skullcap in Northeast Mongolia», *C. R. Palevol*, 2008, 7, p. 51 - 60.

Y. COPPENS, A. TIKHONOV, B. BUIGUES, «Mammuthus, 2010 - 2014», *Quaternaire*, *revue de l'Association française pour l'étude du quaternaire (AFEQ)*, 2010, hors-série, 3, p. 164.

Y. COPPENS, «La Chine», «L'homme de Pékin», «Un petit mammouth», in *Le Présent du passé au carré*, Odile Jacob/France Info, 2010.

第一章

Y. COPPENS, «Le pithécanthrope aux Philippines», *Actualité de l'Exploration*, 1974, n° 94, p. 18 - 19.

Y. COPPENS, «Jacob Teuku», *in* «Présentations de savants», *Les Nouvelles de l'Académie*, mai-juin-juillet 1992, p. 49 - 50.

Y. COPPENS, «Préhistoire du Piaui, Brésil», *Archéologia*, novembre 1993, p. 48 - 49.

Y. COPPENS, «Introduction», in F. Sémah, C. Falguières, D. Grimaud, H. et A.-M. Sémah, «Origines du peuplement et chronologie des cultures paléolithique du Sud-Est asiatique. Actes du Colloque international de la Fondation Singer-Polignac, Paris, 3 - 5 juin 1998», Artcom/Errances, 2002, p. 35 - 37.

Y. COPPENS, «Préface», in Robert Gessain, *Inuit. Images d'Ammassalik, Groenland, 1934 - 1936*, Éditions de La Martinière, 2007, p. 10 - 11.

Y. COPPENS, «Keynote address, Human origin patrimony», *Studies in Southern Asia*, 10 - 12 décembre 2007.

Y. COPPENS, «Éclairage sur le fascicule thématique "L'Asie continentale et insulaire: quelques points d'actualité sur les premiers peuplements" (Rédacteurs invités: Anne-Marie Bacon, Fabrice Demeter)», *C. R. Palevol*, 2012, 11 (2 - 3), p. 85 - 230.

Y. COPPENS, *in* Unesco, *Kalinga Laureates for Universal peace*, Kalinga Foundation Trust, Bhubaneswar, Odisha, India, 2012, p. 222 - 228.

Y. COPPENS, «More eastern, it's west», colloque *Human Evolution, Adaptations, Dispersals and Social Developments (HEADS)*, Unesco World Heritage thematic program, Puebla, Mexique, 2 - 5 septembre 2013.

Y. COPPENS, «Avant-propos», in F. Demeter, A.-M. Bacon et P. Sytha, *Premiers peuplements d'Asie du Sud-Est. État des connaissances actuelles sur le Cambodge*, Unesco, 2014, p. 7 - 8.

Y. COPPENS, «Human origin sites and the world heritage convention in Asia», *Jéongok World Heritage Papers*, 2014, 39, p. 10 - 14.

Y. COPPENS, «Ouverture», *Palevol*, 2016, 15, fasc. 3 - 4, p. 279 - 280.

Y. COPPENS, «Préface», in G. Berillon, A. Asgardi Khaneghah (dir.), *Garm Roud. Une halte de chasse en Iran. Paléolithique supérieur*, Archéo-éditions, IFRI, 2016, p. 11 - 12.

A. DAMBRICOURT-MALASSÉ, «Origines de l'homme dans le sous-continent indien», *Palevol*, 2016, 15, fasc. 3 - 4, p. 277 - 452.

F. DEMETER, L. SHACKELFORD, K. WESTAWAY, P. DURINGER, A.-M. BACON, J.-L. PONCHE, X. WU, T. SAYAVONGKHAMDY,. X. J. ZHAO, L. BARNES, M. BOYON, P. SICHANTHONGTIP, F. SÉNÉGAS, A.-M. KARPOFF, E. PATOLE-EDOUMBA, Y. COPPENS, J. BRAGA, «Early modern humans and morphological variation in Southeast Asia: Fossil evidence from Tam Pa Ling, Laos», *PLoS One*, 2015, 10 (4).

Y. COPPENS, «Les grandes étapes de l'évolution de l'homme», *Cahiers des explorateurs*, 1975, n° 24, p. 20 - 22, 1 fig.

Y. COPPENS, «Camille Arambourg (1885 – 1969)», *Cahiers des Explorateurs, Cahiers du cinquantenaire*, 1988, n° 27, p. 66 – 67.

Y. COPPENS, «Prefacio», *in* J. Gibert i Clos (dir.), *Presencia humana en el Pleistoceno inferior de Granada y Murcia, Ayuntamiento de Orce (Granada)*, Museo de Prehistoria y Paleontologia, 1992, p. 5 – 9.

Y. COPPENS, «Le premier peuplement de l'Europe: l'extraordinaire histoire de l'homme de Neandertal», *Bull. Acad. nat. méd.*, 1992, 176, 9, p. 1465 – 1471.

Y. COPPENS, «Le peuplement de l'Europe ou la West Side Story», *European Paleontological Association Newsletter*, 1993, 3, p. 26 – 27.

Y. COPPENS, «Préface», in C. Guérin, M. Patou-Mathis, *Les Grands Mammifères plio-pléistocènes d'Europe*, Masson, 1996, p. V-VI.

Y. COPPENS, «Préface», in E. Trinkaus, P. Shipman, *Les Hommes de Neandertal*, Seuil, 1996, p. 7.

Y. COPPENS, «Préface», *in* P. Baudry, *Le Rêve spatial inachevé. De Youri Gagarine au voyage universel*, Taillandier, 2001, p. 9 – 11.

Y. COPPENS, «Préface», in E. Anati (dir.), *40 000 ans d'art contemporain, Aux origines de l'Europe*, Edizioni del Centro Camuno, 2003, p. 7 – 8.

Y. COPPENS, in «Les premiers habitants de la France», *Historia*, 2003, n° 680, p. 55.

Y. COPPENS, «Préface», in N. Molines, M.-H. Moncel, J.-L. Monnier, «Actes du Colloque international "Données récentes sur les modalités du peuplement et sur le cadre chronostratigraphique, géologique et paléogéographique dans les industries du Paléolithique ancien et moyen en Europe", Rennes, 22 – 25 septembre 2003», *British Archaeological Reports (BAR)*, International Series, 2005, 1364, p. VII.

Y. COPPENS, «Préface», in A. Debénath, *Neandertaliens et Cro-Magnon. Les temps glaciaires dans le bassin de la Charente*, le Croît vif Éditeur, 2005, p. 9 – 10.

Y. COPPENS, conférence inaugurale «Les premières expansions humaines en Eurasie à partir de l'Afrique, facteurs limitant ou favorisant», Muséum national d'histoire naturelle, 26 – 28 novembre 2008.

Y. COPPENS, «Avant-propos/foreword», *in* D. Mol et F. Lacombat, *Mammouths et*

Mastodontes de Haute-Loire, Éditions Jeanne d'Arc, Le Puy-en-Velay, 2010, p. 10 – 15.

Y. COPPENS, «Préface», *in* B. et J. Villeminot, *Les Hommes oubliés d'Océanie*, Glénat/Société des Explorateurs français, 2010, p. 6 – 7.

第三章

Y. COPPENS, «Préface», in M. Ruspoli, *Lascaux. Un nouveau regard*, Bordas, 1986, p. 5 – 6.

Y. COPPENS, «Lascaux a dix-sept mille ans», *Le Figaro*, 17 août 1990, p. 23.

Y. COPPENS, «Comment Lascaux a livré ses mystères», *Le Figaro*, 12 septembre 1990, p. 30 (cinquantième anniversaire de la découverte de la grotte).

Y. COPPENS, «Discours de M. Yves Coppens, président de la Commission de préparation de la Charte de l'environnement», in *La Charte de l'environnement: enjeux scientifiques et juridiques*, MURS-ATLAS, 2003, p. 9 – 10.

Y. COPPENS (président), *Origine de l'homme et peuplement de la Terre*, *Actes du Colloque international de préhistoire de Monaco*, Bull. du musée d'Anthropologie préhistorique de la Principauté de Monaco, 2008.

Y. COPPENS, «Allocution d'ouverture», in C. Birraux et J.-C. Étienne, *Le Principe de précaution: bilan de son application quatre ans après sa constitutionnalisation, audition publique du 1ᵉʳ octobre 2009*, Les rapports de l'Office parlementaire d'évaluation des choix scientifiques et technologiques (OPECST), Assemblée nationale, 2009, n° 1964, Sénat n° 2 5, p. 9 – 11.

Y. COPPENS, «Préface», in Jean-Michel Geneste, *Lascaux*, Gallimard, «Découvertes», 2012.

Y. COPPENS, «Préface. Lascaux, une passion maîtrisée», in H. Chassain, D. Tauxe, *La Grande Histoire de Lascaux. De la préhistoire au XXIᵉ siècle*, Éditions Sud-Ouest, 2016, p. 9.

Y. COPPENS (président), *L'Homme, la Faune et le Climat durant la préhistoire*, *Actes du Colloque international de préhistoire de Monaco*, Bull. du musée d'Anthropologie préhistorique de la Principauté de Monaco, 2016.

P. CHARLIER, Y. COPPENS et al., «Contributions of indigenous peoples to the definition of health on the occasion of the CoP 21», New England Journal of Medicine,

2016.

COLLECTIF, *La préparation de la Charte de l'environnement*. Vol. 1 : *Rapport de la Commission Coppens*, vol. 2 : *Rapport sur la consultation nationale*, vol. 3 : *Comptes Rendus des travaux: I. Synthèses des travaux juridiques et scientifiques, des groupes de discussion citoyens, de l'avis du Conseil économique et social. II. Synthèses nationale, régionales et Internet du questionnaire*; *synthèses des 14 assises territoriales*. Vol. 4 : *Revue de presse*, ministère de l'Écologie et du Développement durable, Paris, 2003.

COLLECTIF, *Mégalithes du golfe du Morbihan et de la baie de Quiberon*, projet d'inscription sur la liste du patrimoine mondial de l'Unesco, dossier de confirmation pour la liste indicative. «Préface par le professeur Yves Coppens, président du Comité scientifique international et Olivier Lepick, président de Paysages de Mégalithes», Paysages de Mégalithes, 2016.

第四章

Y. COPPENS (dir.), *Origines de l'homme*, musée de l'Homme, 1976.

Y. COPPENS, *Pré-ambules. Les premiers pas de l'homme*, Odile Jacob, 1988.

Y. COPPENS (*guest editor*), *Des étoiles à la pensée*, revue *Diogène*, Gallimard, 1991, n° 155.

Y. COPPENS, in *100 hommes pour la Vie*, *catalogue de l'exposition 100 hommes contre le cancer*, Groupe Dassault, XXX et Institut Gustave-Roussy, 2006, p. 35.

Y. COPPENS, *Le Présent du passé. L'actualité de l'histoire de l'homme*, Odile Jacob/ France Info, 2009.

Y. COPPENS, *Le Présent du passé au carré. La fabrication de la préhistoire*, Odile Jacob/France Info, 2010.

Y. COPPENS, *Le Présent du passé au cube. Des nouvelles de la préhistoire*, Odile Jacob/ France Info, 2013.

Y. COPPENS, *Des pastilles de préhistoire. Le présent du passé 4*, Odile Jacob/France Info, 2015.

Y. COPPENS, *Pré-textes. L'homme préhistorique en morceaux*, Odile Jacob, 2011.

Y. COPPENS, *Pré-ludes. Autour de l'homme préhistorique*, Odile Jacob, 2014.

Y. COPPENS (dir.), *Origine de l'homme. Réalité, mythe, mode*, Artcom', 2001.

Y. COPPENS, *L'Histoire de l'homme. 22 ans d'amphi au Collège de France (1983 – 2005)*, Odile Jacob.

Y. COPPENS, P. PICQ, *Aux origines de l'homme*, CD-rom, Microfolie's, 1995 ; édition Mac, 1996, prix Möbius, trophée Espoir, prix de la Classe multimode.

Y. COPPENS, P. PICQ (dir.), *Aux origines de l'humanité. De l'apparition de la vie à l'homme moderne*, Fayard, 2001.

Y. COPPENS, SOIZIK MOREAU (coll.), SACHA GEPNER (illustr.), *Yves Coppens raconte l'homme*, Odile Jacob, 2008.

Y. COPPENS, SOIZIK MOREAU (coll.), SACHA GEPNER (illustr.), *Yves Coppens raconte nos ancêtres. L'histoire des singes»*, Odile Jacob 2009.

Y. COPPENS, SOIZIK MOREAU (coll.), SACHA GEPNER (illustr.), *Yves Coppens raconte nos ancêtres. La vie de premiers hommes*, Odile Jacob, 2010.

Y. COPPENS, SOIZIK MOREAU (coll.), SACHA GEPNER (illustr.), *Yves Coppens raconte nos ancêtres. L'éveil de l'homme au sacré*, Odile Jacob, 2011.

J.-M. PELHATE, P. PICQ (avec la participation d'YVES COPPENS), *Darwin et les théories de l'évolution*, 2 CD-rom, Boulevard-Quai Nord/SFRS, Club Investissement Media, 1997.

P. PELOT (coll. scientifique Y. COPPENS), Denoël, 1996 – 2000：

1. *Sous le vent du monde. Qui regarde la montagne au loin*, 1996.

2. *Le Nom perdu du soleil*, 1998.

3. *Debout dans le ventre blanc du silence*, 1999.

4. *Avant la fin du ciel*, 2000.

5. *Ceux qui parlent au bord de la pierre*, 2000.

P. PELOT (coll. scientifique d'Y. COPPENS), *Sous le vent du monde. Anthologie*, édition Omnibus, 2011.

P. PICQ, Y. COPPENS (dir.), *Aux origines de l'humanité. Le propre de l'homme*, Fayard, 2001.

H. REEVES, J. DE ROSNAY, Y. COPPENS, D. SIMONNET, *La Plus Belle Histoire du monde*, Seuil, 1996.

第五章

Y. COPPENS, «Préface», *in* Henri Delporte (dir.). *La Dame de Brassempouy*, *Actes du Colloque de Brassempouy (1954)* et Rech. archéol. de l'Université de Liège, 1955, p. 15 – 16.

Y. COPPENS, «Hominoïdés, hominidés et hommes», *La Vie des sciences*, *Comptes Rendus Académie des sciences*, 1984, s. g. 1 (5), p. 459 – 486.

Y. COPPENS, «Évolution de l'homme», *La Vie des sciences*, *Comptes Rendus de l'Académie des Sciences*, 1986, s.g., 3 (3) p. 227 – 243.

Y. COPPENS, «L'origine des hominidés et de l'homme», in *L'Évolution dans sa réalité et ses diverses modalités*, Masson/Fondation Singer-Polignac, 1987, p. 171 – 178.

Y. COPPENS, «L'origine de l'homme: le milieu, la découverte, la conscience, la création», *Revue des sciences morales et politiques*, 1987, 4, p. 507 – 532.

Y. COPPENS, «L'ambiguïté des doubles Vénus du gravettien de France», *C. R. Acad. inscriptions et belles lettres*, 1989, p. 566 – 571.

Y. COPPENS, «Défense et illustration de la systématique et de la biologie des organismes», *Bull. Soc. fr. systématique*, 1989, 7, p. 11 – 18.

Y. COPPENS, «Brain, locomotion, diet and culture: How a primate, by chance, became a man», in J.-P. Changeux, J. Chavaillon (dir.), *Origins of the Human Brain*, Clarendon Press, 1995, p. 104 – 115.

Y. COPPENS, «*Hominidae* and *Homo*, discontinuity and continuity, "environnementalisme et comportementalisme"», in H. Ullrich (dir.), *Man and Environment in the Paleolithic*, Études et recherches archéologiques de l'Université de Liège (ERAUL), 1995, 62, p. 89 – 96.

Y. COPPENS, «Environnement subi, environnement conquis», résumé de la conférence donnée le 12 mai 2006 à Monaco, dans le cadre des *Journées de commémoration du centenaire de l'expédition du prince Albert Ier en Arctique, 1906 – 2006.*

Y. COPPENS, «Préface», in A.-C. Prévot-Julliard, *Biodiversité. Nouveaux regards sur le vivant*, Le Cherche midi/CNRS, 2006, p. 6 – 8.

Y. COPPENS, «L'homme et l'environnement, climat subi, climat conquis, climat meurtri», in *Le Climat dans tous ses états. Les mystères du XXIe siècle à Saint-Tropez*, décembre 2007, 7 - 9, DVD, 2008 (DVD n° 1/4).

Y. COPPENS, «The bunch of prehumans and the emergence of the genus Homo», *Scientific Insights into the the Evolution of the Universe of and of Life. Pontifical Academy of Sciences*, Acta 20, 2009, p. 367 - 372.

Y. COPPENS, «Vénus ou Janus?», in E. Azoulay (dir.), *100 000 ans de beauté*, t. 1: *Préhistoire/Fondations*, Gallimard, 2009, p. 203 - 206.

Y. COPPENS, «L'Universo, la terra, la vita, l'uomo. Due sensi e tre paradossi», in Fiorenzo Facchini (dir.), *Complessità, evoluzione, uomo*, Jaca Book, 2011, p. 101 - 104.

Y. COPPENS, «Devenir humains», in Y. Coppens (avec 10 invités), *Devenir humain*, Autrement/Musée de l'homme, «Manifeste», 2015, p. 144.

Y. COPPENS, «The notion of progress in human history in depth of time», in *Notion of Progress in the Diversity of World Cultures*, Keynote speech, New York, Nations unies, mai 2015; «Réflexions sur le progrès», *Le Monde diplomatique*, octobre 2015.

Y. COPPENS, «La station debout, étrange adaptation au premier environnement mosaïque», in H. de Lumley (dir.), *Sur le chemin de l'humanité*, CNRS/Académie pontificale des sciences, 2015, p. 19 - 29 et 42 - 57.

Y. COPPENS, «Le temps long: critères anthropologiques» in G. Bœuf, B. Swynghedann, J.-F. Toussaint (coord.), *L'Homme peut-il accepter ses limites?*, Éditions QUAE, 2017, p. 172 - 177.

Y. COPPENS, «What a child of the XXIst Century should know about the origin and the evolution of man», in A. M. Battro, P. Léna, M. Sánchez Sorodon, J. von Braun (dir.), *Children and Sustainable Development*, Springer, 2017, p. 269 - 272.

Sans oublier Y. COPPENS, les quatre *Présent du passé* (Odile Jacob/France Info), le triptyque *Préambules*, *Pré-textes*, *Préludes* (Odile Jacob), *L'Histoire de l'Homme. 22 ans d'amphi au Collège de France (1983 - 2005)* (Odile Jacob), *Histoire de l'homme et changements climatiques*, Fayard/Collège de France, 2006, entre autres déjà cités.

第六章

Y. COPPENS, «Préface», in *Jean-Claude Barreault, sculpteur*, Centre de développement culturel, Alençon, 1985, p. 3.

Y. COPPENS, «Préface», in Arthur Choko, *L'Amour du vin*, Nathan, 1987, p. 5 – 6.

Y. COPPENS, «Le fil d'Ariane», in Berdal, *Sculptures*, 1988, p. 12 – 16.

Y. COPPENS, «Préface», in *Un prix pour la Science*, prix scientifique Philip Morris, Association pour le prix scientifique Philip Morris, 9 volumes millésimés, 1989 – 1992, 1993, 1994, 1995, 1996, 1997, 1998, 1999 et 2000.

Y. COPPENS, «Postface», in Pierre-François Puech, *Mozart, une enquête hors du commun*, Maison rhodanienne, 1993, p. 108 – 109.

I. PATTERSON, Y. COPPENS, *Usitalia. Rémanences*, Strasbourg, 1993, 8 photocopies et 8 pages.

Y. COPPENS, «Bronzes dans le désert», projet de Jean Vérame, *in Jean Vérame*, 1995, p. 5.

Y. COPPENS, in M. Franck, *Collège de France. Figures et travaux*, Imprimerie nationale, 1995, p. 146 – 147.

Y. COPPENS, sur «Rêve de pierre», photographie de J. Sudek, in *Avant l'effacement*, Extremis Éditions, 1996.

Y. COPPENS, «Christ en croix, Bouts», in *Les Collections de l'Institut, Bicentenaire de l'Institut de France*, Imprimerie nationale éditions, 1996, p. 336 – 337, pl. LXV.

Y. COPPENS, «Une idée formidable», in «Les arts premiers au Louvre», *Le Figaro*, 1996, p. 18.

Y. COPPENS, «Un humanisme universel», in *La Vie préhistorique*, Éditions Faton, 1996, p. XIX-XXIV.

Y. COPPENS, «Postface», in G. Laporte, *La Sublime Porte des songes*, Éditions du Rocher, 1997, p. 577 – 582.

Y. COPPENS, «Préface», in A. Germain, *Les Origines de l'homme ou les Aventures du Professeur Coppensius*, Le Livre de Poche, 1997, p. 7 – 10.

Y. COPPENS, «Préface» (en français et en japonais), in *Les Maîtres de l'encre. 170 calligraphes japonais à Paris*, catalogue, espace des Arts Mitsukoshi Étoile, 19 mai-11 juillet 1998, Mainichi Shimbun, 1998.

Y. COPPENS, in Anilore Banon, *Les X* Commandements pour un nouveau millénaire, Paris, 2000, p. 6 – 7.

Y. COPPENS, «Préface», *in* Geneviève Laporte, *Voyage au pays du temps qui court*, Éditions À nos pages, 2001, p. 11 – 15.

Y. COPPENS, in Geneviève et Xavier de Fontenay, *60ᵉ anniversaire du Comité Miss France*, éditions Xavier de Fontenay, 2006, p. 11, 14, 38, 44.

Y. COPPENS, «Préface», in J.-P. Duhard, *Secrets de cuisine de mamie Germaine. Recettes de Charente, Gironde, Périgord*, Privilèges Atlantica Éditions, 2006, p. 7 – 11.

Y. COPPENS, «Préface», *in* Sylvie Mercier de Flandre, *Nature et rêveries*, Éditions du Signe, Strasbourg, 2007.

Y. COPPENS, «Préface», *in* Marc Lagrange, *Le Vin et la Mer*, Féret, 2008, p. 7 – 8.

Y. COPPENS, «Préface», *in* Isabelle Brisson, *Les Doigts de pieds en éventail*, Les Éditions Ovadia, 2008, p. 9 – 11.

Y. COPPENS, « Préface », in Mireille Gayet, *Grand traité des épices*, Le Sureau Éditions, 2010, p. 7.

Y. COPPENS, « Préface », in *L'Identité retrouvée. Les reconstructions anatomiques d'Élisabeth Daynès*, Musée départemental de préhistoire d'Île-de-France, 2011, p. 10.

Y. COPPENS, «Préface», *in* Mireille Gayet, *Grand traité des herbes aromatiques*, Le Sureau Éditions, 2012, 7.

Y. COPPENS, «Préface», in E. Daynès, *Chairs des origines*, Pôle international de la préhistoire, 2014 – 2015, p. 7.

Y. COPPENS, «Préface», in Mireille Gayet, *Grand traité du café*, Le Sureau Éditions, 2015.

主要人名译名对照表

A

阿德里安·科特兰特, Kortlandt, Adriaan

阿德马苏·希费劳, Chifferaw, Admassou

阿尔贝二世亲王, Albert II

阿莱马耶胡·比祖内, Bizuneh, Alemayehu

阿莱姆塞格德·泽雷塞奈, Zeresenay, Alsemseghed

阿列克谢·吉洪诺夫, Tikhonov, Alexei

阿梅莉·邓, Dang, Amélie

阿纳托尔·多曼, Dauman, Anatole

阿纳托尔·法朗士, France, Anatole

阿尼·阿卜杜拉, Abdallah, Anis

阿涅丝·瓦尔达, Varda, Agnès

阿努克·勒让德尔, Legendre, Anouk

阿瑟·穆兰特, Mourant, Arthur

埃尔温·西蒙斯, Simons, Elwyn

埃莱娜·罗什, Roche, Hélène

埃洛迪·雷格姆, Reghem, Elodie

埃马纽埃尔·吉利森, Gilisen, Emmanuel

蒂姆·怀特, White, Tim

杜·布尔格·德博萨斯, De Bozas, Du Bourg

多米尼克·戈梅里, Gommery, Dominique

多米尼克·格里莫-埃尔韦, Grimaud-Hervé, Dominique

F

法布里斯·德梅特尔, Demeter, Fabrice

菲利普·利夫席茨, Lifchitz, Philippe

菲利普·沙尔捷, Chartier, Philippe

菲利普·托拜厄斯, Tobias, Philip

费尔南多·拉米雷斯·罗齐, Rozzi, Ramirez Fernando

弗兰克·布朗, Brown, Franck

弗朗切斯科·班达林, Bandarin, Francesco

弗朗索瓦·罗丹, Rodhain, François

弗朗索瓦丝·勒盖内克-柯本斯, Le Guennec-Coppens, Françoise

弗朗索瓦丝·特赖宁-克洛斯特, Treinen-Claustre, Françoise

弗朗索瓦·雅各布, Jacob, François

弗朗西斯·克拉克·豪厄尔, Howell, Francis Clark

弗朗西斯·佩兰, Perrin, Francis

弗雷德里克·密特朗, Mitterrand, Frédéric

弗雷德里克·塞尔, Serre, Frédéric

G

戈蒂埃·谢纳, Chène, Gautier

格雷戈尔·马尔尚, Marchand, Gregor

克里斯蒂娜·布若,Bougeot, Christine

克里斯蒂娜·塔迪厄,Tardieu, Christine

克洛德·介朗,Guérin, Claude

L

莱昂内尔·巴卢,Balout, Lionel

兰尼埃三世亲王,Rainier III

勒内·加西亚,Garcia, Renée

勒内·拉沃卡,Lavocat, René

雷德里克·约里奥,Joliot, Frédéric

雷蒙德·博纳菲耶,Bonnefille, Raymonde

雷蒙德·达特,Dart, Raymond

理查德·李基,Leakey, Richard

路易·李基,Leakey, Louis

吕克·拉波特,Laporte, Luc

罗贝尔·布鲁姆,Broom, Robert

罗贝尔·热桑,Gessain, Robert

罗丝琳·巴舍洛,Bachelot, Roselyne

罗歇·德尚,Dechamps, Roger

罗歇·索尼阿克,Sonilhac, Roger

M

马蒂娜,Martine

马丁·皮克福德,Pickford, Martin

马克·菲泽,Fizet, Marc

P

帕斯卡尔·匹克,Picq, Pascal

裴基同,Kidong, Bae

皮埃尔·巴拉,Barrat, Pierre

皮埃尔·古莱凯,Gouletquer, Pierre

皮埃尔·亨利·吉斯卡尔,Giscard, Pierre-Henri

皮埃尔·科尼,Cogny, Pierre

皮埃尔-罗兰·吉奥,Giot, Pierre-Roland

皮埃尔·梅尔拉,Merlat, Pierre

Q

乔恩·卡尔布,Kalb, Jon

R

让·阿巴迪,Abadie, Jean

让·布里,Bourhis, Jean

让·德海因策林,De Heinzelin, Jean

让·多塞,Dausset, Jean

让·吉亚尔,Guiart, Jean

让-克洛德·西卡尔,Sicard, Jean-Claude

让·库尔坦,Courtin, Jean

让·莱勒古阿克,L'Helgouac'h, Jean

让·勒克朗,Leclant, Jean

让-雷诺·布瓦瑟里,Boisserie, Jean-Renaud

让-路易·施奈德,Schneider, Jean-Louis

让·吕克·瓦赞,Voisin, Jean-Luc

让-洛朗·莫尼耶,Monnier, Jean-Laurent

让·梅利,Maley, Jean

让-米歇尔·安德烈,André, Jean-Michel

让-皮埃尔·莱曼,Lehman, Jean-Pierre

让·皮孚陀,Piveteau, Jean

让·沙利纳,Chaline, Jean

让·沙瓦永,Chavaillon, Jean

让·维亚尔,Wyart, Jean

让-雅克·耶热,Jaeger, Jean-Jacques

热拉尔·巴尤,Bailloud, Gérard

若泽·布拉加,Braga, José

S

塞尔日·卡桑,Cassen, Serge

塞尔日·纳扎里安,Nazarian, Serge

塞尔日·托尔瑙伊,Tornay, Serge

石井俊美,Toshimi Ishii

索尼娅·阿尔芒,Harmand, S

T

泰奥多尔·莫诺,Monod, Théodore

汤姆·格雷,Gray, Tom

唐纳德·约翰松,Johanson, Donald

特乌库·雅各布,Jacob, Teuku

W

瓦莱丽·加利雄, Galichon, Valérie

薇拉·艾森曼, Eisenmann, Vera

韦罗妮克·巴列尔, Barriel, Véronique

屋大维·奥古斯都, Auguste, Octave

吴汝康, Rukang, Woo

X

西蒙·西罗多, Sirodot, Simon

夏尔-坦吉·勒鲁, Le Roux, Charles-Tanguy

雪莉·科伦顿·萨维奇, Savage, Shirley Coryndon

Y

雅克·巴尔博, Barbeau, Jacques

雅克·布里亚尔, Briard, Jacques

雅克·蒂利耶, Thuillier, Jacques

雅克·里希尔, Richir, Jacques

雅克·吕菲耶, Ruffié, Jacques

雅克·米约, Millot, Jacques

雅克·希拉克, Chirac, Jacques

亚历山大·迈特罗贝尔, Maitrerobert, Alexandre

亚历山德罗维奇·弗拉基米尔·斯滕博克·弗莫尔, Fermor, A. V. Stenbock

伊夫·加尼耶, Gasnier, Yves

伊夫·柯本斯, Coppens, Yves

伊夫·拉波特, Laporte, Yves

伊雷娜·约里奥-居里,Joliot-Curie, Irène

伊丽莎白女王二世,Elizabeth II

伊莎贝尔·维默尔,Villemeure, Isabelle

伊薇特·德卢瓦松,Deloison, Yvette

尤利乌斯·恺撒,César, Jules

于格·福尔,Faure, Hugues

约翰内斯·许尔策勒,Hürzeler, Johannes

约瑟夫·布伊,Bouix, Joseph

Z

扎卡里·勒鲁齐克,Le Rouzic, Zacharie

朱利·布阿里耶,Bouhailler, July

诹访元,Gen Suwa

译后记

  如果翻译一本书能让一位博学的老者领着大家重走他的八十多载传奇人生路，能让他领着我们进学府，见大家，探海滩，闯沙漠，入洞穴，访古墓，寻遗存，绕合恩角，望白令海峡，穿东非山谷，登安第斯山脉，能让我们听他细数远古的奥秘，生命的奇迹，"露西"的真相，先民的智慧，听他分享探索之艰辛，发现之欢娱，友情之珍贵，文明之绚丽多元，那么，先生那行走世界的豪迈、布列塔尼人的幽默、对人类命运的哲思、普鲁斯特风格的长句、考古学者的严谨描述、旁征博引的专业推敲、一波又一波的人名、潮起潮落的地名和收纳这一切的四百多页的法文，对于译者而言既是艰难的挑战，也是莫大的欣悦与满足。诚然，"一名之立，旬月踟蹰"，但又何妨？和渊博风趣的先生一起"沉湎于大地"，"穿梭于时光"，流连于"东边故事"，可以解困，足以忘忧，夫复何求？

  伊夫·柯本斯先生让译者感慨有四：一是先生一生从未熄灭过对未知世界和异域他乡的探索热情，他称之为"炎症"，在耄耋之年，他依然不忘鼓励年轻人在科学研究上勇猛无畏；二是先生对异域文明的尊敬和热爱，异邦的酷热、黄沙丝毫未能改变他充满人文关怀的目光，先生直言"我爱人类";三是先生对家人、朋友和同事的真挚之情,他对教子和朋友的怀念让人动容,他丝毫没因痴迷于研究和长期深入荒凉之地而变得冷漠、孤傲,我们在字里行间会时常听见他的爽朗笑声;四是先生在人心惶恐、危机日甚的时代,从人类史的角度不断鼓励大家要对人类的未来抱有信心,他拒绝过度悲观,艰难时世中,先生的话掷地有声,"对危机做出的迅疾反应是人类的荣耀"。

危机让我们失去很多,也让我们觉悟很多。面对重重困难,狭隘与自负只能加重危机。若干长相滑稽的灵长类动物自恋傲慢、唯我独尊,其实只不过是时间长河大剧的幕间滑稽短剧而已。在文化优越、民族自大与狂热等沉渣泛起的今天,静下心来了解我们人类自身的源头,是治偏执与极端的一剂良药,正所谓:知其所来,方能知其所往。我想这是伊夫·柯本斯先生生前最后一部著作的当下意义所在。

一本译著的完成,必是众人合力的结果,感谢华东师范大学出版社的信任,感谢朱华华和孙莺两位编辑老师的支持,特别要感谢孙莺老师对译稿的精心审校。

我们一家四口都懂法文,爱妻鼎力相助,老大帮我解决了结尾处的"救生艇"难题,老二则常跑过来面对摊开在读书架上的厚书疑惑地发问:"你怎么还没译完?"我希望能让他们俩感受到法语和中文两种语言转换的妙趣,所以在译文上就更不敢疏忽。我当然理解伊夫·柯本斯先生为什么用一个章节来讲他的独子"老五"。毕竟人类的未来掌握在其幼崽手中,我们不能把对他们的教育完全交付于他人。

　　蒋琬琪女士完成了原著第一部分和第二部分的译文初稿,感谢她的付出。整书译文由我统筹定稿,疏漏、不当和错误之处由我负责。

　　在时间深处,生命弃水上岸,从此展开生命壮丽画卷。气候变化后,人类祖先松开双手,离树落地,亲密接触非洲大陆,它们不畏艰险,适应求变,走向世界。人类慢慢于历史长河之中脱颖而出,在各地繁衍生息,他们执着于自由,追求崇高道德,诗意地栖居于大地之上,个体的贪婪和狂妄无法减弱人类的文明之光,狂人会一时得逞,但无法撼动人类的自由意志,我们有理由对未来充满信心。

　　今年是北京猿人第一个头盖骨发现九十五周年,裴文中先生一百二十周年诞辰。向筚路蓝缕的中国考古前辈致敬!

　　感谢您,伊夫·柯本斯先生!

徐　普

二〇二四年一月十九日于杭州